U0165448

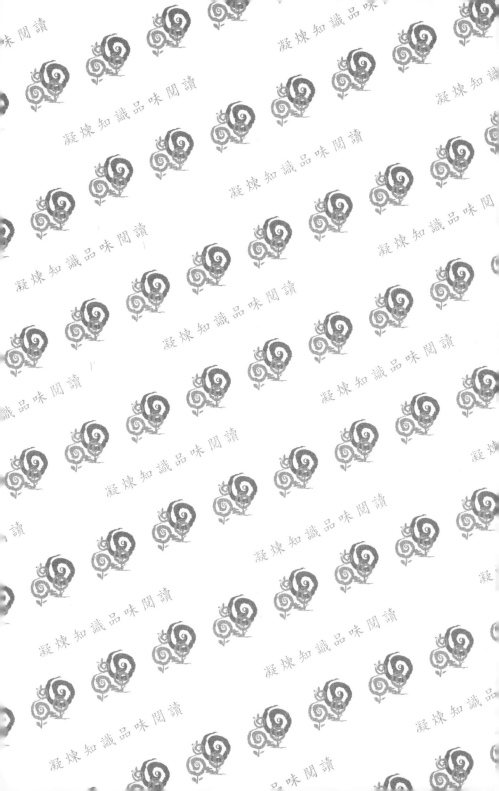

臺北大學智庫叢書 01

金融科技、
人工智慧與法律

FinTech × AI × Law

汪志堅
王志誠
熊全迪
杜怡靜
溫演福
陳玉芬
王震宇
陳皓芸
汪志勇
陳純德———著

五南圖書出版公司 印行

序
金融科技、人工智慧、法律：後人類時代下的跨域與共生

　　二十一世紀全球所面臨的問題與挑戰，已經超越過往人類歷史經驗與理解能力的總和，科學與技術帶來的衝擊與影響，更讓我們反省人文素養與社會哲思的重要性。在已知體系逐漸解構與交互浸透下，我們不能也無法再依循齊一、線性、同質、溫順的思考脈絡。大學作為有機生命體，毫無疑問地乘載了教育及知識薪傳的重任，更無可避免地成為各種傳統與創新、規制與顛覆、專業與博雅、思想與行動匯集的最前線。大學成為引領思潮的學術重鎮既已責無旁貸，附屬於大學中的智庫則更顯任重道遠。

　　人工智慧（AI）的發展標榜著「人」、「機器」、「賽柏格」（人機共體）的共存，而漸漸模糊了人與機器之邊界，使得人類必須依靠機器而生存的景象不斷深化。人文領域熱烈探討「後人類時代」的來臨，眾聲喧嘩的文學文本與倫理道德衝突兩難的案例，不斷挑戰現實與虛擬之界線，也衝破人類認知的範圍：「昨日的幻境已成為今日的現實」；社會科學領域更感受到AI浪潮下的政經結構重組。已故劍橋大學物理學大師史蒂芬霍金教授對AI的精闢見解：「AI可能是人類史上最好的或最壞的事」，身處於此劇變的AI技術革命浪潮，讓我們更加反思各種人類生活型態與產業模式的解構與重生。

　　近年來，各國資本市場在遇上AI技術在各層面的穿透與崁入後，不得不進入下一波產業革新與法律科技監理。人類在西方啟蒙時代與工業革命後逐漸形成以市場經濟與民主政治發展的體制，在此之下，資本主義所形成的各類金融、貿易、貨幣等制度，透過二次大戰後的國際組織重建及發展，讓各國採取相對穩定且和平的政策，維繫國際秩序不墜。金融科技（FinTech）一詞的興起，標識著區塊鏈、

虛擬貨幣、開放金融等已漸成為金融產業發展不可或缺的元素，AI之應用更帶動了FinTech的蓬勃發展。

國立臺北大學智庫中心於2018年成立後，藉由思想沙龍的跨領域合作契機，順利籌劃「金融科技研究群」，並邀集十位專精於FinTech財經面、科技面與法律面的跨領域研究學者，共同構思撰寫「金融科技、人工智慧與法律」（FinTech x AI x Law）專書，使本書內容涵蓋「金融科技」、「人工智慧」，以及「法律規範」等三個重要主軸，進行跨域研究及深度對話，以「科技、法律與產業」三層結構之跨域交錯與互動，探討AI運用於金融科技的趨勢與挑戰。誠然，各種FinTech模式與AI技術的發展，提供了很多全新的商機，也對金融產業產生實質衝擊，金融產業經營模式的調整，使得相關的法規與監理規範，有因應調整的空間。本書涵蓋之跨領域主題將探索「金融科技、人工智慧、法律」間的交錯與互動，以下為本書章節的簡要介紹：

第一章「金融科技與金融產業的展望」，由國立臺北大學資訊管理研究所汪志堅教授主筆，針對金融產業與FinTech的沿革進行討論。內容包括金融產業包含的範圍，以及金融產業所提供的價值功能。另外，本章簡要提及一些人類歷史上的金融科技與金融創新，用以解釋金融科技與金融創新是個持續演進的過程。另外，本章也討論FinTech金融創新會面臨的許多挑戰與阻礙。我們相信，FinTech一開始被認為是一個時尚名詞，但隨著時間的發展，人們將認識到FinTech是金融產業的必然趨勢。FinTech包含領域眾多，本書僅能擇要討論，以深入淺出的方式，討論主要課題。本書討論到的許多主題，包括監理科技、電子支付、區塊鏈、人工智慧與財富管理、各種類型群眾募資與衍生的商業模式、金融科技的智慧財產權課題以及AI與反洗錢等，均為因為FinTech而衍生的新興議題。

第二章「監理科技的發展、運用及前瞻」，由國立中正大學財經法律系王志誠特聘教授主筆。本章係探討為因應當前金融數位環境所衍生之服務，將監理制度導入科技技術後，即可利用監理科技來監管企業是否合規經營、監測業者之營運活動及協助其確保法令遵循。通

常可利用數據採集及分析技術，搭配各金融機構之內部控制制度，建立以風險爲導向之預防機制，以因應變化萬千之市場環境。特別是近年來隨著金融科技產業之蓬勃發展，業者不斷藉由科技創新提升商品或服務之競爭力。惟金融科技之運用，亦引發資訊安全、隱私權保護及諸多難以預測之未知風險，已非採用傳統監理方式即可解決，未來顯然必須借重科技輔助，以創新新型之監理工具。目前「監理沙盒」機制之推動，即爲發展監理科技之重點選項。本章除介紹監理科技的內涵及國際上監理科技發展的狀況外，亦探討我國監理科技的應用領域及發展，進而說明監理科技未來的挑戰及反思，最後提出結論。

第三章「金融科技：若干重要法律議題」，由理律法律事務所熊全迪律師主筆。本章內容主要介紹金融科技的興起，對於不同領域的族群，有其不同的關注事項，而本章是從法規的視角探討金融科技的重要議題。首先從金融法令的角度，說明金融科技的特徵，強調違反金融法規的嚴重性；隨後探討若干當前金融科技應用（包括P2P網路借貸業務、新型匯款模式、新興支付方式、機器人理財／自動化投資、虛擬貨幣等）的重要法律議題；之後簡介臺灣的金融監理沙盒制度；最後以金融科技發展的未來課題代結論。

第四章「行動支付與新興支付工具」，由國立臺北大學資訊管理研究所汪志堅教授主筆。支付爲金融產業的主要功能，在歷史上，因爲科技發展而促進的支付工具創新，往往會造成新一波的金融產業革命。本章將說明最近的支付工具創新，這些支付工具並非由傳統金融產業所提出，但對金融產業產生重大衝擊。這些支付工具，有些與傳統的金融產品（信用卡帳戶、活期存款帳戶）高度連結，有些則只有低度連結。新型態的支付創新，包括行動支付、電子票證、電子支付、第三方支付、虛擬貨幣，各種支付創新特性不同，政府的監管強度也有所不同，但都是對於支付工具進行改革，以方面交易活動的進行。本章對於這些新興支付工具與運作原理進行討論，這些新興支付工具都在發展中，若能從運作原理出發，進行改進或創新，就有可能產生更適合於交易活動進行的新興支付工具。

　　第五章「金融科技下的消費者保護：從銀行業到電子支付業」，由國立臺北大學法律學系杜怡靜教授主筆。傳統被高度監管的金融業，在FinTech下，非金融業者紛紛想藉此進入金融業務。在科技與創新之風潮下，這些以前被視為金融門外漢的科技資訊業是否與金融業進行相同法規監理，還是以另外一套監理法制對之進行規範？此問題一直困擾著主管機關。在創新與傳統間如何取得衡平？其中最大的考量就是在消費者權益如何維護之問題。金融科技的特點就是去中介化與平台化，不須透過實體銀行，消費者自由在平台上進行任何的金融交易。對消費者而言，透過銀行之交易與透過網路平台進行交易，風險有無不同？因此本章以消費者使用金融服務時如透過網路平台其風險為何？又目前現行法所提供之保護機制為何？因此本文以金融科技所涉及之消費者保護相關問題就銀行法、電子支付管理條例、電子票證以及消費者保護法及金融消費者保護法等現行法規進行介紹。

　　第六章「區塊鏈技術與應用解析」，由國立臺北大學資訊管理學系溫演福教授主筆。本章針對區塊鏈技術與應用發展進行討論。內容包括：區塊鏈發展的現況、技術原理和挑戰、應用領域解析、以及帶來產業界和生活上的影響。透過技術的演進的說明，將發現區塊鏈不單只是應用於比特幣等加密虛擬貨幣，它將延伸應用於各個領域，只要具有記帳、歷程、以及權證等需求，都可以運用區塊鏈這項技術。而於應用其他領域的同時，融入虛擬貨幣作為支付使用，將影響人們生活的片片面面。然而，「水能載舟、亦能覆舟」亦使這項技術面臨許多挑戰與影響。

　　第七章「人工智慧與財富管理」，由大葉大學企業管理學系陳玉芬教授主筆。以人工智慧來進行財富管理，是FinTech領域的應用重點之一，本章首先介紹智能投資，之後討論人工智慧協助的資產配置建議，在這樣的資產配置建議中，必須討論到人的參與，投資組合資產配置模型，以及投資標的。之後，本章將討論投資組合的再平衡，以及簡要介紹人工智慧演算法的應用。本章還將介紹人工智慧應用在財富管理的實例，包括投資人風險屬性分類，以及投資標的之建構。

本章最後討論到投資人對於人工智慧的期待，包括投資人期待的溫度，以及人工智慧的限制。人工智慧在財富管理的應用，是一個範圍廣泛的課題，蘊藏許多FinTech產業的未來發展商機。

第八章「金融科技時代的人工智慧與反洗錢」，由國立臺北大學法律學系王震宇教授主筆。本章介紹在金融科技發展下的人工智慧與反洗錢議題。洗錢是傳統的金融犯罪，在全球化與金融科技發展的二個浪潮下，反洗錢技術與規範也進入到全新的人工智慧時代。在聯合國加強對於跨國反洗錢之防制、各國對於可疑交易報告之情報交換，以及洗錢或恐怖活動利用新興金融科技進行交易之預防性措施等加以規範，使得各國政府以及金融機構的義務與責任相對提高許多。人工智慧的技術革新為反洗錢與反資恐工作帶來前所未有的轉變，尤其在大數據資料分析、機器學習、與知識結構圖等技術應用上，將每日巨量的資料轉入各國反洗錢情報中心的資料庫，使得可疑交易之辨識與判讀更加精確與迅速。在國際間以美國、英國、澳大利亞對於將人工智慧應用於反洗錢工作最有規模，本章將從洗錢與反洗錢之基本概念、人工智慧技術應用於可疑交易辨識之發展、比較人工智慧應用於國際實踐之案例等方向加以討論，並建議我國未來在鼓勵發展金融科技發展之餘，也能同時強化以人工智慧技術進行反洗錢與反資恐的工作。

第九章「智慧財產權法與競爭法下金融科技與人工智慧的相關議題」，由國立臺北大學法律學系陳皓芸教授主筆。本章分別由智慧財產法與競爭法的角度淺析金融科技、巨量資料與人工智慧的相關議題。在智慧財產法方面，著眼於企業可以如何靈活運用專利法、營業秘密法、商標法、著作權法等法律設法保護其結合新興的金融科技與商業模式所獲得的市場上優勢地位，以便於熾烈的競爭中脫穎而出，並分析現行法保護的侷限。在競爭法方面，則一方面闡述我國現行法對於企業就其運用金融科技所建構的巨量資料所可能享有的保護，另一方面亦探討運用金融科技與人工智慧而掌控客戶個人資料的金融事業是否可能坐大而不當限制市場競爭，以及可能的因應對策。

　　第十章「群眾募資」，由銘傳大學企業管理系汪志勇教授主筆。本章針對群眾募資Crowd Funding進行介紹，說明捐贈、贊助、預購、債權、股權等不同類型的群眾募資的運作原理，並說明未達群眾募資目標時的處理方式，以及從資金需求者、資金提供者的觀點，群眾募資可以扮演的角色。從資金需求者的觀點來說，群眾募資除了財務功能以外，還有行銷方面的功能涵義，這是容易被忽略的部分。而從出資者的觀點來說，不同類型的群眾募資有不同的功能，出資者是基於公益贊助、預購產品、投資機會等不同目的，而提供資金。另外，在本章中，說明群眾募資的關鍵成功因素，包括群眾募資專案的金額、回饋設定、涉及議題、出資者承受的風險、募資的時點、相關行銷措施、發起人的相關因素等，都會影響募資是否成功。本章並討論群眾募資平台扮演的角色，以及群眾募資的未來發展方向。

　　第十一章「股權式群眾募資與商業生態系」，由銘傳大學企業管理系陳純德教授主筆。群眾募資是一種微型金融，與共享經濟、群眾外包的概念有關，都是利用眾人的力量，利用閒置的資源，來從事經濟活動。常見的群眾募資活動中，捐贈、贊助式的群眾募資屬於無償或近乎無償提供資金，預購式群眾募資類似於產品銷售，因此常與新產品行銷一起討論。但股權式群眾募資，則有可能形成新的商業生態系，可從資源基礎觀點、機會創造理論、藻礁理論等觀點來看股權式的群眾募資，可以為新創企業創造新的競爭優勢。在臺灣，股權式群眾募資仍在起步階段，金管會將之界定為需要券商方能經營得業務，完成股權式群眾募資的案例仍少。本章介紹商業生態系的誕生、擴張、領導、蛻變，以及以平台為基礎形成的商業生態系統如何形成，並說明股權式群眾募資之商業生態系發展脈絡，以及育成輔導平台、電子商城與股權群眾募資平台如何形成股權式群眾募資的商業生態系。

　　本書定位為科普書籍，將十位研究者的研究心得，以顯明易懂的方式，匯集成書。希望藉由本書的出版，讓學術知識可以推廣至社會，嘉惠普羅大眾。

　　　金融科技研究群：

　　　　汪志堅、王志誠、熊全迪、杜怡靜、溫演福
　　　　陳玉芬、王震宇、陳皓芸、汪志勇、陳純德
　　　　　　　　　　　　　　　　　　　　2019年11月

作者簡歷

汪志堅

現爲台北大學資管所教授，曾任資管所所長、電子商務研究中心主任，主要的研究領域爲電子商務、網路科技應用、金融科技消費者行爲、人工智慧，對於FinTech應用的行爲議題，有深入的研究。汪志堅曾擔任台灣資訊系統研究學會理事長，曾發表百餘篇學術論文，並擔任多本學術期刊總編輯。

王志誠

現任中正大學財經法律學系教授、中央存款保險公司諮詢委員、財團法人證券投資人及期貨交易人保護中心董事，主要的研究領域爲財經法，曾發表多篇關於金融法、公司法、證券交易法、企業併購法、票據法、信託法方面的學術論文，並出版二十餘本專書及教科書，對於科技監理及FinTech議題有深入的研究。

熊全迪

現職爲理律法律事務所律師；美國哥倫比亞大學法學碩士（教育部留學獎學金）、國立臺灣大學法學碩士、法學士；具臺灣、美國紐約州律師及美國華盛頓州會計師資格。主要領域爲財經法（企業併購、證券及資本市場、公司法及公司治理、投資、銀行、金融、衍生性商品、支付、基金／投信投顧、新創投籌資）、隱私／個資保護等。熟悉新創、新興科技、網路治理、數位經濟之相關法律議題，常就金融科技（FinTech）、區塊鏈／加密貨幣、人工智慧等領域受邀參加政府／立法機關、學術及研究單位、民間機構及協會等所舉辦之公聽會及各式研討會、論壇或課程擔任講師或與談人，並有發表相關論著。過去曾服務於證券櫃檯買賣中心，現同時擔任全國商業總會區塊鏈應用及發展研究所法規組共同召集人。

杜怡靜

現職爲國立臺北大學法律學系教授兼法律學院院長。曾任臺北大學學系系主任。主要研究領域爲銀行法、金控法、票據法、契約法、消費者保護法。杜教授在民商領域、消費者保護、以及金融方面有相關的論文及研究計畫並擔任全國工業總會金融租稅小組諮詢委員。

溫演福

曾任職於中央銀行資訊室，後來轉進學界擔任教職，曾任臺北大學資管所所長、研發處研究管理組組長，主要的研究領域爲金融科技、系統整合、行動網路協定、以及最佳化網路資源規劃，曾發表多篇關於社群應用、行動網路技術、網路資源規劃、網路與系統整合、以及數據分析等方面的學術會論文，已累積多年網路生活應用和金融科技教學經驗，對於FinTech相關議題爲主要研究方向之一，特別是區塊鏈技術發展之相關議題進行深入研究。

陳玉芬

現爲大葉大學管理學院院長，中華機器人理財協會監事。曾擔任大葉大學企管系系主任。主要的研究領域爲行爲財務、公司理財、金融科技，曾發表多篇關於機構法人投資行爲、行爲財務、投資組合理論等方面的學術論文，對於FinTech議題有深入的研究。

王震宇

現爲國立臺北大學法律學系專任教授、兼任法律學院副院長暨法律學系系主任、研發處智庫中心主任。研究專長爲國際公法、國際經貿法、世界貿易組織法律、國際法暨外交史。曾任英國劍橋大學法學院訪問學者、美國哈佛大學法學院訪問研究員、臺北大學法律學院國際法研究中心主任、比較法資料中心主任、人文學院國際談判及同步翻譯中心主任、行政院經貿談判辦公室法律諮詢、外交部條約法律司法律諮詢。對於FinTech在國際法及比較法層面有進行跨領域研究。

陳皓芸

現為國立臺北大學法律學系助理教授。陳教授為日本名古屋大學法學博士，從事學術工作前，曾任律師。主要研究領域包括智慧財產法、以及智慧財產權的行使與競爭法之關係等。曾發表多篇關於專利法、著作權法、商標法與不公平競爭規範、公平交易法等方面的學術論文或專書篇章。

汪志勇

現為銘傳大學企管系副教授，並為金融科技創新園區合作之專家顧問，為金融科技新創團隊補助後訪視委員。目前主要研究興趣在金融科技、財務分析與產業分析等。對於目前各產業之新型態發展態樣與趨勢有深入的研究。曾參與過多個產業發展相關之政府計畫案，領域包括：金融科技、運動產業、物流、廣告、長照、文創等。

陳純德

現任銘傳大學企業管理學系副教授兼系主任，銘傳大學校務研究顧問，台灣管理創新學會理事，經濟部商業司商業服務跨業聚合加值推動計畫顧問輔導團統籌顧問，「SIIR服務業創新研發」及餐飲科技創新計畫審查委員，「桃園服務業創新及科技化發展計畫」輔導諮詢顧問，銘傳大學創新育成中心企業輔導顧問，「管理個案評論」期刊編輯委員。曾任中華民國勞工委員會職業訓練局電腦軟體應用職類乙丙級技能檢定監評，松崗電腦圖書股份有限公司電腦部主任，上奇廣告有限公司行政管理部經理，怡樂智有限公司系統分析師。主要研究領域為商業生態系與商業模式、開放式創新、金融科技、數位行銷、社會企業。論文曾發表於Internet Research、Information Technology & People、Telematics and Informatics、Online Information Review、Behaviour & Information Technology、Journal of Air Transport Management、Transportation Research: Part C、資訊管理學報、電子商務學報、中山管理評論、管理評論等期刊。

目　錄

|第一章|
金融科技與金融產業的展望

汪志堅

　　本章針對金融產業與金融科技（FinTech）的沿革，進行討論。討論內容包括金融產業包含的範圍，以及金融產業所提供的價值功能。另外，本章簡要提及一些人類歷史上的金融科技與金融創新，用以解釋金融科技與金融創新是個持續演進的過程。另外，本章也討論金融科技金融創新會面臨的許多挑戰與阻礙。我們相信，金融科技一開始被認為是一個時尚名詞，但隨著時間的發展，人們將認識到金融科技是金融產業的必然趨勢。金融科技包含領域眾多，本書僅能擇要討論，以深入淺出的方式，討論主要課題。本書討論到的許多主題，包括監理科技、電子支付、區塊鏈、人工智慧與財富管理、各種類型群眾募資與衍生的商業模式、金融科技的智慧財產權課題等，均為金融科技而衍生的新興議題。

壹、金融科技開創金融產業的新契機

　　一開始，人們覺得某些金融服務功能，可以透過金融科技進行提升，但隨著金融科技的持續發展，整個金融產業都將因為金融科技而有脫胎換骨的改變。未來的金融科技，不會只是單純的一個技術課題，而是金融產業的一部分。人們將不再辯證金融科技是否影響金融產業，而是金融科技成為金融產業不可或缺的一部分。

　　要說明金融科技與金融產業的關係，可以拿四十年前，也就是1980年代的資訊科技（information technology）發展與導入歷程來進行類比。當時，電腦剛被發明出來，但是，很快地，人們看到電腦的未來，大量投入資訊科技領域，Information Technology逐漸變成專有名稱，IT甚至變成無人不知的專業術語，資訊科學、資訊工程、資訊管理等新興領域應運而生。這些資訊領域逐步普及並開花結果之後，造成經營典範與經營模式的全盤翻新，資訊科技逐漸應用到每一個領域，成為企業經營乃至於整個社會，不可或缺也不可分割的一部分。

　　IT的發展，可以類推到現今金融科技的發展，而金融科技以更為

堅實的資訊科技為基礎，不需要漫長的幾十年時間，定當改變金融產業的一切。金融科技與金融產業的關係，就好像IT與企業經營的影響關係，是全面性的。金融科技將會解構整個傳統金融產業的經營典範與經營模式，就如同IT解構了整個企業經營典範與經營模式。

　　不過，金融科技解構金融產業營運模式的過程中，對於原有的金融產業，將產生許多的衝擊與挑戰。金融產業與其他產業有些本質上的差異，因為金融活動影響國計民生甚鉅，因此，大部分的國家，都對金融產業有高度的管理與限制。而金融科技的發展，使得某些金融活動可以被創新的服務模式代替，這種被提出來的創新模式，並不一定需要原有的金融機構才能執行，但所提供的服務，卻與原有被管制的金融服務相似。法規的限制，讓提供此一創新服務的廠商，可能違背法律規範，但這些法律規範若不被鬆綁，新的服務模式將無法推展。

　　在推行電子化企業、電子商務的年代，法律、法規並非最優先需要考慮的問題，因為電子化企業與電子商務所提供的創新營運模式，多屬於法規上沒有特別限制的一般企業經營活動或零售活動，適法性的考量不是優先項目，因此，對於政府來說，多抱持樂觀其成的看法，希望產業能夠自行脫胎換骨，將資訊科技引進到企業經營與網路零售。

　　討論金融科技的過程中，法規與政府的態度，是很重要的考慮因素。由於政府難以承擔金融產業經營不善而對於社會所產生的負面衝擊，因此對於金融產業，通常採取高度管制的做法。

　　基於這樣的背景，本書有兩個很主要的討論主軸：金融科技產生的各種金融創新、各種金融創新衍生的法律層面議題。

　　如果只是單純的討論金融科技產生的金融創新，而完全無視這些金融創新對於社會以及法規的可能衝擊，將只是淪於金融科技創新技術的介紹。只有在介紹金融科技金融創新的同時，也充分討論法律與社會層面的影響，才能全面性的理解這些金融創新的可行性，以及對於社會產生的衝擊。許多技術上看似完全沒有問題的金融創新，需要

以更宏觀的角度，討論其對於社會衝擊的影響。舉例來說，Peer-to-Peer（P2P）爲基礎的跨境代付服務，在技術上並無困難，但與跨境匯款服務相類似，也是不爭事實。法規要求獲得許可才能經營跨境匯款，主要原因可能是爲了維持本國貨幣流通的穩定，阻絕犯罪所得的跨國移動，並記錄資金的流動狀況。如果沒有適當的討論這種跨境代付服務可能衍生的法規問題，將可能一廂情願的把金融科技認定爲是純粹的技術問題。

　　因此，本書的主要特色，是在討論金融科技創新服務的同時，也討論該創新服務對於法規與社會的衝擊。只有同時結合技術、法律與產業競爭，才能對於金融科技的未來發展，有全面性的理解。

貳、金融產業的涵蓋範圍與提供服務

一、傳統金融產業的範圍

　　工商業發達的社會，金融產業是主要的產業，金融產業不但扮演支援性的角色，產業本身也是經濟產值的創造者。金融產業對於現代社會，扮演不可或缺、舉足輕重的地位。金融產業（金融服務產業）的主管機關是行政院金融監督管理委員會，根據金融監督管理委員會組織法的定義，金融服務產業主要包括銀行業、證券業、期貨業、保險業、電子金融交易業、金融支付系統（由中央銀行主管）、其他金融服務業等[1]。這些金融服務產業之中，銀行業、證券業、期貨業、保險業是金融服務產業中的四個主軸，其他公司包括金融控股公司、金融重建基金、中央存款保險公司等，則環繞在這四個主要產業：

（一）銀行業

　　指銀行機構、信用合作社、票券金融公司、信用卡公司、信託

---

[1] 金融監督管理委員會組織法第2條。

業、郵政機構之郵政儲金匯兌業務與其他銀行服務業之業務及機構。

（二）證券業

指證券交易所、證券櫃檯買賣中心、證券商、證券投資信託事業、證券金融事業、證券投資顧問事業、證券集中保管事業、都市更新投資信託事業與其他證券服務業之業務及機構。

（三）期貨業

指期貨交易所、期貨商、槓桿交易商、期貨信託事業、期貨顧問事業與其他期貨服務業之業務及機構。

（四）保險業

指保險公司、保險合作社、保險代理人、保險經紀人、保險公證人、郵政機構之簡易人壽保險業務與其他保險服務業之業務及機構。

二、非屬金融業但提供金融服務

除了這些金融產業以外，當鋪業與融資公司、租賃公司，也提供金融服務，但當鋪業的主管機關為內政部、縣市政府，而非金管會。而融資、租賃公司，則仍無專法可以管理。

（一）當鋪業

當鋪業提供以商品質押為基礎的融資服務，規定不得設立分公司、辦事處或其他營業據點，因此規模受限制。且限定設立家數，人口每增加2萬人，才可以成立一家新當鋪，不隸屬於金融監督管理委員會的主管範圍。

（二）融資公司、租賃公司、應收帳款催收公司

目前仍無專屬法規，但有很多公司提供融資、租賃服務、應收帳款催收服務。因為沒有涉及吸收存款，因此不屬於銀行。這些公司提供的金融服務，有些可能走在法律邊緣，或者容易有爭議。政府曾經希望為融資公司設置專法，以專法對於這些公司進行管理，不過，目

前（2019年）立法仍能未獲得通過。

另外，還有一類的公司，俗稱「地下錢莊」，以高利息或各種遊走法律邊緣的手段，經營融資業務。

（三）民間互助會、民間互保或其他民間金融服務

除了前述的金融產業之外，民間互助會（標會）這種互助融資活動，也扮演類似金融產業的功能。民間互助會因爲有特殊的過往淵源，且參與成員多屬親朋好友與街坊鄰居，金額不大，因此，政府並沒有對民間互助會活動進行高度管理。

另外，還有一些民間組織提供類似於產物保險的服務功能。舉例來說，旅行業品質保障協會[2]提供旅行業履約保證功能，類似於產物保險公司的履約保證，運作方法是所有會員旅行社必須繳交基金，繳交保證金的旅行社，可以對外宣稱有加入品保協會、有履約保證，遇有旅行社倒閉或其他無法履約的情事，該協會將會賠償給消費者，達到所稱的履約保證的效果。

三、金融科技衍生的新興金融服務

因爲金融科技的發展，許多新興的金融服務被提出。無論是傳統金融產業或是新創企業，都對這些新興金融服務躍躍欲試。這些金融服務滿足不同種類的需求，但也挑戰政府對於傳統金融產業的管制。簡要來說，因爲金融科技的發展，至少有以下幾類新興的金融服務。

（一）數位貨幣與各種新興支付工具

包括比特幣在內的虛擬數位貨幣，試圖取代原有的實體貨幣，作爲交易媒介。而電子支付、電子票證、第三方支付等，則試圖利用原有的實體貨幣爲基礎，作爲行動支付的工具。

2　http://www.travel.org.tw/。

（二）網路融資、眾籌與群眾募資

　　金融服務提供者若保有資金，可以將資金提供給需要的人，收取利息以賺取利潤。而FinTech科技，使得金融服務得以在網路上進行，此時，進行網路融資就變成非常容易理解的金融創新。

　　傳統銀行的貸款功能，包括房屋貸款、企業融資、個人信貸等，有可能在FinTech科技的協助下，提供網路融資服務。而融資公司，非屬銀行，也不是特許經營，在金融科技協助下，自然也有可能提供網路融資服務。

　　所謂的眾籌或群眾募資，是在網路上向眾人籌措資金，以利於開展新創企業的經營，或是作為其他用途。FlyingV或Kickstarter之類的網站[3]，就是有名的新創事業群眾募資平台。這類的群眾募資平台，屬於商品預購型的群眾募資平台。另外，創櫃板則是屬於股權式的群眾募資平台。

　　P2P借貸（Peer to Peer Lending）是使用者提供資金，透過平台集結資金，將資金借貸給其他使用者。這樣的網路借貸服務，若被定義為融資業務，則屬於經濟部管理，而非金管會。不過，必須注意的是，這類的眾籌或P2P借貸，必須避免違反銀行法第29條與第29條之1的規定。銀行法第29條規定的是：「除法律另有規定者外，非銀行不得經營收受存款……。」第29條之1則規定：「以借款、收受投資、使加入為股東或其他名義，向多數人或不特定之人收受款項或吸收資金，而約定或給付與本金顯不相當之紅利、利息、股息或其他報酬者，以收受存款論。」

　　無論網路融資、眾籌與群眾募資，都是因為金融科技的發展，才讓交易成本降低，而使得營運模式得以被實現。

（三）網路徵信

　　信用徵信是融資服務的基礎，無論是網路融資或一般融資，都需

3　https://www.flyingv.cc/與https://www.kickstarter.com/。

要徵信資料為基礎。在網路上，消費者的交易習慣、使用行為、電子商務的網路交易資料等，持續地被產生、記錄。因為低成本、高效能的大數據處理能力，這些數量龐大的資料，得以被分析作為徵信資料的基礎。

不過，金融新創業者嘗試利用網路資料進行徵信服務的做法，是否有侵害隱私或觸法的疑慮，則是另一個討論重點。

（四）機器人理財、程式交易

只要有足夠的資料作為基礎，深度學習等人工智慧技術的準確性，將會令人驚豔。而證券投資決策，若能借助這些機器人、人工智慧的準確判斷能力，投資績效很有機會可以獲得提升。

因此，許多金融科技新創事業將焦點放在機器人理財、程式交易，透過自動化的交易，提升投資績效。

（五）純網銀、純網路保險、純網路證券期貨

在臺灣與很多國家，銀行都是管制產業，難以獲得新的銀行申設許可，而且在網路時代，銀行的實體據點價值已在動搖中。因此，有純網銀的構想提出，藉由完全不設立分行（或僅有很少的分行），將所有銀行業務網路化。

純網銀與傳統銀行的網路分行，主要的根本差異在於營運思維的改變。傳統銀行的網路分行，讓消費者在網路上進行部分交易，但純網銀則是將所有交易活動都在網路上進行，實體營業據點只處理極少部分網路無法處理的交易活動。這兩種雖有共同之處，但存有典範的差異。傳統銀行因為原有經營模式的包袱，使得業務難以調整成純網路銀行，使得全新的網路銀行有存在的空間。

既然銀行可以有純網銀，保險、證券、期貨，也可以出現純網路保險、純網路證券、純網路期貨。

（六）區塊鏈應用

區塊鏈技術不僅可以運用於虛擬數位貨幣，也可以應用於諸如信

用狀之類的電子文件[4]。這類的區塊鏈運用，並非侷限於信用狀，而是所有需要電子化、需要傳遞、可以被交易移轉的文件，都能運用區塊鏈的技術。

（七）大數據分析

金融產業會產生大量的交易資料，這些交易資料若能適度地加以分析，可以開創新興的服務。舉例來說，利用信用卡或電子支付的消費資料，加以用於分析經濟動態，產生更為準確的經濟分析數據。

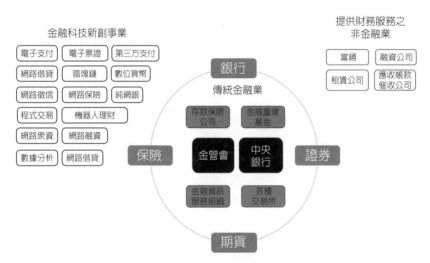

圖1-1　傳統金融業、其他金融業與金融科技新創事業

參、金融產業的基本功能

金融產業提供的功能，包括提供交易媒介、將金錢貨幣價值儲存、進行價值移轉、提供融資借貸並於未來攤還、以金錢來進行投資

---

[4]　https://money.udn.com/money/story/5613/3479781。

獲利、將風險分散等功能。新的金融科技，若能在這些金融產業基本功能上有所提升，新創金融服務就能夠應運而生。以下簡要介紹這些金融產業的基本功能，並說明過往的技術，如何促成現在的金融服務，以及未來的金融科技技術，如何為這些金融產業的基本功能注入新血。

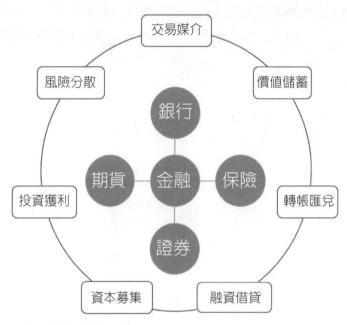

圖1-2　金融產業的基本功能

一、交易媒介

　　金屬貨幣、鈔券的發明，讓人們脫離以物易物的時代。當貨幣發行出現問題的時候，經濟上的困境也就接踵而來。舉例來說，中國清朝末年的白銀危機、中國東漢末年與三國時期的五銖錢短缺，或是舊臺幣時代的通貨膨脹，都是貨幣系統產生問題後，對於經濟造成重大的衝擊。

　　近幾年來，電子票證（如悠遊卡、一卡通）、第三方支付（如
Apple Pay、Google Pay）、電子支付（如街口支付、支付寶、微信支
付）等行動支付，都是扮演交易媒介的角色。只是，這些交易媒介都
建立在實體貨幣的基礎。但比特幣之類的虛擬數位貨幣，則是希望建
立全新的交易媒介。

　　目前各國的金融產業發展，大部分都還是受到政府高度管制，而
且政府並未以官方力量，投入虛擬數位貨幣的發行。但虛擬數位貨幣
作為全新交易媒介的潛能，是毋庸置疑的。未來，若有政府願意以官
方力量，發行以虛擬數位貨幣為基礎的法定貨幣，或許會為金融產業
的交易媒介功能，帶來全新的氣象。

二、價值儲蓄

　　金融產業的價值儲存功能，是指將手邊的貨幣，安全地儲存起
來，並於需要時動用。錢莊是最早期的價值儲存功能提供者，錢莊的
設立，讓人們可以將貨幣儲存於錢莊，於需要貨幣時，就可以至錢莊
提領貨幣，這也就是現今銀行的原型。銀行存款就是價值儲存功能的
具體標準。

　　銀行存款功能的形式，千年來改變不大，但是用於證明自己擁有
該筆存款的科技，確實有隨著時代的進步而改變。當印章、紙張防偽
技術進步後，銀票就得以被使用，銀行存簿也因此問世。當電腦系統
進步後，磁條紀錄成為存摺的必備憑證。當金融卡被發明之後，只要
攜帶金融卡就可以進行提款。

　　近期可用於改進價值儲存功能的金融科技技術，至少包括區塊鏈
與生物辨識技術。區塊鏈打破了帳本（存款存簿）必須由中央資料庫
儲存運作的基本假設，允許分散式、去中心化的帳本設計，可以成為
原本銀行帳戶的替代品。虛擬數位貨幣也可以完全用區塊鏈的方式，
做到價值儲存的功能。

　　生物辨識技術則包括指紋、手指靜脈、視網膜、人臉辨識等，可
取代金融卡與存簿，做到無卡存款提款的功能。只要能夠以更簡便的

方式辨識帳戶擁有人，就可以提升帳戶存取的便利性與交易效率。

金融機構收受存款時，受託保存該存款。當帳戶持有人希望提領時，金融機構有義務如數支付該筆資金。若無法支付該筆資金，存款人將實質的損失該筆資金。為了避免存款人的損失，收受存款屬於管制活動。銀行法第29條規範：「除法律另有規定者外，非銀行不得經營收受存款……」因此，金融科技新創在設計與存款收受有關的金融創新時，必須注意此一法律規範。

三、轉帳匯兌

當「飛錢」被發明之後，貨幣可以跨地遠距移轉；當電匯、轉帳、跨國匯款交易等金融功能被陸續提出之後，貨幣價值移轉的方便性增加很多。

網路銀行的普及，使得轉帳的方便性提升，而允許使用者間帳戶資金移轉的電子支付，讓轉帳的方便性更加提升。在中國大陸，因為電子支付的普及，不但使得商家與消費者間的買賣可透過電子支付轉帳來進行帳務移轉，使用者間也可以很輕易地使用電子支付來互相轉帳。

未來的金融科技，若能提供更高安全性、更低成本、更高效率的價值移轉方式，則可取代原有的資金移轉管道。不過，因為涉及洗錢防制，因此資金轉帳服務屬於管制的服務，新興的資金轉帳服務模式，必須取得政府的許可，或者必須突破法律上的限制。

四、融資借貸

古代的錢莊、當鋪，提供融資；現代的銀行與金融機構，提供各種抵押貸款與信用貸款給企業或消費者。提供的都是融資借貸的功能。

融資借貸功能的運作原理，是提供資金者，將資金貸放給需要資金、且能支付利息者。提供資金的金融業者，則收取利息為收入，但在此同時，也必須承擔借貸者未能如期償付的違約風險。

　　因此，融資借貸的過程中，信用徵信是個大關鍵，如何不耗費太多成本，但又完成信用徵信，且能提升融資借貸的准駁決策、降低違約風險，就是金融科技可以著力之處。

　　展望未來，金融科技可使用大數據資料，進行人工智慧分析，提升融資借貸決策效率。許多金融科技新創事業即著眼於此，專職提供徵信服務，或者利用大數據，提升融資借貸決策的正確性。

五、資本募集

　　融資借貸所提供的資金，屬於借貸性質，必須償還。但股票證券發行所提供的資金，屬於股東權益，可供企業使用。企業獲利時，發放的是股利，而非利息；企業未獲利時，則可不發放股利，而非融資借貸的情況下，必須支付利息。

　　傳統的股票、各種證券發行，可以在資本市場集資，但交易成本較高，屬於中大型企業的融資管道。對於新創企業來說，事業的營運模式仍不確定，因此，貿然在資本市場集資，不易成功。

　　許多新創金融科技企業提供募資平台，以眾籌（或稱為群眾募資）的方式進行募資。而新創企業在網路上集結資金時，可以用股權式、商品預購式、捐贈式等方法，提供股權或商品作為提供資金者的回饋。此些募資方式，若涉及股權時，雖與證券業的運作模式不同，但背後的運作原理類似。

六、投資獲利

　　證券業、期貨業是金融產業的主要支柱，證券的發行（初級市場）是募集資金，期貨的發行是分散風險（初級市場），但次級市場的證券交易與期貨交易的目的，則是獲取利益。藉由在低點買入、高點賣出的原理，賺取價差。而證券、期貨市場投資人為了投資獲利，進行買賣交易，這些交易買賣活絡了市場，使得證券的流動性增加，也使得屬於初級市場的證券發行、期貨發行得以運作。

　　因為投資人投資證券、期貨是為了獲利，因此，若能利用大數據

資料，進行深度學習預測，藉以掌握買賣時點，將有機會增加獲利。機器人理財、程式交易都是金融科技可以著墨的空間，許多金融科技新創事業也專精於此。

七、風險分散

金融產業中的保險業，專門從事風險分散的工作，以降低各種風險所帶來的損失。各種FinTech科技，若能協助保險行業降低風險，就能提升保險業的績效。

風險分散的原理，包括準確地預測風險，以及將風險分散給足夠多可承擔風險之人。保險公司的保單運作方式，就是集結眾多保戶，在需要理賠時，以眾人的資金進行理賠。此時，保險公司的保單成本（各種業務與行政成本）、風險估算，都會影響到保險公司的風險分散功能。保險公司若能夠以低管銷成本的方式銷售保單，而風險估算又能準確，獲利自然能夠提高。

現有的保險經紀人公司，就是以較低的管銷成本方式銷售保單。而網路保險、自動化保單銷售等金融科技，也是要降低保單的管銷成本。當管銷成本降低後，微型保單的可行性也就提高。微型保單聚沙成塔的力量，是相當驚人的。

另外，網路徵信的發展，也是金融科技的另一個著力點。而大數據、人工智慧等金融科技技術，提高風險估算正確性，也實質的協助提升風險分散功能。

肆、科技導致的金融創新機會

科技的創新，提升人類的生活，也改變金融產業的經營模式。把時間軸拉遠，我們將會發現，技術變遷所造成的經營模式改變，是持續出現的。今日金融科技對於金融產業的衝擊，就如同過去的每一種新科技的提出，對於金融產業產生了決定性的影響。唯一不同的部

分，是過去的技術進步，是漸進緩慢的，而金融科技已經蓄積了很多的技術進步的能量，這使得金融科技技術進步所造成的產業變遷，將非常快速而全面地改變整個金融市場。

以下，我們先回顧一下歷史，讓大家知道，金融科技創新是持續出現的。之後，我們拉回現在，展望未來，了解哪些科技技術正在引領未來的金融創新。

一、歷史上的金融科技創新

把時間軸拉到幾千年前，以物易物的時代，人們可以進行交易的前提，是交易雙方所提供的物品，正好都是對方欠缺的，而且雙方對於以物易物的比率與數量，都能達到共識。這使得交易進行過程，很難找到合適的交易對象。因此，各種的金融創新，在人類歷史中出現，形塑出我們現今的金融產業。

（一）金屬貨幣的創新

因為金屬鑄造技術的發明，人類開始使用金屬貨幣，這樣的進步看似輕微，但金屬可以長久保存的特性，使得「價值」得以被儲存。以物易物不再是唯一的選項，而是可以把物品藉由交易，換成金屬貨幣，而將價值儲存成金屬貨幣的價值。因為物資的提供者與物資的購買者，只需要對物資的價格形成共識即可，而非買賣雙方一定要剛好擁有對方所欠缺的商品，這加速了交易的過程。各種物資資源，只要評定其金屬貨幣價值，就可以在市場上被交易。對於價格形成共識，即可進行交易。

銅幣、鐵幣或其他金屬貨幣，是金屬貨幣的最早形式，但大額的金屬貨幣會因為笨重而難以儲存與運送，因此，貴金屬貨幣（金、銀）隨後被發明，便於大額價值的儲存與運送。

（二）鈔券與股權債權憑證的創新

千年或數百年前，金屬貨幣被廣泛使用的年代，大額金屬貨幣、貴金屬貨幣的儲存與運送，存有安全性的問題，為了防範搶匪，政

府部門的錢幣運送必須仰賴地方武力（衙役、兵勇）。政府部門尚且如此，民間部門的錢幣運送更是困難。在古代中國，為了保護這些民間部門的金屬貨幣運送，鏢局或武術道館等應運而生。金屬貨幣的運輸，屬於高成本的活動。金屬貨幣的儲存，也耗費成本。必須設置庫房來加以儲存，因為難以輕易藏匿，為了防範盜賊，必須有全天候的警衛武力來進行防備，這都是非常高昂的成本。

不過，因為印刷技術與紙張技術的進步，以及防偽技術的開發，使得笨重的金屬貨幣、貴金屬貨幣，得以被債權憑證（銀票）以及法定貨幣（紙鈔）所取代。鈔券的儲存與攜帶較為方便，因為目標不明顯，只要適當保密與保全，就能避免盜賊，對於貨幣護衛的需求也大幅降低。唐朝的飛錢[5]與宋朝的交子[6]，是貨幣的雛形。而十七世紀初，荷蘭東印度公司在海外的經貿活動與海外殖民雖然創造了高額利潤，但也伴隨巨大風險，為了分散風險以鼓勵投資人投資，1601年荷蘭東印度公司發行股票[7]，以書面的方式提供公司股權的憑證，持有該憑證者可自由交易，成為現代股權憑證的前身，也就是現今股份及派息等制度的前身，這也因此促成1602年世界第一所證券交易所的設立[8]。

（三）電信技術與電腦科技的創新

鈔券的創新，使得錢莊、銀號等金融業得以出現，這是最早的金融產業。這類的機構，在總公司及各分支機構之間，或者是不同公司之間，必須仰賴人員遞送，才能進行鈔券的調度，這使得交易成本居高不下，而且遞送安全，始終是個難以解決的問題。

---

[5] https://zh.wikipedia.org/wiki/飛錢。

[6] https://zh.wikipedia.org/wiki/交子。

[7] https://stockmuseum.weebly.com/19990300283153219968243733292931080.html。

[8] https://zh.wikipedia.org/wiki/證券交易所。

電信技術（電報）的發明，使得電匯、遠距匯款得以實現。電腦科技中的資料儲存技術（資料庫）的進步，使得銀行帳戶變得普及，不再需要仰賴人工抄寫記錄。交易撮合的相關電腦科技技術，使得股票交易所、期貨交易所、選擇權交易所等集中交易市場，可加快交易速度。結合通訊科技之後，交易不再侷限於必須由集中市場的交易員進行，而是每一家證券公司都可以下單，網路科技普及之後，股票、期貨、選擇權等證券交易，在每一位投資人的電腦、手機，都可以直接操作進行。

通訊技術普及到每一家商店之後，信用卡的授信程序與請款程序更加簡化，交易成本降低，信用卡也就更加普及。人們開始使用「塑膠貨幣」。不僅止於信用卡，電子票證（例如悠遊卡、一卡通等）也扮演類似於現金的角色，這些都是電信技術與電腦科技所誘發的金融創新。

（四）自動櫃員機與自動化設備的創新

電腦通訊技術的發明，使得跨行提款變得可行，自動櫃員機也應運而生。自動櫃員機的出現，讓金融產業「實體營業據點」的定義與營業時間被改變，所謂的實體營業據點，不再是「分公司、分行、辦事處」，而可以是任何公共場所（例如便利商店、商場、車站、機場、校園）的一個角落，營業時間也不再侷限於上班時間。

自動櫃員機一開始提供的是與「現金存取」有關的功能，之後自動櫃員機的功能範圍，從提款慢慢增加到轉帳、各種繳款、存款、換匯，在機場，曾經出現旅行意外險的自動櫃員機（稱為自助投保機）[9]，臺灣也曾經出現可申辦現金卡（個人無擔保信用貸款）的自動貸款機[10]。只要是營業據點櫃員可以執行的工作，自動櫃員機都可

---

[9]　https://www.chinatimes.com/realtimenews/20170614004342-260410?chdtv。

[10]　參閱https://www.bnext.com.tw/article/6675/BN-ARTICLE-6675或https://www.cardu.com.tw/news/detail.php?nt_pk=7&ns_pk=764或https://www.kgibank.com/T01/T0107/T0107_0005.html。

以設法取代，或者至少達到協助銀行櫃員的工作（例如現金卡的最後核貸的動作，仍需行員核定確認）。隨著自動櫃員機的進步，功能範圍並逐步擴張。

自動櫃員機是金融產業的自動化設備，但除了自動櫃員機以外，其他產業所發展的各種自動化設備，也改變了金融產業的運作模式。舉例來說，便利商店的互動式資訊服務站（Interactive kiosk或Kiosk），例如統一超商7-ELEVEN的ibon、全家便利商店的FamiPort、OK便利商店的OKgo、萊爾富便利商店Life-ET，提供與支付、付款有關的代收、代付、售票等各類型服務，讓消費者更加方便。而零售店家或網路賣家，也藉此創造出各種創新的服務型態。這類型的自動化設備，並非由金融產業發展，但危及金融業原有的轉帳、繳款市場。原本需要轉帳繳費，現在只需到便利商店的自動化設備來輸入資料，就可以在便利商店繳費。

二、最近的金融科技創新

把時間軸拉到最近幾年，科技的持續進步，蓄積了許多的金融創新的能量，並在最近爆發出來。當代金融創新，主要植基於以下的科技進步。

（一）網際網路與雲端

沒有網際網路之前，分公司、分行、辦事處等實體營業據點，是接觸顧客的唯一管道。而各種類型的自動櫃員機（包括提款機、貸款機、自助投保機……等），讓營業據點增加，營業時間延長到二十四小時。不過，這還是侷限在特定的營業據點，使用金融機構所提供的設備。

網際網路的普及，使得實體營業據點可以擴及到網路雲端，網路銀行、網路證券、線上徵信核貸、線上投保，逐漸取代了許多無需使用實體現金的金融活動，包括轉帳、匯款、匯兌、證券交易、保險投保……等方面的功能，都有可能透過網路來加以完成。

　　無論是消費性金融業務或企業金融業務，分公司、分行、辦事處等實體據點的價值，正逐漸消失中，越來越多的金融業務活動，可利用網路完成。若是交易過程中，無需實體書面文件與實體面對面接觸的交易活動，也都可以透過網路來完成。網際網路的衝擊，使得金融產業必須認真思考營業據點在金融營運所扮演的角色。最近討論很多的純網銀，完全沒有實體營業據點的設計，就是一個完全捨棄營業據點的極端。雖然，因為法規的限制，以及營業過程中的真實需要，使得完全沒有營業據點的純網銀，還是有很多侷限，因此純網銀可能還是會設置極少數的實體營業據點，但金融業分支營業據點所能創造的價值，確實正在逐漸減少中。

（二）行動電話與高速行動網路

　　網路再加上行動電話，讓網路金融的功能更加強大。網際網路的普及，雖然使得網路銀行、網路證券、線上投保……等金融業務，得以在網路上進行，但因為電腦並非隨時可得，因此仍有侷限。可是，近幾年，由於行動電話與高速行動網路的普及，使得網路銀行、網路證券、線上投保……越來越普及落實，只要有行動電話外加行動上網，金融服務隨處可用、隨時可得。而行動電話的功能提升，內建許多加密機制（例如指紋辨識、人臉辨識），使得行動金融業務的交易過程更為安全，消費者對於網路金融的接受度越來越高。

　　行動支付的發展，更使得銀行產業備受衝擊，買賣雙方無論使用的是現金交易、轉帳交易或是信用卡交易，銀行都還是扮演重要的角色。即使到了便利商店，使用互動式資訊服務站進行交易，也仍然需要現金支付。只要有現金支付，金融機構仍扮演不可或缺的角色。但行動支付普及之後，行動支付廠商可以不透過銀行的方式，讓買賣間的貨幣移轉得以完成，傳統金融機構所扮演的角色也在逐漸被取代中。

（三）資訊安全、加密技術、區塊鏈

交易安全是金融業存在的最基本要求，金融交易過程中，必須確保交易安全，才能讓消費者產生信任。消費者必須信任新興的金融科技與新興金融服務，這些新科技、新服務才有可能普及。

消費者對於網路駭客及各種資訊安全的疑慮，造成對於創新服務的裹足不前。金融業者必須確認資訊的安全，金融創新才有可能被顧客所接受。而近年來資訊安全技術的進步，使得網路交易安全性大幅提升，讓創新的金融服務得以被消費者接受。

虛擬貨幣、虛擬錢包，一直是創新金融服務的發展重點。早期，各種虛擬貨幣、電子錢包的設計，在安全性方面，都有些疑慮。但最近，因為加密技術的成熟，區塊鏈架構成為比特幣、乙太幣……等虛擬貨幣的技術底層，也因為區塊鏈已被證實具有一定的安全性，安全性設計難以被破解，實務上才能順利運作。

區塊鏈與加密技術在金融產業的地位，相當於歷史上金屬貨幣、貴金屬貨幣、紙本鈔券的發明。因為金屬貨幣，人們不再需要以物易物；因為貴金屬貨幣，貨幣價值可以被大額儲存；因為紙本鈔券，貨幣價值得以低成本的儲存與遠距移轉。有了區塊鏈與加密技術，完全無紙化、去中心化的金融體系得以被設計，金融交易不再必須存有中心機構，這讓金融產業營運模式的創新，充滿想像。

我們對於虛擬貨幣缺點的許多假設，都建立在虛擬貨幣發行單位不具有公信力，或是虛擬貨幣結構設計存有瑕疵。對應到金融產業的發展歷史，如同我們拿唐代的飛錢與宋朝的交子，來論證鈔券與債權、股權權證的不可行。但隨著各種改進提升，唐代飛錢、宋代交子的缺失，都逐漸被解決，金屬貨幣終究是被紙本鈔券取代了，而且金融產業也因為紙本鈔券的普及，而有蓬勃發展的機會。

現今許多關於區塊鏈、虛擬貨幣、加密技術應用的討論，提出的各種問題與挑戰，從歷史的洪流來看，都只是技術導入期的創新擴散課題，以及一些待克服的缺點。當具有公信力的政府，或是極具規模

與獨特市場地位的金融業者，也投入發行具有法定地位的虛擬貨幣，或是以區塊鏈技術進行關鍵應用時，我們對於金融產業的想像，將被全盤翻新。

比特幣雖然設計了固定發行數額、獎勵提供計算力、完全去中心化的架構，但我們對於數位貨幣的想像，不應該因為比特幣的設計而被侷限。我們可以想訂一個情境，如果有個具有一定程度經濟力量的大型或中型規模國家，發行與傳統貨幣存有固定匯率的虛擬貨幣（固定匯率可能是1：1，或是任何換算比率），且允許該虛擬貨幣具有與傳統貨幣相同的法幣地位，貨幣發行量由該國中央銀行（或類似機構）來控管，並比照傳統貨幣進行公布，區塊鏈計算力則由該國中央銀行，外加多個具公信力的獨立機構，各自設置伺服器，仿照比特幣的設計，加以提升改進後來進行區塊鏈設計，這樣的虛擬貨幣設計，或許有可能成為新的虛擬貨幣機制，完全顛覆我們對於紙鈔貨幣的想像。將時間軸拉遠，這樣的情境、細節或許與想像不同，但總有一天會發生的，只是時間早晚而已。屆時，許多今日被視為理所當然的金融服務，將會被全盤改寫。

（四）大數據儲存與計算

沒有電腦的時代，人們對於數據的處理，有很大的侷限性。算盤與帳本，是那個年代的產物。電腦化的時代，我們得以將金融服務過程中產生的資料，逐一記錄計算。準確而快速的計算，使得我們的金融交易成本大幅降低，金融服務得以普及。

但這些交易資料，如果只有儲存紀錄，則難以進行其他利用，無法從交易資料中獲取更多的資訊。因為這些資料沒有被充分分析，因此，放款或授信時，金融業仍傾向採用擔保放款，對於無擔保放款的信用評估，也只能仰賴金資中心提供的信用狀況資料，並綜合客戶各種基本資料後，進行評判。

大數據處理能力，對於將交易資料整理成資訊有很大的幫助。當大數據儲存與計算等處理能力的進步，使得資料可以不再塵封，而是

可以進行加值應用。處理這些巨量資料的構想，並非最近這幾年才被提出，但以往的儲存空間過於昂貴、計算速度過慢，使得巨量資料的儲存、計算、應用，始終停留在學校實驗室階段。但近來，大數據處理能力快速提高，成本巨幅下降，使得許多想像中的金融應用，得以被實現。

金融活動中，交易更為頻繁、價格波動更為複雜的證券投資，衍生的交易量更大，蘊含的資料更為豐富。以往，因為缺乏大數據的處理能力，只能透過一些技術指標，勾繪出證券交易的輪廓，但具備大數據處理能力之後，不再只能依賴這些技術指標，而是可以分析交易過程衍生的各種資料，進行更有價值的應用。

（五）人工智慧與機器學習

具有大數據資料之後，傳統的統計分析技巧，已無法滿足資料分析的需求。各種機器學習與人工智慧的技術，可以幫助金融產業發展決策支援工具與各種新興應用，改變原本的金融產業營運典範。

舉例來說，傳統的證券投資仰賴各種證券分析師，進行各種技術分析與基本分析，並由基金經理人擇定適當時機，進場操作。由專家來進行分析、擇定買賣時機，是傳統金融投資的常態。但有了人工智慧與機器學習之後，程式交易、自動化理財交易，變得具有可行性。藉由巨量資料的分析，理財人工智慧程式運算出了證券投資的損益模式，在最佳的時機，提出決策建議，或者在給予授權的範圍內，直接進行交易。以往，證券的分析，靠的是證券分析師事前的分析，以及基金經理人過去的經驗，進行瞬間的決策，但無論是精明快速的證券分析師、基金經理人，也無法在瞬間完成分析、進行決策。但有了人工智慧與機器學習，決策可以以分計秒的方式，在瞬間完成。每隔幾分鐘或更短時間就進行一次交易的程式交易，變得具有可行性。

人工智慧與機器學習，可運用到非常多的場域。舉例來說，信用卡授信資料，需在顧客刷卡的瞬間完成授信。但授信評估程式若能阻擋不當盜刷，對於減少損失有很大的幫助。而大量的交易歷史資料，

在大數據儲存與計算技術的幫助下，再經過人工智慧與機器學習的運算，可發展出合適、精確的評判準則，將信用卡即時授信的程式效率巨幅提升。

　　人工智慧也可以利用交易資料，分析顧客交易資料與未來信用狀況的關聯，有助於決定信用貸款的償還機率、風險，進而幫助金融業決定應該給予的額度範圍。

（六）生物辨識技術

　　識別顧客身分，是金融產業的重要工作。金融機構代替顧客保管有價證券（貨幣、股票、債券、各種憑證），並以帳戶的方式，用數字與文字，記錄顧客託管的有價證券種類與數額。金融業者會提供帳戶憑據，讓顧客憑該帳戶憑據，證明其為帳戶之擁有者或授權者。此一帳戶憑據，可能是紙張文件、存簿、帳號數字、金融卡、電腦加密檔案、密碼、印章、簽名等。而在進行交易活動時，顧客或受顧客委託者，需出示一種或多種帳戶憑據，以證明具有存取該帳戶之權利。

　　因為擁有這些帳戶憑據，就能動用帳戶內的資金或有價證券，因此，如何保存這些帳戶憑據，是非常重要的課題。許多消費者害怕使用網路銀行，就是因為帳戶號碼與密碼，都有可能不經意的外洩。相反地，使用提款機時，必須要有提款卡；臨櫃提款時，必須使用存簿與印章，因此，只要好好保存實體的存簿、提款卡、印章，就能確保資金或有價證券不被盜用。

　　這些實體存簿、提款卡、印章，影響金融產業的競爭態勢，產生大者恆大的現象，也限制了某些創新金融服務的推廣。舉例來說，因為不可能隨身攜帶太多張信用卡、金融卡，也不容易記住太多張卡片的密碼，因此，金融業者必須爭取成為消費者使用的主要卡片，以隨身攜帶卡片。這一現實狀況，使得各銀行積極爭取成為公司薪資轉帳銀行，以使公司員工將該銀行金融卡當成主要使用卡片。

　　指紋辨識只是生物辨識技術的一種，人臉辨識、手指靜脈辨識等生物辨識技術，正確性更高於傳統的指紋辨識。這些生物辨識技術應

用普及之後，無卡片、無存摺的時代將會到臨，消費者不再需要金融卡或存簿，也可以使用自動櫃員機。消費者不再被實體的卡片、存簿所綁住，方便性更高，消費者的金融交易往來，也不再因為攜帶提款卡、信用卡的理由，而侷限在少數金融業者。

伍、金融科技創新的障礙

一、金融科技帶來新創商機，也衝擊現有業者

金融科技產生很多的商機，這些商機提供新進業者的創新機會，這些創新服務，可能是過去無法提供的服務類型，也可能比過去的金融服務更有效率、更低成本、更為透明、更高獲利。

不過，這些創新服務，也造成現有業者的威脅。任何新的創新，都會影響現有產業，不過如果該產業沒有政府管制，新創業者與現有業者間的競爭，則屬於自由經濟。

但是，金融業屬高度管制的產業，政府為了維持金融產業的穩定，訂有各種規範，這些規範影響金融的創新，使得新創業者對金融業管制與規範不斷挑戰，但政府基於維持金融產業穩定，也不願意輕易放寬管制與規範。

另外，現有金融產業業者長期配合政府施政，因此，政府很容易基於情誼，願意繼續幫助現有業者，這使得新創過程中，法規鬆綁的速度常常不如期望。

現有業者因為原有業務是基於傳統金融，長期運作的結果使各種軟硬體設施，以及人員或組織，都難以快速調整，成為現在業者的包袱。而現有客戶的合約關係，則使得許多新創服務，難以適用於現有顧客，加深了現有金融業者的調整難度。

産業解構
- 現在業者的包袱
- 新創業者與現存業者的角力
- 現有產業的解構與再造

創新疑慮
- 金融方面的風險
- 隱私方面的風險
- 對於社會的負面影響

監理法規
- 監理法規避免創新導致的風險
- 監理法規鬆綁釋出的商機
- 外國金融創新形成的壓力

圖1-3　金融科技創新的障礙

二、對於金融新創產生的疑慮

　　金融業之所以被高度管制，與金融業產生的風險有很大的關係。如果存款戶無法取得原本的儲蓄、如果匯款過程成為非法洗錢的管道、如果資本募集成為非法公司吸金的管道、如果證券期貨交易涉及炒作詐騙、如果保險公司人謀不臧導致無法理賠，這都會衝擊社會的穩定，造成人心浮動與政府危機。因此，金融新創的過程，會有很多對於金融產業穩定的疑慮被提出。

　　另外，金融的交易過程，涉及買賣雙方的財務資訊，此為個人的隱私資訊，而且可以依據這些資訊，例如支付交易資訊，勾繪出當事人的各種日常隱私、財務狀況、行為模式等，這些隱私資料是否被充

分保護，是人們對於金融新創產生的疑慮。

另外，金融新創的種類繁多，有些金融新創可能會對社會產生負面影響，舉例來說，中國大陸曾經出現針對大學生所發展出來的校園融資，因為運作方便，吸引許多大學生在網路上借貸。而也因為借貸方便，使得許多人生經歷不豐富的大學生，被這種低門檻借貸所吸引，造成必須打工償還借貸，而產生學習意願降低的狀況。

三、金融法規鬆綁的商機與風險

金融產業被高度管制，因此有很多法規與規範，以及不成文的產業慣例。這些法規、規範、產業慣例，或許讓金融產業的創新受到侷限，但也讓金融產業的風險降低。

有些法規、規範、產業慣例的時空背景已經不復存在，因此，確實有鬆綁的空間。不過，也有些金融法規，確實有存在必要，如何在金融創新與風險之間取得平衡點，是很大的學問。舉例來說，無記名儲值卡的轉帳，確實有可能成為洗錢的管道，但無記名儲值卡的資金移轉，也確實非常方便。對於未成年的消費者來說，無記名儲值卡是很方便的儲值交易工具，允許無記名儲值卡的資金移轉，可以讓這些未成年消費者（主要是學生）間得以輕易地分攤消費金額。但是，無記名儲值卡的資金移轉確實也是可能的洗錢管道。此時，法規鬆綁與社會風險，便成為利弊之間的拉鋸。如何在這中間取得平衡，例如僅允許小額的無記名儲值卡的資金移轉，就是可能的折衷方案。

|第二章|
監理科技的發展、運用及前瞻

王志誠

　　為因應當前金融數位環境所衍生之服務，將監理制度導入科技技術後，即可利用監理科技來監管企業是否合規經營、監測業者之營運活動及協助其確保法令遵循。通常可利用數據採集及分析技術，搭配各金融機構之內部控制制度，建立以風險為導向之預防機制，以因應變化萬千之市場環境。特別是近年來隨著金融科技產業之蓬勃發展，業者不斷藉由科技創新提升商品或服務之競爭力。惟金融科技之運用，亦引發資訊安全、隱私權保護及諸多難以預測之未知風險，已非採用傳統監理方式即可解決，未來顯然必須借重科技輔助，以創新新型之監理工具。目前「監理沙盒」（Regulatory Sandbox）機制之推動，即為發展監理科技之重點選項。本章除介紹監理科技的內涵及國際上監理科技發展的狀況外，亦探討我國監理科技的應用領域及發展，進而說明監理科技未來的挑戰及反思，最後提出結論。

壹、監理科技的內涵

　　監理科技（RegTech）又稱金融監理科技，為Regulation Technology之縮寫。從技術運用層面來說，亦可稱為監理技術數位化，主要透過人工智慧技術，定期過濾檢視金融交易中有無違規事宜，節省傳統監督所耗費的時間，將繁瑣的金融監理工作以更精確之方式進行，以因應科技為劍、數據為盾之數位金融時代。

一、監理科技的起源

　　隨金融科技（FinTech）興起，市場環境日趨複雜，業者提供更多元之服務體驗之餘，亦面臨與現行法牴觸或無法可管之窘境，使相關業者面臨高經營風險，監理科技因而誕生。其目的是使業者能透過創新科技達成更具效益之法規遵循，並讓新興技術能以快速、經濟、

合法之方式運作[1]。

　　雖英國金融穩定理事會（Financial Stability Board, FSB）曾於
「Artificial Intelligence and Machine Learning in Financial Services-
Market Developments and Financial Stability Implications」報告中提及
RegTech為法遵科技[2]，而SupTech（Supervision Technology）為監理
科技。然而本文將一概而論，視RegTech為監理科技，同時包含監理
及法遵二個層面。

　　監理科技領域，在廣義上包含資料整合分析、合理法律遵循、
金融犯罪之防範、網路交易之風險控管等[3]。根據國際金融協會
（Institute of International Finance）發布之《RegTech in Financial
Services: Technology Solutions for Compliance and Reporting》研究報
告，監理科技主要是針對金融業而設，主責協助金融機構於不同層
面皆能合法執行監理機關之要求[4]，例如風險資料彙整、情境預測分
析、交易即時監測、客戶識別、公司內部行為監管、金融市場交易、
新興法規識別。

---

[1]　*See* Douglas W. Arner, Jànos Barberis, Ross P. Buckley (2017), *FinTech, RegTech, and the Reconceptualization of Financial Regulation*, 37 Nw J Int. Law Bus. 371, 377 .

[2]　*See* FSB, *Artificial Intelligence and Machine Learning in Financial Services－Market Developments and Financial Stability Implicatio*ns, at 11 (2017), http://www.fsb.org/wp-content/uploads/P011117.pdf (last visited on Apr. 8, 2019).

[3]　*See* Deloitte, *RegTech is the new FinTech* (2016), https://www2.deloitte.com/content/dam/Deloitte/ie/Documents/FinancialServices/IE_2016_FS_RegTech_is_the_new_FinTech.pdf (last visited on Apr. 8, 2019).

[4]　*See* Institute of International Finance, *RegTech in Financial Services: Technology Solutions for Compliance and Reporting*, at 3, https://www.iif.com/Portals/0/Files/private/iif-regtech_in_financial_services_-_solutions_for_compliance_and_reporting.pdf?ver=2019-01-04-142943-690 (last visited on Apr. 8, 2019).

二、從金融監理到監理科技

（一）傳統金融監理的監管觀念

所謂金融監理（financial supervision），係指對金融市場、機構、活動進行監督管理，因應金融環境權衡監管之利弊得失，謀求合乎時宜之模式。金融監理的目的，為在促進競爭創新之餘防免金融危機、保護投資消費者權益、維持市場價格及誠信[5]。

金融監理之範圍遍及人事、業務、財務，按營業活動之不同進行形式或實質審查，並就違規者處以裁罰。對金融機構而言，金融監理將增生遵法成本，在國際化及金融商品複雜化之趨勢下，不同國家、不同業務領域皆存迥異之規則，往往須耗費大量人力資源及成本始能滿足各國法規。

伴隨金融科技發展，加速帶動實現普惠金融之願景，然新興金融科技具強大且廣泛快速之破壞性，對金融市場之衝擊難以估計，因而更需要縝密的監管規範與指引，惟傳統監理模式無法迎刃而解[6]，進而促使監理科技出現，希冀藉由科技助力，降低法遵成本及交易風險，創建高效率且精準之金融市場。

（二）監理科技的監管

監理科技除了必須具備傳統之金融監理原則，保障消費投資人權益、防止金融風險、促進市場創新之特質外，更須對「破壞式創新」（disruptive innovation）下之新商品或服務進行監理。

所謂破壞式創新有二項核心概念，一是低階立足點（lowend foothold）；二是新市場立足點（new-market foothold）[7]。所謂低階

5　王志誠，現代金融法，新學林出版公司，2017年10月，頁4。

6　See Douglas W. Amer, Janos Barberis, Ross P. Buckley, *supra* note 1, at 26.

7　See Clayton M. Christensen，精讀克里斯汀生：嚴選破壞式創新世界級權威大師11篇大塊文章，哈佛商業評論，2016年6月，頁43-47。

立足點，是指針對低要求之客群提供適宜的服務，由於一般業者通常僅針對高標挑剔客群進行改善，而低立足點則是提供「足夠的」服務給予要求少之客群；至於新市場立足點則指提供過往不存之服務商品，將「非消費者」轉變成「消費者」，透過以上運作模式，破壞現有市場機制。

破壞式創新挑戰監理模式，必須審慎評估監管密度及科技創新間之平衡，而金融科技進步速度遠高於法規修訂，將面臨法律無法與時併進之情況，故宜以動態模式爲監理主軸，不同態樣之金融科技配合不同密度之監理，產生具彈性、可調整之監理制度[8]。特別是爲因應破壞式創新金融商品或服務之興起，金融監理之導向逐漸從「嚴格監管」轉變爲「建設性監理」，並導入監理科技之概念及技術，引導業者利用創新科技檢核資訊安全、業務合規性、交易安全等面向，嚴密監控營運活動及法令遵循。

此外，更可建立金融科技之實驗環境——監理沙盒（Regulatory Sandbox）[9]，在沙盒機制中，業者能於一定範疇、時間內實際運行研發之技術與服務，且於沙盒中具一定之法律豁免權，既能盡情發揮技術，亦不必擔憂違規罰鍰，而與此同時，政府將評估業者新技術之缺漏及可行性，並藉此機制保障金融市場之穩定。

（三）從靜態分業監理到動態跨業監理

金融市場之監理趨勢由靜態轉爲動態，從過往法規罰責採取「一

---

[8] 參閱張冠群，自金融監理原則與金融消費者保護觀點論金融科技監理沙盒制度——兼評行政院版「金融科技創新實驗條例草案」，月旦法學雜誌，第266期，2017年7月，頁10。

[9] 監理沙盒：有鑑於創新FinTech產業日益普及，金融服務商品新穎多元，具經營模式與現行法牴觸之情況，爲確保金融市場安全穩健，各國政府推出實驗機制，希望於維護金融監理之餘亦能鼓勵FinTech產業發展。實驗流程爲在新商品服務進入市場前，先於隔離區域內試行一段時間，由政府評估發展狀況及缺失，使業者能盡情發揮構想但不破壞金融市場安定，而此機制似孩童於箱內玩沙，故稱沙盒。

個命令一個動作」之模式，到現今按企業商品之發展狀況適時給予彈性調整。傳統事先制定監管規則並於違規時加以裁罰之形式，無法配合高速變遷之市場，且法規易落於新興技術之後，既無實際規範作用更易致生新問題。科技監理則可利用敏捷之技術，靈活依商品服務狀態調整監理模式，並定時回報風險狀況予監理機關[10]。

此外，過去之監理模式多以產業類別作爲分水嶺，不同類別之金融產業適用不同的規章，而今於金融科技之風潮下，單一金融商品通常具多元產業特色，且發行業者更囊括金融及非金融業，傳統之分業監管方式難適用於複雜化之金融商品及各型態企業，因而跨業亦能有效監理的模式成爲監理科技之發展導向。

三、監理科技的運作模式

監理科技之建置主旨，係於主管機關與業者間建立可信賴之監管協議與合法的評估機制，並於協議基礎上，業者就內部運作、對外服務、提供產品等層面進行調整，而成果則由監管機關進行評估。

執行方式係於金融機構內部設置作業系統，監控內部行爲並識別客戶資訊，進而提供相應之服務；至於主管機關面，則需建設法規遵循及評估系統，再透過業者上傳符合規範之報告，即時監管新創金融服務動向。

監理科技具高效率及實用之特性，彌補傳統監督模式之不足，藉由提取分析金融機構之各部門資料，自動生成不同層面之報告，滿足金融業對法令遵循之需求。簡言之，監理科技可分爲二面向，其一爲主管機關運用科技落實監理職責；其二爲金融機構透過科技遵循法規並達成主管機關之要求。

監理技術主要體現在匯集資料及管理面[11]。目前金融業間存在交

10 顏雅倫，管制創新與創新實驗機制在臺灣的未來與挑戰，月旦法學雜誌，第270期，2017年11月，頁102。

11 張家林，監管科技（RegTech）發展及應用研究——以智慧投顧監管爲例，金融監管研究，第6期，2018年，頁78-79。

易資料不一致之現象，影響資訊共享和監管之效率，利用監理科技可大幅提升資料聚合及管理之效率，並運用加密技術確保蒐集資料之安全、完整性，同時向用戶揭露資訊，使交易及蒐集過程透明化。除可簡化契約訂立程序，更可彙整帳戶資料、財務風險、交易資訊，強化金融業整體監督制度，創建一體化之共享資料庫。此外，業者能運用監理科技監測可疑交易，並迅速更新法規動向，即時修正作業模式，使其不落入違規及犯罪風險內。

　　不論於監管機關或創新業者之立場觀之，監理科技之中心技術聚焦於風險管理、法令遵循與合規報告、監控交易、識別並控管客戶身分，透過創新科技監督等面向，進而降低各國政府、國際監管機關、新創業者之監理成本，創造更穩健並有效之跨國金融市場。

貳、國際上監理科技發展：以英國、新加坡、日本為例

　　依國際經濟合作論壇Group of Twenty於2016年之數位金融報告[12]，金融監理應於符合比例（proportionate）且被授權（enabling）之原則下進行，近年各國紛紛發展區域性之監理科技，強化主管機關之監督力道之餘，亦積極評估各類型金融商品或服務之風險態樣，設置適當之監督模式。至於主管機關之角色亦日益演變，自過往單純之監督者轉變成協助業者之幫手，透過適度配合金融業新技術發展，了解產業內部之運作模式，打造可容錯之監理環境[13]。本文將以金融監理科技市場已高度開發之國家為主軸，分析各國監理及創新之政策走向。

---

[12] *See* Group of Twenty, *G20 High-Level Principles for Digital Financial Inclusion*, at 11 (2016).

[13] 臧正運，試論金融監理科技的分析框架與發展圖像，管理評論，第36卷第4期，2018年10月，頁24。

一、英國

英國為金融科技監理之濫觴，亦為首位提出監理沙盒構想之國家，強調監管政策須兼具便利、透明、產業導向之特性。英國政府為推動金融創新進而帶動國家生產力，廣推STEM（Science、Technology、Engineering、Mathematics）教育學程，用以培育科技人才，且施行個人所得稅返還計畫（Seed Enterprise Investment Scheme），協助創業者獲取資金，投資者則可依規定減免所得稅[14]。

（一）英國的監管機構

英國財政部於2017年推動監理創新計畫（Regulatory Innovation Plan），主要針對英國各監管部門進行明確之工作分配，確保金融科技業者能適應政府監管並能促進金融創新。主要分為下列四大機構：

1. 金融業務監理局[15]

金融業務監理局（Financial Conduct Authority, FCA）之設立宗旨，為促進市場公平競爭、保護消費者及維持交易價格。於創新計畫中，FCA主責監理沙盒，不論是已核准或尚未核准之業者，一旦欲參與銀行、證券、保險業務，皆可透過FCA提供之健全環境進行實驗，降低違法風險，於此FCA設置獨立窗口予業者諮詢，其中包含協助業者了解法規架構、申請實驗之事前準備、解釋FCA之監管體制等。

此外，FCA致力強化新創相關之國際協議，目前已與澳洲、香港、新加坡、韓國、中國等簽署合作協議，一方面鼓勵國外技術引進，另方面則有助英國政府監管國內新創業者於國外發展之狀況，並與他國監管機構維持聯繫。FCA在支持企業新創之餘，亦須分享新興

---

[14] 林佩瑩，英國監管創新計畫之初探，科技法律透析，第29卷第8期，2017年8月，頁25。

[15] *See* UK HM Treasury, *Regulatory Innovation Plan*, at 7-9 (2017), https://assets. publishing.service.gov.uk/government/uploads/system/uploads/attachment_data/file/606953/HM_Treasury_Regulatory_Innovation_Plan.pdf (last visited on Apr. 11, 2019).

趨勢及監管問題，維持適當監管模式，使金融市場更具競爭力。

2. 支付系統監理局[16]

支付系統監理局（Payment Systems Regulator, PSR）主責為降低業者進入門檻，並確保新技術及商業模式於金融市場具高效率反饋，尤其聚焦於監理產業的支付系統，要求其須具公平透明之特性，並能在問題發生時給予明確之解決方案。其中，PSR將特別針對小型、新型之業者予以協助，藉由改善產業內部之支付系統，使其與大型企業競爭時能更具優勢。

PSR以符合所有用戶及消費者利益為支付系統的改善方向，首重高透明性以達支付系統能安全快速應對客戶之要求，此外，PSR亦會隨時監控支付系統，適時進行監理調整，確保監理指示係適合系爭新型企業，並要求業者發布年度報告以評估各計畫於市場之發展。

不只協助個體企業，PSR更鼓勵產業合作提高創新能力。惟各企業大多以自身利益為導向，彼此易生嫌隙，為此PSR建立支付戰略論壇（Payments Strategy Forum），協助業者達成共識並齊心改善支付系統。其中論壇成員包括一般金融業，例如銀行、金融科技公司，以及服務用戶代表，例如消費者、零售商及微型企業。目前支付戰略論壇以提高客戶付款信任、快速分析客戶資訊並防範犯罪、開發新支付架構並有效促進競爭為目標。希冀在此理念下，可消除競爭障礙，產生迅速有效之支付制度以利用戶。

3. 審慎監理局[17]

審慎監理局（Prudential Regulation Authority, PRA）之主要目標為去除銀行進入市場及擴張之障礙，透過確保銀行妥善建置之方式，使創新技術蓬勃發展。

就進入市場而言，於實際運作上，為了推動新創銀行之設立，

---

[16] *Id.*, at 10-12.

[17] *Id.*, at 12-13.

PRA與FCA合作推出銀行啓動單位機制（New Bank Start-up Unit），協助欲加入之業者通過核准並取得執照。其中，將提供設立流程所具備之文件訊息等，待新創銀行實際成立時，PRA與FCA會於初期成立一專門之監管模式，監督營運概況。

另就降低障礙而論，PRA則針對符合一定條件之新設銀行降低其設立資本額，所謂特定條件通常是具新商業模式或特殊技術之銀行，而此舉除了使進入門檻降低外，更使新創銀行能具較充裕資金發展技術。

此外，PRA於參考歐盟評估機制後，設立「泛歐洲規則」（pan-European rules）之評級模式，主要針對小型企業，以內部評級之做法分析其信用風險，而歐盟委員會成員亦將參與評級。在國際監理下，一旦新創業者欲跨國經營，評級結果於歐洲各國將更具信貸可信度，並促使業者了解各國規制，降低觸法可能。

4. 英格蘭銀行[18]

英格蘭銀行（Bank of England, BoE）一貫支持金融服務創新，其透過英國央行之研究數據分析，了解新創型企業之能力及技術需求，再針對各項需求致力提升銀行之硬體、軟體設施，提供業者更加友善之發展環境。

此外，BoE亦聚焦於政策框架、業者互動、監管評估、市場結構、推廣溝通方法等面向，並揭露本身之資產負債表供大眾參考，以期達拋磚引玉之效，使更多銀行願意揭露營運狀況，提升透明度並增生用戶信賴。目前BoE利用金融科技研發新興支付體系，以便隨時監管各銀行交易，除可防堵洗錢、詐欺等犯罪行爲外，更可於不同狀況下快速採取適宜之應對措施。

---

[18] *Id.*, at 13-14.

（二）英國監理沙盒的運作

1.沙盒的原則及適用範圍

英國於2015年正式推出監理沙盒制度，由FCA負責沙盒相關事宜，增設創新中心（Innovation Hub）提供新創企業洽詢實驗資訊與監管注意事項，並揭露沙盒運行主旨，給予新創企業三到六個月之時間，於受控之環境中測試產品及服務，藉此減少產品上市所需花費之成本與時間，而在創建新技術產品及服務之餘，須同時提出消費者相關之保護措施。此外，為使業者更易獲得融資，政府於沙盒中提供有條件限制之授權、企業個別指導、法律豁免等資源，且針對每項測試予以不同之監管密度及環境，並密切監督與消費者保護及產品服務相關之測試成效[19]。

英國的金融業及非金融業皆可適用監理沙盒，惟申請時須滿足FCA提出之主要評估條件始可獲准進入監理沙盒實驗，其中包含「金融服務範疇」（In scope）、「創新性」（Genuine innovation）、「用戶導向」（Consumer benefit）、「必要性」（Need for a sandbox）、「已達實驗階段」（Ready for test）[20]。所謂必要性，是指業者對沙盒具高度需要性，須透過沙盒實驗監理始可將商品技術推廣於市場，例如創新服務商品與現有監管框架難相容之情形，或具有當前實際難於市場運行之窘境。

2.核准後的運行模式[21]

針對符合條件經核准進入沙盒之新創業者，FCA將制定授權流程，允許願意試用新產品之公司進行測試，其中提供技術之新創公司得優先獲得授權，惟此項授權於實驗初期係屬限制狀態，監管單位在

---

[19] *See* FCA, *Regulatory sandbox* (2015), https://www.fca.org.uk/firms/regulatory-sandbox (last visited on Apr. 15, 2019).

[20] 協和國際法律事務所，金融科技發展與法律，五南圖書出版公司，2017年5月，頁19。

[21] FCA, *supra* note 19, at 7-8.

此階段僅允許受試驗者測試已申報之技術內容，不得加入其他技術，即屬限制授權之情況，須待申請受測之公司完全滿足完整監管要求，始可不受限制加入其他構想。

雖於監理沙盒中，受測公司於沙盒保護傘下具法律豁免權，惟其實驗內容亦不得超出「金融服務暨市場法」（Financial Services and Markets Act. 2000, FSMA）[22]之範疇，例如支付服務條例、電子貨幣條例於制定時即明定某些法規無豁免權之適用。

此外，FCA於監督之過程可要求受測者定期回報進度，報告系爭計畫之測試進度、關鍵發現之有無等。倘受測者未按時報告或未遵循FCA監理守則（hand book）內之相關規定，例如審慎管理、管理風險、維持財務穩定、消費者利益確認等義務，FCA有權命令終止沙盒運作。

3.實驗完成後的評估

完成測試後，受測者應於一個月內送交測試報告，而FCA再針對報告內容提出反饋，惟僅限對於系爭產品之實驗結果提出意見，不得就業者之商業模式或進入市場與否給予評論。FCA在確認技術內部機密資訊受保護後，通常會於評估後將實驗結果概括公布，以供其他新創事業了解沙盒運作內容。

在新創業者紛紛採行破壞式創新之際，FCA利用於業者合作之模式以便解決新科技於法令適用之困境，並避免尚未純熟之技術進入市場混亂秩序。此外，亦可事先獲知業者之技術發展動向，有助於要求業者遵守消費者保護之責任及義務，使其在推動創新計畫之同時，達到投資人、用戶、業者、政府皆受惠之局面。

---

[22] 英國於2000年制定「金融服務暨市場法」，旨在規範各類金融業者及活動，其核心理念為維持市場信心、保持財務穩定、保護消費者、促進大眾認識金融體系及商品、降低金融犯罪。

二、新加坡

　　新加坡可謂爲亞太地區首先推動科技監理及金融創新之國家，不論在電子支付、保險、融資領域皆積極推動應用金融科技，並運用軟體技術協助金融業者遵循日益複雜之監理條件及要求。

（一）新加坡監管機構

1.新加坡金融管理局

　　新加坡金融管理局（Monetary Authority of Singapore, MAS）於1971年設立，管理金融、銀行體系與財金方面有關之所有事務。近年來金融科技相關事項之監理亦由其主責，並倡議透過使用整合軟體介面（API）[23]、區塊鏈、人工智慧等技術，解決金融監管及法令遵循等困境。

　　MAS於2018年之FinTech & RegTech Global Summit會議中歸納目前新加坡對於FinTech及RegTech之發展重點，其中包含[24]：

　　(1)可靠之數位身分認證機制。

　　(2)建立集中資料庫並保障資訊安全。

　　(3)用戶個人資料之授權機制及隱私之保護規範。

　　(4)提升基礎設施之數位及計算技術。

　　(5)以API爲導向，提供應用程式介面促進開發效率及跨系統整合。

　　(6)數位素養、科技人才之培養。

　　(7)成立實驗環境並制定相關指引。

　　MAS希冀藉由以上發展重點，嶄露政府對於金融科技創新之支

---

[23] 應用程式介面（Application Programming Interface, API），由不同軟體系統組成之連接介面。首要合理分配各軟體之職責，再透過良好之介面設計降低系統內之依賴性，並提高組系統之可修復性及延伸性。

[24] 中央銀行，「FinTech & RegTech Global Summit」會議報告，2018年12月，頁28-29。https://report.nat.gov.tw/ReportFront/PageSystem/reportFileDownload/C10702507/001（最後瀏覽日期：2019年4月19日）。

持及監管態度，使欲開發創新技術之業者不再因擔心風險而裹足不前。

2. 新加坡資訊通信媒體發展局

新加坡資訊通信媒體發展局（Info-communications Media Development Authority of Singapore, IMDA）為2016年新成立之部門，由新加坡資訊通訊發展管理局（The Infocomm Development Authority of Singapore, IDA）及媒體發展管理局（Media Development Authority, MDA）整併而成，負責推動資訊科技媒體發展，並著重監管資訊通信業與媒體業，統一資訊媒體業之資料蒐集規格及標準，方便資料共用傳輸。

於部門整併前，IDA主責推動新加坡成為全球資通訊中心，並透過資通訊科技協助該國經濟及社會發展。2016年與英國合作推行資料市集（Data marketplace）機制，藉由整合公部門與私人企業間之資料，成立資訊共用平台，促使政府及企業之創新開發，解決資料參差不齊之狀況[25]，惟目前尚未針對此套機制成立專有法規，僅先適用一般個人資料保護相關法令，故新模式之資料蒐集利用仍處模糊地帶，政府機關須於開發創新技術與民眾資料保護間權衡利弊，或可將此機制放入監理沙盒進行實驗，判斷適切之監理密度。

（二）新加坡監理沙盒的運作

隨著英國建立監理沙盒機制後，新加坡政府鑑於國內市場較小，積極推動創新人才培育並與他國合作以擴大市場規模。金融管理局亦於2016年做成「金融科技監理沙盒指引」（FinTech Regulatory Sandbox Guidelines）[26]，使研發金融科技之創新企業得於明確之空

---

[25] 孫鈺婷，新加坡推行資料市集（Data Marketplace）與監管沙盒（Regulatory Sandbox）機制之應用，科技法律透析，第28期，2016年10月，頁6-7。

[26] *See* MAS, FINTECH REGULATORY SANDBOX GUIDELINES (2016), http://www.mas.gov.sg/~/media/Smart%20Financial%20Centre/Sandbox/FinTech%20Regulatory%20Sandbox%20Guidelines.pdf (last visited on Apr. 19, 2019).

間、時間內，將其創新商品服務放入市場實驗，藉此觀察新技術商品之缺漏，並建置完整之退場機制，降低實驗失敗對金融體系之影響，並要求業者加強消費者之風險意識。於測試期間，MAS除扮演監測角色外亦予以業者監理協助，並於受測期間放寬法規要求，待實驗完成欲正式進入市場之際，始需正式遵守相關規制。

1. 沙盒的原則及適用範圍[27]

為轉型為安全創新之智慧金融國度，新加坡透過監理沙盒實驗研發新技術，達妥善分配時間、空間的成效，並於監管指引中提出監理沙盒發展之四大願景：提高效率、更好之風險管理、打造新機會，改善人民生活[28]。

就申請監理沙盒之前置作業而言，MAS將提供新創業者申請程序及資訊程序之指導，以融合既有及創新技術並改善金融服務商品之商業流程為目標。適用對象不限於金融、科技業者，亦包含支援金融或科技業者之其他公司。

至於申請流程，可概括分為遞出申請前及申請中二階段。於申請進入沙盒前，新創企業應聯繫MAS釐清相關事項，並檢視系爭技術係否符合沙盒創新之目的，以及可否遵守實驗準則，若皆滿足則可向MAS提交申請，進入審查評估階段。

MAS將審視業者之申請計畫，並於接收申請文件後二十一天內具明理由回覆業者，而業者若接獲核駁答覆，仍可與主管機關討論調整計畫內容，於全然滿足沙盒受測標準後再次申請。而MAS審視之大原則為申請技術之複雜度、涉及之法規、需要之監理密度，此外還須滿足沙盒指引中之列舉要件如下[29]：

(1)證明所運用科技之新穎性及獨特性，並提出國內類似之技術。

---

[27] *Id.*, at 4.

[28] *Id.*, at 5.

[29] *Id.*, at 5-6.

(2)已盡審慎查核義務,並檢附測試報告證明計畫可行。

(3)系爭技術於其他實驗環境難以有效測試,必須申請監理沙盒實驗。

(4)願意於測試完成後,將技術於新加坡大規模推廣。

2.沙盒核准後的運行模式

新創業者經核准進入沙盒後須定時回報實驗進度,說明面臨之問題及實驗環境中無法達成的部分。

雖於實驗階段業者具相當程度之法律豁免,惟仍須向參與計畫之用戶揭露資訊,闡釋系爭金融服務屬沙盒試驗階段及須注意之風險,並確認其完全理解。

此外,若業者欲在實驗階段進行服務更動,須於一個月前檢附修正理由向MAS申請,未經MAS審核同意不得恣意更動實驗內容[30]。爲達透明化及提供消費者完整資訊,MAS將會於官方網站上公告通過審核業者之相關資訊,例如申請者名稱、沙盒試驗的起訖日。

值得注意者,申請業者於新加坡進入沙盒受測並推出商品服務時,即須具備完善之退場機制,包含創新計畫可預見之風險及失敗後可採取之減緩措施,MAS要求參與業者必須事先量化最大可能之損失並評估對金融市場可能造成之影響。此外,業者亦須假設中途離場後可能的營運情狀,並對此提出明確的退場轉換策略。

3.實驗完成後的評估

儘管在監理沙盒中,可以較低之監理密度進行實驗,並可暫時忽略規制,創新實驗計畫仍具被終止事由[31]:

(1)MAS或申請人不滿意監理沙盒某階段之成果。

(2)申請人於實驗期間屆滿後無法完全遵循相關監理法規。

(3)實驗中發現技術瑕疵,對金融體系之風險高於利益,並於實

---

[30] *Id.*, at 7.

[31] *Id.*, at 9-10.

驗期間無法治癒。

　　(4)在計畫執行中，發現申請人故意不遵守監理沙盒之承諾條件。

　　臨界沙盒迄日之際，申請人若自覺技術不夠成熟，可於屆滿日前一個月詳附理由向MAS申請延長實驗期間，MAS將再評估許可與否。反之，若順利通過實驗階段，MAS及申請人均滿意測試結果且新商品服務已可完全遵守法令及監理要求，若業者欲於新加坡國內推廣系爭金融服務，則須重新向監理機關呈報金融科技計畫，作為成熟度之評估，其中須具體表明預想之商業策略及營運模式，以及列舉該技術適合新加坡之原因，並蒐集分析國際上相似技術之比較資訊。此外，有別於英國較不注重申請企業本身之資歷，於新加坡之申請企業須提供相關財務資訊，包含所有投資人之募資紀錄，及其曾經從事之科技相關領域的專業經歷等。

三、日本

　　不同於英國及新加坡為海洋法系之國家，日本則為典型之大陸法系國家，在政策推動上，遂按業務範圍、資本區分監理模式，特別制定專法，並明定於必要時優先適用於現行金融法規。例如日本於2018年6月6日正式施行「生產性向上特別措置法」，推動監理沙盒機制。

　　日本當局結合各部門及與產業推動金融科技生態系[32]，由金融科技業設立「金融科技協會」，推動創新技術並協助政府政策，而日本金融服務總局則推動「金融科技金融行政方針」，設立獨立諮詢窗口供金融科技業者釐清問題。此外，日本70餘家金融集團及銀行於2017年共同合作，將法定貨幣數位化推出J-Coin新型數位貨幣，致力使日本進入無現金時代。政府透過與新創產業合作，打造互利共生之創新環境，既可鼓勵業者開發亦能密切監管市場動向。

---

[32] 郭秋榮，國內金融科技監理機制之研析，經濟研究，第18期，2018年8月，頁288。

（一）日本的監理機構

日本金融廳（きんゆうちょう，Financial Services Agency, FSA），負責監督與管理日本的金融事務、制定金融政策，維持金融穩定，確保存款人、被保險人、金融商品投資人的權益。此外，亦主責加密貨幣及虛擬市場之監管，並協助業者降低牴觸現行法令之風險。

（二）日本監理沙盒的運作

日本於2017年完成監理沙盒立法評估報告[33]，提及須利用新技術帶動日本經濟發展並解決金融困境，例如運用區塊鏈、人工智慧、物聯網等，透過人才資源培育、基礎設備更新等方式，促進國內產業發展。並於2017年年底提出監理沙盒制度之規劃，致力強化創新技術之便利性及擴展性，其中與沙盒運行模式息息相關之立法有「產業競爭力強化法」及「國家戰略特別區域法」[34]，合先敘明。

1.監理沙盒的相關法源

(1)產業競爭力強化法

「產業競爭力強化法」早於2014年即發布施行，其立法意旨為擴大民間投資、設備汰舊換新、改革過度規制、創造新技術。為了因應金融科技之迅速發展，日本內閣於2017年提出之新經濟政策方案，其中包括推動2018年版之產業競爭力強化計畫[35]，計畫內容除強化中小企業之發展環境及促進投資外，並加強推動破壞式創新之發展。破壞

---

[33] *See* Japan Cabinet, New Economic Policy Package (2017), https://www5.cao.go.jp/keizai1/package/20171208_package_en.pdf (last visited on Apr. 21, 2019).

[34] 陳譽文，日本監理沙盒制度推動趨勢——簡介生產性向上特別措施法草案與產業競爭力強化法修法內容，科技法律透析，第30卷第6期，2018年6月，頁62-63。

[35] Japan Cabinet，未来投資戦略2017－Society 5.0 の実現に向けた改革，2017年，http://www.kantei.go.jp/jp/singi/keizaisaisei/pdf/miraitousi2017_t.pdf（最後瀏覽日期：2019年4月21日）。

式創新發展之核心施行措施，即爲監理沙盒制度化，藉由建立沙盒提升產業競爭力。

(2)國家戰略特區法

「國家戰略特區法」於2014年立法通過及施行，以強化國家產業及國際競爭力爲宗旨，並協助特定產業於國內各地或他國之經濟活動，且由國家指定產業於何處發展，進而使業者於該區中推廣創新技術，且有一定程度之法律豁免權，於日本稱此豁免權爲「緩和規制」，其概念與監理沙盒類似[36]。

2. 沙盒特色

日本政府對於監理沙盒提出實證優先主義、適當風險管理、實際支持與事後驗證、政府部門共同參與等設計原則[37]。而於產業競爭力強化法之規章中，所謂具「灰色地帶消除制度」，爲一種事前確認程序，但與英國及新加坡較爲不同者，即於英國、新加坡之申請前諮詢，僅限於欲參與實驗之業者，而在日本灰色地帶消除制度中，任何人皆可申請律令釋疑，再由律令所屬之主管機關負責回覆，回覆內容包含詳細之建議方向及創新指導。

3. 產業競爭力強化法中的沙盒運行[38]

(1)申請階段：觀諸日本監理沙盒之特色，欲申請何種產業實驗計畫，即須向該特定產業之主管機關申請。首先，新創企業須向主管機關提出法律疑慮及適用與否之評估申請。而釋疑範圍須與新創技術相關，使業者於正式申請時可順利擬定新創商品服務之相關事項，進而進行測試。此外，業者須於申請時檢附具體事項報告，記載自身創

---

[36] 山本内閣府特命担当大臣，国家戦略特区における「日本版レギュラトリーサンドボックス」制度の導入，2017年5月12日，http://www.kantei.go.jp/jp/singi/keizaisaisei/miraitoshikaigi/dai8/siryou9.pdf（最後瀏覽日期：2019年4月21日）。

[37] 陳譽文，同註34，頁62。

[38] 萬國法律事務所，日本推動產業競爭力之相關法制研究，國家發展委員會委託，2017年6月，頁20-24。

新商品或服務之預期成果。

　　(2)評估階段：主管機關須就申請業者之計畫內容確認係否具管轄權，再於收受申請書後一個月內予以回覆。若主管機關認計畫內容非屬其管轄，須提出詳細理由及判斷方法；如確認為其管轄，則須將計畫可能實施範圍記載後，答覆申請人；若申請內容屬目前無相關法源可監理而不能進行之情況，則主管機關應於核駁時告知，並表明待往後訂立相關法源規制時，優先通知申請人。

4.生產性向上特別措置法中的專案型沙盒

　　日本為催生完善之沙盒機制，於2018年將「生產性向上特別措置法」草案提請眾議院審議[39]，主在解決產業競爭力強化法無法解決之困境，產業法規中缺乏確切之實驗期間、監管措施、風險管理要求，且各主管機關對於申請審查嚴格，申請者須檢附完善佐證技術內容之文件始可被核准運行，且對於現行法令遵循多有要求，法律鬆綁程度低，造就新創企業裹足不前申請率低落之情況。

　　觀諸「生產性向上特別措置法」之特色[40]，主要包括：(1)專案型監理沙盒制度，建設完全不受法規限制之環境供業者實驗技術，並在實驗期間觀察新創技術需配合之法規增修；(2)推動減稅措施，政府建立申請業者資料平台，記載創新企業並予以稅賦優惠以表支持；(3)提升中小企業之競爭力，予以此類企業三年時間推動自身最具競爭力之技術項目。

　　就專案型沙盒運行模式及條件而言[41]，主要內容包括：(1)設立評價委員會統一負責申請事項，解決過往各機關因不熟技術內容而效率

39　眾議院，閣法第196回国会21生產性向上特別措置法案，http://www.shugiin.
go.jp/internet/itdb_gian.nsf/html/gian/keika/1DC7D8A.htm（最後瀏覽日期：
2019年4月21日）。

40　経済産業省，「生產性向上特別措置法」が施行されました，2018年6月6
日，https://www.meti.go.jp/press/2018/06/20180606001/20180606001-1.pdf（最
後瀏覽日期：2019年4月21日）。

41　陳譽文，同註34，頁68。

不彰之情形；(2)新興技術始可申請，有別產業法下只須具「促進產業競爭」之特點，於專案型沙盒中之技術服務須具相當新穎性並有高價值；(3)設立風險管理措施，新創業者須於申請前提出資料佐證計畫之安全性，以及技術涉及之數據資料，使主管機關能從中分析未來法規訂立方向。

從「生產性向上特別措置法」之專案型沙盒制度，可看出日本近年推動監理科技之方向及積極解決過往困境之高度企圖心。日本之沙盒制度設計，確實符合其減少事前管制、強調事後確認與評估、建立風險控管制度、課予主管機關提供資訊與建議之義務及強化業者與主管機關聯繫等目標，以創建真正具競爭力之金融市場。

參、我國監理科技的應用領域及發展

根據國際清算銀行（Bank for International Settlements, BIS）之定義[42]，監理科技乃指監理機關透過創新科技輔助監理任務之達成。於經歷數次金融危機後，金融機構為因應監理機關之政策制定所衍生之鉅額成本，逐積極將創新科技應用於監理作業及法令遵循。雖有論者謂一般機構採用者稱法遵科技（RegTech），若是監理機關所運用之創新科技，則稱監理科技（SupTech）[43]，惟本文將不區分二者，凡具監理數位化之情狀者，皆稱「RegTech」，合先敘明。

一、實際應用領域

（一）法令遵循

跨國或本國企業皆面臨法令遵循之問題，透過正確的識別法規且

---

[42] *See* BIS, *Innovative technology in financial supervision* (2018), at 4-5, https://www.bis.org/fsi/publ/insights9.pdf (last visited on Apr. 23, 2019).

[43] *Id.*, at 1.

持續追蹤法規變動，始能不陷入違法風險，而監理科技於此可確保業者向監理機關申報之資料正確性，並定期追蹤法律修訂，進而提供業者合規之運作模式。

（二）客戶資訊蒐集

有效管理客戶資訊並認識客戶（Know Your Customer, KYC），利用監理技術將匯款與受款人之資料比對，分析高風險客群。並可藉此技術處理跨國金融交易，監測有無可疑金錢流動，防止洗錢犯罪。

（三）風險管理

藉由自行辨識內部風險系統，於易生風險之情況提出預警，使業者留意，且於達到特定風險級數之際，自動執行事前已設置之對應措施，將損害降至最低[44]。

（四）資料處理[45]

1. 資料申報：業者可利用技術，將不同形式、主管機關所需之報告自動申報，而監理機關則能直接自企業回報資訊系統內查詢所需資訊，且申報及查詢頻率可自行設定。

2. 即時監控：業者可於資料匯集系統中即時監測異常交易，並直接回報監理機關以供判斷調查。

3. 虛擬助理：企業面可透過此技術處理用戶問題，而監理機關則可藉此提供監管資訊予業者，迅速有效回覆業者不同層面之法規問題。

4. 資料管理及驗證：自動於資料累計至一定數量之際，將各業者不同規格之資料統一整合，產生總體資料協助市場狀況分析，並確保整合後資料之完整性、正確性及一致性。

---

[44] 臧正運，試論金融監理科技的分析框架與發展圖像，管理評論，第36卷第4期，2018年10月，頁24-25。

[45] See BIS, *supra* note 42, at 6-7.

二、我國監理科技的發展現況

2017年金融穩定理事會（Financial Stability Board, FSB）於會議[46]中，首次針對金融科技之風險與國際監理問題加以討論，並分析核心態樣的金融科技對於體系穩定之影響，探討議題主要聚焦於下列事項：

1. 評估各國監管機關認定創新商品服務之標準及創新機構所具之特色，再利用此類技術之關鍵特徵評估金融穩定性[47]。

2. 探討創新商品服務出現之原因，是市場自然衍化或屬新市場出現，並分析金融科技下之商品如何適應當前之監管框架[48]。

3. 討論由小至大各領域之新創商品服務對金融穩定之影響，在微觀面，諸如對於金融商品之新交易模式對傳統商業模式之刺激，並檢視有無監管套利之疑慮；在宏觀面，則分析金融系統整體，如市場結構與競爭走向、特定服務壟斷市場、複雜性及透明度的變遷、信用風險等[49]。

（一）監管機關

我國金融科技相關產業運作及監理，由金融管理監督委員會執掌全責。金融管理監督委員會於2016公布「金融科技發展策略白皮書」[50]，定義監理科技為利用資訊科技，廣泛蒐集各國金融監理制度

---

[46] *See* Financial Stability Board, *Financial Stability Implications from FinTech* (2017), http://www.fsb.org/wp-content/uploads/P270617.pdf (last visited on Apr. 25, 2019).

[47] *Id.*, at 13.

[48] *Id.*, at 24.

[49] *Id.*, at 16.

[50] 金融管理監督委員會，金融科技發展策略白皮書，http://iknow.stpi.narl.org.tw/Post/Files/policy_12420_1050511%E9%87%91%E8%9E%8D%E7%A7%91%E6%8A%80%E7%99%BC%E5%B1%95%E7%AD%96%E7%95%A5%E7%99%BD%E7%9A%AE%E6%9B%B8%281%29.pdf（最後瀏覽日期：2019年4月28日）。

及法規要求，進而分析管理之技術。藉由監理科技協助金融機構達成法遵要求，以降低作業風險。

於「金融科技發展策略白皮書」內，金融監督管理委員會從應用面、管理面、資源面、基礎面提出11項施政目標，例如增加電子支付使用率，利用人工智慧虛擬自動化銀行、證券、保險業之作業程序，調適法規以提供友善的法遵環境，人才培育及加速產業升級等。值得注意者，於風險控管層面，我國以落實雙翼監理為目標[51]，視新型態服務及資訊安全之發展趨勢，彈性調整適宜之監理措施，並督促業者建立自律規範及管控措施，執行風險管理和消費者保護措施。此外，亦將建立金融資安資訊分享與分析中心，用以提升資安預警應變能力。

我國目前監理科技之宗旨為實現公平市場及追求金融穩定，健全金融科技生態系統之發展環境，鼓勵金融機構及新創人才投入科技研發領域，提高國家的競爭力。其中，金融機構擔當提供金融市場專業知識之角色及研發資本，並與其他服務業者合作刺激創新；而科技人才負責提供具突破性、新穎性之想法及解決方案，至於政府則一方面扮演監督者，一方面與金融機構合作，在掌控技術內容及監控交易之同時，獲得多元法規制度建構方向及科技專業知識，三方互助下，創建完善安全之全民金融科技服務圈。

（二）我國監理沙盒的運作

針對監理沙盒之規制，經簡略分析英國、新加坡、日本之蘊含概念及運作模式，各國均提供實驗環境，給予明確之期間，再由監管機關協助法規理解及給予相當之豁免權。基本上，若在沙盒中實驗與現行法相互牴觸之技術，經主管機關豁免後，一般情況下皆無須負擔法律責任，惟若違反國際公約或其他特別法，理論上可能例外究責。

各國針對監理沙盒之運作細節，仍因國情不同而有些微差異。例

---

51 同前註，頁14。

如英國重視消費者保護措施，新加坡重視資訊安全及實驗成果可否於本國繼續，日本則以提升中小企業發展為重心。

我國於2018年1月31日通過監理沙盒制度，金融科技發展與創新實驗條例於2018年4月30日正式施行，並於2018年設置「金融科技創新園區FinTech Space」，開放業者申請進入創新實驗。

1. 金融科技發展與創新實驗條例的立法

金融科技發展與創新實驗條例又稱臺灣監理沙盒法，立法目的是為促進普惠金融及金融科技發展，並落實新創業及金融消費者之保護。其內容包括申請流程及審查機制、創新實驗之監督管理、新創業者之保護、法律責任之豁免等。惟金融科技發展與創新實驗條例於立法階段期間各界即提出多項疑議，且於通過施行後亦有諸多批評，以下即針對金融科技發展與創新實驗條例之缺漏分析，並提出可能之解決方案。

(1)監管機關的權限

金融科技發展與創新實驗條例第2條規定：「本條例之主管機關為金融監督管理委員會。為發展金融科技創新，協助創新實驗之申請，並以專業方式審查及評估創新實驗之可行性及成效，主管機關應有專責單位辦理相關事宜。」惟實際運作時，金融監督管理委員會僅可處理其權限內之法律變動、豁免，逾越其權限之部分，則須轉交予具權限之主管機關始可決定。其結果，原本期待對監理沙盒由單一監管機關監管，變成各部會各司其職，故建議監管機關能藉由提升監管層級，改善目前狀況，如由行政院成立「金融科技發展辦公室」，負責協調跨部會議題[52]。

(2)紛爭解決機制

金融科技發展與創新實驗條例第24條第1項規定，申請人與參與者因金融商品或服務所生之民事爭議，參與者得準用金融消費者保護

---

52 王志誠，金融創新夢想實驗之新里程：「金融科技創新實驗條例」草案之評釋，台灣法學雜誌，第321期，2017年6月，頁71。

法第13條第2項規定，向申請人提出申訴及向財團法人金融消費評議中心申請評議，使因創新實驗所生之爭議，具合理申訴管道。

惟財團法人金融消費評議中心所作成之評議結果，僅於「一定額度」內對申請人具有拘束力，對於參與者並無拘束力，仍須當事人雙方同意評議始成立，易使紛爭解決過程曠日廢時。因此，建議主管機關於業者申請沙盒階段，更縝密審酌申請人所建置參與者之保護措施及其預為準備適當補償機制是否合宜，並要求申請人提供妥善之消費者保障，以降低消費爭議之機率[53]。

至於金融科技發展與創新實驗條例第24條第3項適用金融消費者保護法第29條第2項中之「一定額度」，金融監督管理委員會已公告申請人對於評議委員會所作其應向參與創新實驗者給付每一筆金額或財產價值在一定額度以下之評議決定應予接受，其一定額度訂定為新臺幣10萬元[54]。

(3)參與實驗者之保護

依金融科技發展與創新實驗條例第23條及第24條規定，關於申請人之告知義務、損害賠償、消費爭議處理部分皆準用金融消費者保護法之相關規定，惟於違反第21條善良管理人之注意義務及忠實義務、第22條禁止市場詐欺行為之法律責任不明[55]。監理沙盒之目的是為鼓勵新創研發，一體適用金融消費者保護法似乎與法規豁免之理念相悖，建議主管機關應可視個案情況而予以差別化監理措施，始能兼顧消費者保護與創新發展。

2. 監理沙盒的申請、審查及豁免範圍

我國監理沙盒之實驗期間以一年為原則，申請人於時效屆滿時可

---

[53] 同註52，頁72。

[54] 參閱金融監督管理委員會民國107年6月20日金管法字第10701087080號公告。

[55] 張冠群，自金融監理原則與金融消費者保護觀點論金融科技監理沙盒制度——兼評行政院版「金融科技創新實驗條例草案」，月旦法學雜誌，第266期，2017年7月，頁29-30。

檢具理由向主管機關申請延長一次，而延長期間不得逾六個月。惟若於實驗期間技術內容涉及修法，則延長即無次數限制，最長可延長至三年。

自然人、獨資或合夥事業、法人皆可申請進入沙盒，並無業務類別或身分限制，惟申請人須滿足金融科技發展與創新實驗條例第5條無犯罪紀錄之要求。而於申請時須檢附新創條例第4條所規定之文件，詳述計畫之必要性及新創性，若有法規或適行與否之疑慮，則可請求個別諮詢輔導，監管機關應於收到申請後六十日內給予回覆，若評估申請案無申請必要者，業者可要求監管機關提出書面意見表示核駁理由。

進入沙盒實驗之期間，雖設有法定義務及一定程度責任之豁免，但洗錢防制法、資恐防制法及相關法規命令或行政規則不得排除（金融科技發展與創新實驗條例第25條第1項）。一旦申請經審查通過進入沙盒後，僅得更動細節事項，涉及金融業務之重要事項則不得變更（金融科技發展與創新實驗條例第10條第1項）。此外，於沙盒實驗期間，申請人不得規避、妨礙或拒絕主管機關之審查，主管機關並可要求業者限期改善缺漏之處（金融科技發展與創新實驗條例第14條）。

肆、監理科技的未來挑戰及反思

隨著RegTech如火如荼地發展，創新技術除了可以偵測可疑交易外，亦可能偵測虛假之交易，使監管機關暴露於風險下，對此須在科技導向之監理模式中，徵求資料蒐集領域之專業研發人員及優秀監管人員，始能落實真正穩健之監理架構[56]。

---

[56] *See* Institute of International Finance, *RegTech in Financial Services: Technology Solutions for Compliance and Reporting* (2016), at 16-17, https://www.iif. com/Portals/0/Files/private/iif-regtech_in_financial_services_-_solutions_for_

一、監管機關可能面對的風險

（一）技術風險

新創業者可能因硬體、軟體設備運算能力不足，致使新創技術運作缺乏透明度。監管機關必須面對心懷不軌之新創業者之風險，此類新創業者所實施之計畫內容可能含有黑暗面，藉由監管機關對技術內容之不熟悉，進行犯罪。故監理機關開放新創科技之際，仍需仰賴專業人員予以相關意見。

（二）資料品質風險[57]

對於透過監聽或數據偵測而蒐集之資料，品質高低及完整性皆有疑慮。雖資料蒐集量大能更易分析歸類，然於資料過盛時，可能出現系統無法處理之窘境。

（三）作業風險[58]

監理科技大都仰賴網路運作，因此存在網路及第三者風險。網路風險指開放原始碼或雲端應用程式遭受之風險；第三者風險則指監管機關因委託第三方進行資料傳遞或處理產生的風險。因此，主管機關之監理作為，不可僅停留於政策導向模式，更應建置跨部會之金融科技部門，進行跨產業動態性之嚴密監理，並設計穩健之資安系統，為當務之急。

二、監理科技的反思及建議方向

創新技術繁盛將帶動國家經濟發展，因此各國莫不致力開發投資金融科技產業。惟於監理科技層面，嚴謹防弊、杜絕犯罪、穩固金融

---

compliance_and_reporting.pdf?ver=2019-01-04-142943-690 (last visited on Apr. 28, 2019).

[57] 同註24，頁23-24。

[58] *See* BIS, *supra* note 42, at 18.

市場安全始爲眞正監理目標，若一味地追求發展競爭，則易招致劣化營利型態之監管模式，與原有概念漸行漸遠。唯有與金融市場胼手胝足穩定向前邁進，才係監理科技之根本之道。

臺灣雖享有地利之便，具有密集廣布之金融機構及高教育程度之人民，惟於金融科技發展及監管面仍落後歐美大國，以下就監理科技及創新可能之發展提出建議。

（一）參考國外監管規定的趨勢

我國金融科技於國際上仍在急起直追階段，而歐美先進經濟體多有施行數載之監理規制，可藉由參考外國相關法規及風土民情並加以斟酌修改後，建置我國適合之監管模式。

（二）重視客戶資訊及權益保護

金融科技產業近年皆主打客戶導向，Know Your Customer更奉爲宗旨，依據客戶能力及態樣，提供合適之商品服務。監理機關於此應要企業致力提升用戶之金融知識，並提供穩當之系統保存客戶個資，同時監控業者內部之交易流向，善盡洗錢防制（AML）、打擊資恐（CFT）與個人資料保護之責任。

（三）跨業整合

由於金融科技產業具多元、複雜之特性，政府於成立監管機構時，若由單一部門全權負擔易有監理不周之情，應跨部會成立金融科技辦公室，由各領域專業人員研發新監理技術，再將各技術統整成適合特定產品服務之監理系統，於專業分工下，除能具備更精密之監管模式，更可凝聚部門間之共識。

（四）彈性的法律規制

爲杜絕金融科技犯罪，主管機關之監理政策趨向嚴密，惟此類監管方式如鎖國般，易使創新技術延宕遲緩。故應以差異化管理爲目標，如民法情事考量原則般，針對不同之創新服務商品，應視其技術

內容，予以不同密度之監管規制，始能在監理同時不阻礙金融創新，達成衡平。

伍、結語

以高度發展國家之運行模式及法制資訊為基礎，對於監理科技的發展趨勢進行分析，應可提供臺灣監管機關擬定政策的參考。金融科技如人工智慧、區塊鏈、物聯網、虛擬銀行已成潮流尖峰，於創新面仍具無限研發潛力。伴隨日新月異之科技進步，監理規制亦須劍及履及，針對不同領域之商品服務，實施差異化之配套監管，始能促進健康雋永之金融生態圈。

自英國、新加坡、日本的監理經驗觀之，已視金融科技為提升國家經濟不可或缺之一部分，雖然理解過嚴之監管規制將阻礙創新，但仍普遍認為適當之法規遵循及過濾犯罪，始為監管金融科技發展的重中之重。

臺灣在監理科技上，有賴監理機關即時掌握全球監理動向變遷，除了熟稔各國立法外，更需深入了解其形成之原因、邏輯、脈絡。且不可一味移植引用，需經各領域專業人才合作，辨識並調整制度內容始可應用。惟監理科技涉及高度技術層面，「如何善用金融科技監理金融科技」已成為重要議題，唯有改進繁瑣耗時之傳統監理模式，始能應付快速並充斥鉅量資訊之新創商品或服務，其中又不得過於嚴苛，必須予以彈性及某程度之法律豁免權。監理沙盒為各國在監理創新層面所跨出之一小步，相信未來繼續邁進，將會成就更平坦安全之RegTech大道。

第三章
金融科技：若干重要法律議題

熊全迪

　　金融科技的興起，對於不同領域的族群，有其不同的關注事項，而本章是從法規的視角探討金融科技的重要議題。首先從金融法令的角度，說明金融科技的特徵，強調違反金融法規的嚴重性；隨後探討若干當前金融科技應用（包括P2P網路借貸業務、新型匯款模式、新興支付方式、機器人理財／自動化投資、虛擬貨幣等）的重要法律議題；之後簡介臺灣的金融監理沙盒制度，最後以金融科技發展的未來課題代結論。

壹、金融科技的特徵：法律視角

　　金融科技的興起對於不同領域的族群們會有不同的關注事項。對傳統金融領域的人而言，金融科技可能代表新興科技或商業模式對於既有金融領域帶來的影響、衝擊、挑戰和改變；對於技術領域的人而言，金融科技可能代表新興技術對於金融領域的應用可能及想像。那從法規的角度而言呢？

　　我國現行法制下有俗稱的「金融八法」（銀行法、信託業法、證券交易法、證券投資信託及顧問法、期貨交易法、保險法、電子票證發行管理條例、電子支付機構管理條例等[1]），規範這些領域的金融業者及相關業務，這些法律和有關業者的主管機關是金融監督管理委員會（下稱「金管會」）。從法律角度而言，金融科技很重要的一個特點在於科技〔例如：網際網路、大數據（Big Data）、人工智慧（Artificial Intelligence, AI）、區塊鏈（Blockchain）〕和新興商業模式對於既有金融法規所帶來之衝擊及反思。從法律的視角而言，我們至少可能會想要問以下幾個互有關聯的問題：1.這些新興的商業活動或商業模式，是不是現行金融法令所規管的對象？是否屬於金融特許

---

[1] 但與金融有關的法律，還有例如：金融控股公司法、信用合作社法、票券金融管理法等。

業務的範圍？是否需事前取得金管會相關的證照或許可才可以經營？2.從事這些商業活動或商業模式，是否符合現行金融法令？如果現行的金融法令不允許，則是否有針對現行金融法令進行調適的必要，而接納它們、使它們合於法令呢？上述幾個問題，可謂是金融科技的重要特徵（從法律的視角而言），也是業者（包括傳統金融業者及金融科技業者）、主管機關，甚至司法單位所面對的課題。

　　特別值得注意的是，違反金融法令的代價可能不是一般輕微違法可以比擬的。舉例而言，在臺灣，闖紅燈（假設並未造成他人的人身或財物損害）的結果可能只是被處行政罰鍰，但違反金融法令，後果可能是會負擔刑事責任，甚至有牢獄之災，所以不得不慎。

貳、金融科技：若干重要法律議題

一、P2P網路借貸業務

　　隨著歐美及中國大陸等地民間網路借貸平台的興起，臺灣於前些年起也陸續誕生了一些經營P2P（Peer to Peer）網路借貸業務的新創事業。臺灣對於P2P網路借貸業務是否應管制、應如何管制，曾有非常熱烈的討論，且金管會似曾經一度認為應訂定專法規範之[2]。但由於借貸行為原本即是民法所允許的行為，法律也並不限制民間就借貸行為進行中介，因此金管會曾表示P2P網路借貸業務並非金融監理法令所規範的特許業務，而提供服務的平台業者，亦非金管會監理的金融機構[3]。換言之，金管會不禁止P2P平台業者從事單純的借貸中介行為，純粹經營這種中介業務，並不需取得金管會的任何證照。但是，金管會也同時提醒，P2P網路借貸業者的商業模式中，仍應避免有其

---

[2]　中央社，金管會擬立專法P2P網路借貸批開倒車，2016年5月3日，https://www.cna.com.tw/news/afe/201605030415.aspx（最後瀏覽日期：2019年7月31日）。

[3]　金管會新聞稿，「金管會對於國內網路借貸平臺發展現況之說明」，2016年4月14日。

他違法行為，例如：1.不能涉及銀行法所規定的「吸收存款」行為；2.不能涉及電子支付機構管理條例所規定的「收受儲值款項」行為；3.不能有證券交易法所規定的「發行有價證券」或金融資產證券化條例所規定「發行受益證券或資產基礎證券」等行為；4.不能違法蒐集、處理及利用個人資料；5.相關作業不能違反公平交易法及多層次傳銷管理法等[4]。

但值得注意的是，為了在金融科技創新的發展下適度控管P2P網路借貸的相關風險及兼顧消費者保護，金管會於2017年12月備查了銀行公會所訂的「中華民國銀行公會會員銀行與網路借貸平臺業者間之業務合作自律規範」，採取「鼓勵銀行與網路借貸平台業者合作」模式。在此模式下，銀行與P2P業者之間可有的合作模式包括：銀行提供資金保管服務、銀行提供金流服務、銀行提供徵審與信用評分服務等，希望能透過由銀行與P2P業者分工互補的合作模式，共同發展創新，促進平台經營的健全並保障消費者權益[5]。

二、新興匯款模式

關於前段所提到，P2P網路借貸業者的商業模式中，不能涉及銀行法所規定的「吸收存款」行為，其理由是因為吸收存款目前仍是銀行法規定僅能由銀行經營的特許業務。而除了吸收存款之外，依現行銀行法規定，辦理國內外「匯兌業務」則是另一種只有銀行才能從事的特許業務。在法院實務上，最高法院曾有判決認為「匯兌」的定義是指「不經由現金之輸送，藉與在他地之分支機構或特定人間之資金清算，經常為其客戶辦理異地間款項之收付，以清理客戶與第三人間債權債務關係或完成資金轉移之行為」[6]。由這定義看來，任何「左

---

[4] 同註3。

[5] 金管會新聞稿，「金管會備查銀行與網路借貸平臺業者合作自律規範」，2017年12月7日。

[6] 例如：最高法院95年度台上字第5910號判決。

手進右手出」的模式，均可能構成匯兌。法院過往就匯兌下如此的定義以規範「地下匯兌」的行為，應可想像和理解，但此定義方式，是否也可能包含到現今憑藉網際網路等技術所衍生出的新興匯款模式，從而對其發展造成障礙？即有疑問。依媒體報導，2018年間國內著名的金融科技新創業者「櫻桃支付」就曾疑似被認為經營匯兌業務，遭檢調單位搜索[7]。

　　此外，金管會已核准進入「金融監理沙盒」[8]的第二案及第三案即是針對「外勞匯款」進行實驗[9]，似乎隱含著金管會也認為這些商業模式可能構成銀行法的「匯兌」，否則，如果商業模式符合現行法令，理論上並無進入監理沙盒進行實驗的必要[10]。

　　如上述，依現行銀行法，只有銀行才能從事匯兌服務，但設立銀行的高成本恐怕不是金融科技新創業者所能負擔。舉例而言，設立銀行光是最低資本額的法定要求就是100億[11]。如果側重銀行「吸收存款」的業務來看，如此高額的資本額要求或許就金融穩定等監管目的而言有其必要，但是若某業者只從事「匯兌」服務，是否也有要求100億資本額的必要？頗值省思。為此，近來也有關於「有限執照」的相關討論，亦即如果業者僅打算作經營匯兌業務，而不從事吸收存款等其他銀行業務，則是否可能為其創設只作匯兌業務的執照[12]？或

7　廖珮君，櫻桃支付涉地下匯兌「臺灣之光」遭檢調搜索，蘋果日報，2018年12月18日，https://tw.appledaily.com/finance/daily/20181218/38208426/（最後瀏覽日期：2019年7月31日）。

8　關於「金融監理沙盒」的介紹詳如後述。

9　經金管會核准進入金融監理沙盒的案件，請參考金管會網頁，www.fsc.gov.tw/ch/home.jsp?id=667&parentpath=0,7,478（最後瀏覽日期：2019年7月31日）。

10　若業者進入金融監理沙盒進行實驗，原則上可以暫時免除刑事及行政責任，詳見後述關於金融監理沙盒的介紹。

11　商業銀行設立標準第2條。

12　ETtoday東森新聞雲，專訪／顧立雄：監理沙盒第二案若成功　將發放有限執照，2018年12月7日，https://www.ettoday.net/news/20181207/1325447.htm（最後瀏覽日期：2019年7月31日）。

許是促進金融科技及新興匯款模式發展的重要思考方向。

三、新興支付方式

幾年前「Apple Pay」剛要登臺時，社會大眾及媒體對於此種使用手機的新行動支付方式有許多的討論，其中也包括此支付模式的落地是否有法令調適的必要。為此，金管會曾以新聞稿說明Apple Pay登臺不需立專法，只須確保其資安符合銀行公會所制定的手機信用卡相關安全控管作業基準即可[13]。

但除上述的支付模式之外，在臺灣，特別是2015年電子支付機構管理條例制定後[14]，業者所擬經營的業務若涉及「事先讓使用者儲值」的模式，則需特別注意其適法性。因為若涉及儲值，則可能必須判斷是否構成經營電子票證發行管理條例（下稱「電票條例」）所規定的「電子票證」[15]業務，或電子支付機構管理條例（下稱「電支條例」）所規定「電子支付」業務[16]的風險，因為電子票證及電子支付，均屬於特許業務，必須事前向金管會取得許可及執照後，才可經營[17]。

---

[13] 金管會新聞稿，「金管會對於報載Apple Pay先立專法之澄清說明」，2016年6月6日。

[14] 在此之前，曾有數字科技「8591寶物交易網」收受儲值等行為被認為涉嫌違反電子票證發行管理條例而遭起訴之案例，據報導最後二審獲判無罪終結。詳參陳君毅，8591寶物交易網二審判無罪，數字科技總經理：盼政府給新創空間，數位時代，2018年11月30日，https://www.bnext.com.tw/article/51476/addcn-8591-trial（最後瀏覽日期：2019年7月31日）。

[15] 例如：搭乘臺北公車及捷運所使用之悠遊卡。

[16] 截至2019年6月，金管會核發專營電子支付機構執照的有國際連、橘子支付、街口支付、歐付寶、簡單行動支付等業者。詳參金管會網頁金融機構基本資料查詢，https://www.banking.gov.tw/ch/home.jsp?id=60&parentpath=0,4&mcustomize=FscSearch_BankType.jsp&type=H1&display=false（最後瀏覽日期：2019年7月31日）。

[17] 值得注意者，金管會正規劃推動電子支付及電子票證法令的整合，並已擬定

　　較深入地來說，一個「由使用者事前儲值」而之後以儲值款項作為支付方式使用的模式，是否會構成電子票證或電子支付，應視該模式中各個主體間之法律關係而定。一般而言，電子票證發行機構及電子支付機構本身僅具有中介之性質，其除了接受使用者（即消費者）的儲值外，電子票證發行機構及電子支付機構仍需另與特約商家（即：商品服務提供者）訂定另一法律關係，由商家同意消費者以電子票證或電子支付機構所提供的支付方式進行消費；但最終商品或勞務本身的消費關係，仍應存在於消費者與商家間，而非消費者與電子票證發行機構或電子支付機構間；換言之，消費者僅是以電子票證或電子支付機構所提供之服務作為消費的支付方式，消費者本質仍是向商家（電子票證發行機構或電子支付機構以外的第三人）為支付。

　　依以上說明，我們或可得到一個較一般性的結論是：若儲值方案中收受使用者（消費者）儲值的業者本身若也是消費關係的實際銷售者（即商品或服務的實際提供者）[18]，而不像電子票證發行機構或電子支付機構只是支付服務的獨立提供者，則應較不至於被認為構成經營電子票證或電子支付業務，而較可能被認定為由經濟部（而非金管會）作為主管機關的「禮券」；禮券的發行，並無須金管會許可的問題[19]。

　　「電子支付機構管理條例」修正草案，該草案將納入電子票證發行機構之管理規範，並於完成修正時將同步廢止「電子票證發行管理條例」。換言之，金管會擬將分別規範電子票證及電子支付的二套法令合一。詳參金管會新聞稿，「預告修正『電子支付機構管理條例』」，2019年7月30日。

[18] 例如：咖啡店發行實體或無實體卡片，允許消費者先行儲值，之後消費者再以儲值的金額向該咖啡店消費，整體消費模式中並無電子票證或電子支付機構等第三方獨立的支付服務提供者。

[19] 值得注意的是，實務上存在一種俗稱為「第三方禮券」者，亦即禮券的發行人與實際商品或服務的提供者不同。發行人發行此類禮券時，應明確記載實收資本額（不得低於新臺幣3,000萬元）及實際商品／服務提供者之名稱、地址及聯絡電話等內容，請詳參經濟部所公告的「零售業等商品（服務）禮券定型化契約應記載及不得記載事項」。第三方禮券之存在，於實務上造成其

四、機器人理財／自動化投資

　　大數據、人工智慧等技術近來發展迅速並被廣泛討論，該等技術應用到投資分析等領域後，服務環節中需要「人工」的比重將越來越低，從而完全自動化的投資理財將成為可能。

　　人們聽到機器人理財一詞，或許會想像到一種「我把錢交給機器人，機器人就可以幫我理財賺錢，我什麼事都不用做」的美好境界。不過截至2019年7月底，臺灣的法令尚未允許金融科技新創業者從事這種純粹由「機器人代客操作」的商業模式，目前所允許的，仍只是一種屬於自動化的「證券投資顧問」（即俗稱的「證投顧」，更簡化的稱「投顧」）業務。什麼叫做「證券投資顧問」呢？其大意為：對有價證券（或其他金管會核准的投資或交易）提供分析意見或推介建議，並因此向客戶取得報酬[20]。簡單來說，這種業務只是向客戶建議「買（賣）什麼好」、「在多少價錢買（賣）」、「買（賣）多少」等，但並不能收受客戶交付的資產而完全「代客操作」，代客操作的正式法律用語是「全權委託」。

　　前述現行允許的自動化投顧服務，依據的是中華民國證券投資信託暨顧問商業同業公會於2017年頒布的「證券投資顧問事業以自動化工具提供證券投資顧問服務（Robo-Advisor）作業要點」。此要點允許證投顧公司透過演算法（Algorithm），結合電腦系統之自動執行來提供線上理財諮詢與投資管理服務[21]。既然稱「自動化」，該要點特別強調自動化投資顧問服務，是指完全經由網路互動，「全無」或「極少」人工服務，而提供客戶投資組合建議之顧問服務，若有人工服務，只能是輔助的性質，僅限於協助客戶完成系統「了解客戶」之

與電子票證或電子支付業務（發行人也不是實際商品或服務的提供者）間之區別困難。

[20] 證券投資信託及顧問法第4條。

[21] 證券投資顧問事業以自動化工具提供證券投資顧問服務（Robo-Advisor）作業要點第壹點。

作業，或針對客戶使用自動化投資顧問服務所得之投資組合建議內容提供解釋，不可調整或擴張自動化投資顧問服務系統所提供之投資組合建議內容，或提供非由系統自動產生之其他投資組合建議[22]。

　　前述的證投顧也是金管會主管的特許業務，除了信託業等金融機構可經許可後兼營以外，若要經營證投顧必須事前向金管會取得證投顧的執照，目前最低資本額爲新臺幣2,000萬元[23]，故對於新創業者而言，若其商業模式涉及此類的自動化投顧服務，上開最低資本額應爲不可避免的最基本門檻。

　　至於未來縱使法令允許完全由機器人代客操作、全權委託的境界，對於金融科技新創業者所需的成本也可能會更高。以現行法令爲例，證投顧公司若擬經營全權委託投資業務，最低資本額需要5,000萬元[24]。

五、虛擬貨幣

　　自化名爲中本聰（Satoshi Nakamoto）的人士於2008年發表了一篇關於「比特幣」（Bitcoin）的論文後，虛擬貨幣〔或稱加密貨幣（cryptocurrency）、虛擬通貨、密碼貨幣〕[25]等相關議題，近年來逐漸成爲媒體熱烈討論的焦點，此也是「區塊鏈」技術爲當前世界帶來的最主要、最首波的應用。而近年來類比企業股票「初次公開發行」（Initial Public Offering, IPO）而風行的「首次代幣發行」（Initial Coin Offering, ICO），爲各國法令過往無法預見的新型態金融及商業活動，故衝擊各國既有之法令及制度（例如：貨幣、銀行、證券、外匯、支付、洗錢防制等領域），產生許多法律適用上之疑義，甚至發

---

[22] 證券投資顧問事業以自動化工具提供證券投資顧問服務（Robo-Advisor）作業要點第貳點。

[23] 證券投資顧問事業設置標準第5條。

[24] 證券投資信託事業證券投資顧問事業經營全權委託投資業務管理辦法第5條。

[25] 以下爲行文便利，統一使用虛擬貨幣一詞。

生了相關詐欺、投資人發生重大損失、虛擬貨幣交易平台遭駭客入侵等重大事件。對於前述區塊鏈技術於「幣」或「代幣」（token）的應用，近年來不少各國主管機關紛紛對此「先後表態」。舉例而言，中國大陸對虛擬貨幣及其相關產業是採完全禁止的態度[26]，而有些國家則是就此等新興商業活動的誕生，試著以既有法令解釋、套用，並同時檢討既有法令是否有修改的可能與必要。

而依臺灣的現行法令架構，關於虛擬貨幣的性質，最重要的核心議題是：經由ICO或其他代幣發行程序所發售出的代幣，究竟是屬於業界所稱的使用型代幣（utility tokens）還是證券型代幣（security tokens）？二者間如何區分？是個讓監管單位、發行業者，甚至是律師等顧問業者，都很頭痛難解的問題。

就所謂的「幣圈」實務而言，「使用型代幣」（也有稱為實用型代幣、功能型代幣等）一般是指：代幣發行時的認購人（或代幣發行之後在市場交易流通而取得之持有人）持有代幣，其所享有的是取得向發行人兌換某種商品或服務的權利，從一般民事關係面向觀察，較類似是商品或服務的預售行為（從代幣發行人的觀點）或預付行為（從認購人的觀點），或是類似於消費關係。而「證券型代幣」顧名思義是指認購人（或持有人）持有的代幣具有證券法規所規定的「有價證券」性質，其可享有一般證券法規所稱「有價證券」的權益，例如：股東權、投票權、股息、利息、收益、分紅、分潤等，依該代幣的實際設計而定，而幣圈實務就證券型代幣的發行，近來逐漸開始稱其為「證券型代幣發行」（Security Token Offering, STO）。

為什麼一個代幣是不是「證券型代幣」這麼重要呢？因為許多國家的證券法規都規定，對一般公眾募資而發行有價證券，通常原則上必須向證券（金融）主管機關取得事前許可或進行申報，經過某種形式或實質的審查程序後，才可為之。以臺灣為例，證券交易法第22條

---

26 中國人民銀行等，七部門關於防範代幣發行融資風險的公告，2017年9月4日。

第1項規定：「有價證券之募集及發行，除政府債券或經主管機關核定之其他有價證券外，非向主管機關申報生效後，不得爲之。」若違反此規定（即未向金管會申報生效即募集發行有價證券），將可能涉及刑事責任。換言之，判斷某代幣是否是有價證券或證券型代幣，就是判斷這個代幣的發行是否被認爲是證券交易法所規範的資本市場募資行爲，或者它只是類似民事或消費關係的預收預付行爲。另值得附帶一提的是，若某代幣（虛擬貨幣）屬於有價證券，則經營此類代幣的交易平台，解釋上也可能會涉及有價證券的相關周邊服務行爲（例如：證券的承銷行爲或經營證券交易所），而這些也是未經金管會許可則不能經營的行業。

在臺灣，某代幣是否具「有價證券」的性質？如何對其「定性」？依照截至2019年6月底的相關法令，有二個較難處理的基本議題。

第一個議題是：證券交易法第6條定義的「有價證券」，除了常見的股份、公司債等明確列舉出的證券以外，也包括經過金管會「核定」的其他有價證券，但虛擬貨幣及其發行畢竟是近來才出現的商業活動，因此金管會（或以前的財政部）過往並無將證券型代幣核定爲有價證券，實可想像。然而，財政部曾核定過外國人或華僑所發行的「投資契約」屬於有價證券[27]，則解釋上是否可以直接認爲「投資契約」包括STO或證券型代幣？此外，法院也屢有判決認爲具備「表彰一定之價值」、「投資性」與「流通性」的契約安排，也可能構成有價證券[28]，則是否也可解釋STO或證券型代幣具有此性質？

第二個議題是：縱使某代幣理論上被認爲具備有價證券的性質，依現行證券交易法及相關行政法規及實務，也尚未制定證券型代幣的發行規則及程序。換言之：縱使發行人想要「開大門走大路」，依證

---

[27] 財政部76年10月30日台財證（二）字第6934號函。

[28] 例如：最高法院104年度台上字第321號刑事判決。

券交易法的規定發行證券型代幣、進行STO，似乎也沒有發行的管道及方式。

為了呼應業者對於STO的開放需求，金管會已於2019年4月12日召開公聽會，邀請業者及專家學者共同研討證券型代幣的相關規定[29]，並已於同年6月27日正式公告其對於證券型代幣暨STO相關規範之研議結果[30]，亦於7月3日頒布正式函令將證券型代幣核定為證券交易法所稱的有價證券[31]。若干重點如下：

（一）證券型代幣的定義：依金管會定義，證券型代幣稱為「具證券性質之虛擬通貨」，其係指運用密碼學及分散式帳本技術或其他類似技術，表彰得以數位方式儲存、交換或移轉之價值，且具流通性及下列投資性質者：1.出資人出資；2.出資於一共同事業或計畫；3.出資人有獲取利潤之期待；4.利潤主要取決於發行人或第三人之努力。

（二）募資金額上限：擬開放承作募資金額3,000萬元（含）以下的STO案件。換言之，其因為募集金額較小，故豁免其依證券交易法第22條申報生效的義務。

（三）發行人資格：依我國公司法組織，非屬上市、上櫃及興櫃之股份有限公司。依此規定，外國公司不得發行STO。

（四）募資的對象及限額：限制「專業投資人」才可認購，且若專業投資人是個人（即自然人），對於每一個STO募資案的認購金額不能超過30萬元。

（五）發行平台及流程：STO案件應透過同一平台供投資人認購，平台業者應確認發行人符合相關應備條件及編製公開說明書。

---

[29] 金管會新聞稿，「金管會召開『研商證券型代幣發行監理規範座談會』」，2019年4月12日。

[30] 金管會新聞稿，「金管會對『證券型代幣發行（Security Token Offering, STO）相關規範』之說明」，2019年6月27日。

[31] 金管會108年7月3日金管證發字第1080321164號。

（六）交易方式：由平台業者申請取得證券自營商執照，採議價方式買賣。平台業者應為每筆交易之相對方，並視市場狀況適時提供合理的參考報價。另每一STO僅限單一平台交易，並有相關交易量限制。

（七）交易平台業者：應具備證券自營商執照，若該自營商僅從事自行買賣證券型代幣的業務，其實收資本額至少應1億元，營業保證金則為1,000萬元。此外，單一平台受理的STO案件，其所有發行人募資金額總計不得逾1億元，且單一平台受理第一檔STO交易滿一年後才能再受理第二檔STO的發行。

（八）STO移轉及保管：平台業者應與臺灣集中保管結算所（下稱「集保」）簽約，由平台業者每日傳輸異動資料及餘額明細資料等交易資訊予集保備份，並由集保提供投資人查詢STO餘額服務。

（九）STO的認購及買賣應採實名制，並限由同名銀行帳戶以新臺幣匯出、入款方式辦理。依此規定，STO似無法依外幣計價。

除上述金管會所公布的規範重點外，金管會將授權財團法人中華民國證券櫃檯買賣中心另訂管理規範，並相應修改證券商設置標準等相關法規後發布施行。

針對金管會提出前述的證券型代幣規範框架，若干業者似仍有不同的看法與建議，特別是STO募資金額總額3,000萬的上限（有業者認為上限應予以提高），及募資的對象僅限於專業投資人（有業者認為讓一般普羅大眾的非專業投資人可以投資，才是區塊鏈募資的本意）等[32]。惟金管會此次開放STO，實已為區塊鏈及虛擬貨幣產業的一大突破，期許金管會將此次開放僅視為一個開始，並能持續體察業者需求，「動態」、「滾動式」檢討法規，而能於未來設計出一套能鼓勵新創，同時亦可兼顧金融投資人保護的STO規範。

---

[32] 安菲，「平台一年只能發一檔、每人上限投30萬　臺灣金管會今釋STO規範重點」，區塊客，2019年6月27日，https://blockcast.it/2019/06/27/taiwan-fsc-release-sto-regulation/（最後瀏覽日期：2019年7月31日）。

參、金融監理沙盒簡介

隨著金融科技領域的發展,近年來許多國家紛紛建立了「監理沙盒」(Regulatory Sandbox)的制度,其很重要的意義在於讓現行法令尚未允許的新金融產品、服務或商業模式,可以向主管機關申請進入「沙盒」,在真實的金融市場進行小規模的實驗,而主管機關可基於實驗的結果,考慮檢討、調整並修改既有金融法規,開放此類新業務,從而達到發展金融科技及創新的目的。

臺灣的金融監理沙盒的法律全名為2018年制定通過的「金融科技發展與創新實驗條例」(下稱「監理沙盒條例」)。監理沙盒開放申請後,依金管會網站資料顯示,截至2019年7月底,已有三個案件經金管會核准進入監理沙盒進行實驗[33],另報載金管會主任委員於同年7月31日表示已有另外三件申請案亦經審查通過將進入沙盒實驗[34]。依監理沙盒條例的規定,若業者獲准進入沙盒從事實驗,則於創新實驗期間不適用各金融相關法律所定之刑事及行政責任規定[35],即實驗時暫時免除實驗從事者的若干法律責任,使其在從事實驗時,不會有觸法疑慮。

金融監理沙盒的立意良善。但下列事項,是業者(特別是金融科技新創業者)決定是否申請進入沙盒進行實驗的可能重要考慮點:

(一)申請書件的要求:現行監理沙盒申請實務所要求的申請書件應載明的內容包括:說明對參與者之保護措施、創新實驗期間可能之風險及風險管理機制、洗錢及資恐風險評估說明、辦理創新實驗所採用之資訊系統、安全控管作業說明及風險因應措施等。對於業者而

---

[33] 同註10。

[34] 中央社,「監理沙盒再通過3案　基金互換免贖回年底上路」,2019年7月31日,https://tw.money.yahoo.com/監理沙盒再通過3案—基金互換免贖回年底上路-080909960.html(最後瀏覽日期:2019年7月31日)。

[35] 但洗錢防制法、資恐防制法及相關法規命令或行政規則則不可排除。詳參金融科技發展與創新實驗條例第25條。

言，無論是在申請文件中闡述前述內容，抑或實際建置相關機制，對於新創業者可能都是不小的成本（例如：委請外部專家協助建置的成本）。

（二）暴險金額的限制：實驗期間申請人與所有參與者所簽訂之契約於提供金融商品或服務有效期間內，其契約之資金、交易或暴險金額總計不得逾新臺幣1億元（但於例外情形審查會議可視個別情形予以放寬到2億元）；而對單一參與者所涉及的資金、交易、暴險金額也應符合下列限額規定：1.消費信貸金額：以50萬元為限；2.保險商品之保費或保險服務費用：以10萬元或其等值外幣為限，或保險金額以100萬元或其等值外幣為限；3.其餘金融商品或服務：以25萬元或其等值外幣為限[36]。由於監理沙盒為實驗性質，故設定若干限額作為風險控管的方式之一，應可理解，但若業者於個案判斷上認為此等金額過低、規模較低而不符成本效益，某程度上可能會降低申請進入沙盒的誘因。

（三）實驗期間是否過長：監理沙盒條例規定，創新實驗期間原則上是以一年為限，可申請延長一次最長六個月，但該實驗內容涉及應修正法律時，延長次數不以一次為限，全部創新實驗期間可達三年。但「與時間賽跑」及希望能「搶得先機」往往是新創業者的經營特性，若實驗期間越長，新創業者將面對更多的不確定性，或因時日過長無法擴大經營獲利進而發生財務困難等，都是業者可能需思考的面向。

（四）法規修正內容是否符合業者需求：依現行監理沙盒條例的相關規定，申請人於實驗結束後，不可直接經營其先前實驗的金融業務。若擬申請經營所實驗之金融業務，仍應依金管會或立法院檢討修正後的金融法規申請經營許可，並於取得許可及營業執照後，才得

---

36 金管會「金融科技創新實驗法規問答集」第十二題（發文日期：2018年4月27日）、金融科技創新實驗管理辦法第5條。

經營業務[37]。因此，縱使業者獲准進入沙盒進行實驗，金管會及立法院亦願意檢討並調整修正既有金融法規，仍可能發生修正後的法規內容與業者的需求不一致的情形（例如：修正後法規雖允許開放此新業務，但要求的最低資本額及其他成本遠高於業者所能負擔的）。此對於業者而言，亦為難以控制及預測的風險及不確定性。

肆、未來的課題

新興技術於金融領域的應用衍生出新興的金融活動及商業模式。監管單位在基於鼓勵金融創新、促進普惠金融等政策目標而檢討是否有調整、修改或鬆綁法令，而提高相關產業競爭力的同時，應如何兼顧防範系統性風險、金融消費者及投資人保護，甚至越來越重要的資安及洗錢防制等監理面向，是監管單位的一大課題。臺灣向來被認為是一個科技島，如何在這金融科技發展的浪潮下掌握趨勢，甚至發展出國家層級的大戰略，進而於此產業領域占得先機，值得我們未來持續思考、檢討並不斷精進。

---

[37] 金管會「金融科技創新實驗法規問答集」第八題（發文日期：2018年4月27日）。

| 第四章 |

行動支付與新興支付工具

汪志堅

　　支付為金融產業的主要功能，在歷史上，因為科技發展而促進的支付工具創新，往往會造成新一波的金融產業革命。本章將說明最近的支付工具創新，這些支付工具並非由傳統金融產業所提出，但對金融產業產生重大衝擊。這些支付工具，有些與傳統的金融產品（信用卡帳戶、活期存款帳戶）高度連結，有些則只有低度連結。新型態的支付創新，包括行動支付、電子票證、電子支付、第三方支付、虛擬貨幣，各種支付創新特性不同，政府的監管強度也有所不同，但都是對於支付工具進行改革，以方便交易活動的進行。本章對於這些新興支付工具與運作原理進行討論，由於這些新興支付工具都在發展中，若能從運作原理出發，進行改進或創新，就有可能產生更適合於交易活動進行的新興支付工具。

　　近年來資訊與通訊技術的進步，使得包括行動支付、電子支付、電子票證、第三方支付、儲值預付、虛擬貨幣等新興支付方式變得可能。對於一般消費者來說，這些新興支付方式界線模糊，名詞容易混淆。

　　這些新興支付方式，本質上各有不同，有些只是作為交易中介，提供技術服務，因此屬於低度管制；有些則是扮演類似金融機構的角色，因此被高度監管。以下將分別加以介紹。

壹、現金、信用卡、支票等傳統支付方式

　　現金、支票、信用卡是傳統的支付方式，這些傳統支付方式都有其優點，但也有缺點，導致新興支付方式的提出。

一、現金與支票

　　貨幣被發明並被廣泛使用之後，就成為主要的支付工具。只要能夠克服貨幣偽造的問題，現金支付的風險就能被充分控制，現金也就

成為可行的支付工具。

　　支票也是傳統的金融支付工具之一，在美國，支票曾經被普遍使用於零售交易，作為支付工具。在臺灣社會，支票雖不曾被零售市場所接受，但仍普遍用於企業間的商務交易往來。從本質上來看，支票可以視為紙鈔的衍生形式，只是發行者並非國家（中央銀行），而是個人。面額則不是固定，而是由發票人根據該次交易而決定金額。因為支票發票者並非國家，因此，支票是否能兌現，要看發票人的信用而定，若帳戶內餘額不足，就無法兌現。

　　現金與支票這兩種交易方式，有很多缺點。支票交易需要確認發票者的信用，對於收受支票者來說，需要先進行徵信，很難使用於零售交易市場。而現金需要找零，且較大金額的交易時也有相當程度的不方便。再者，現金與支票這兩種支付方式，都無法使用於網路交易。

二、信用卡

　　金融產業發展到一定程度之後，信用卡被提出[1]，信用卡背後的原理是賒帳（先消費後結帳）、信用支付。賒帳通常是指單一店家給予常客一段期間後再結帳的便利措施，現仍被使用於企業對企業間的供應關係。而信用卡支付的原理類似賒帳，但是屬於跨店家（而非單一店家）給予一段期間後再結帳的信用融通措施，由金融機構進行信用卡持卡者的信用審核，並作為信用卡持卡者與店家間的中介服務機構。

　　信用卡的發展可追溯到1950年代Diners Club（大來卡）的發展，當時的設計是持有該張卡片者可到指定的多間餐廳記帳消費。之後，各銀行陸續推出各種信用卡，VISA、Master、JCB等信用卡組織，也將信用卡發展成為跨國的支付工具。

---

[1]　https://zh.wikipedia.org/wiki/信用卡。

信用卡有一些侷限，使得新興支付工具不斷的被提出。但因為信用卡仍有許多優點，所以一些信用卡普及的社會，不容易推廣其他新興支付工具。相反地，信用卡不普及的社會，則比較容易推廣一些新興的支付工具。

（一）信用卡的優點

信用卡支付方式，可以克服現金與支票的許多缺點。信用卡的徵信由銀行負責，商家不需要事先徵信，提供商家很多便利，對於店家來說，接受信用卡消費並沒有明顯較高的風險。

而且，信用卡不需要找零，交易程序較為快速。另外，信用卡可用於較大金額的交易，消費者不會因為手邊現金不足，而陷入無法完成交易的困境。

在網路上，無法使用現金、支票進行交易，因此，信用卡成為理所當然的選擇方案。

（二）信用卡的缺點

信用卡已成為取代現金的重要支付方式，有一段很長的時間，信用卡的交易金額占零售交易比重不斷的增加。不過，對於商家與消費者來說，信用卡都還是有一些缺點。主要的缺點包括交易手續費用較高、普及度不足、安全性疑慮、行動商務交易的方便性不足。

信用卡交易手續費之所以較高，是因為信用卡必須承擔持卡人無法還款的風險，金融產業的基本原理就是以風險溢酬（風險貼水）來補償風險承擔者。因此，金融機構藉由收取較高的交易手續費、循環信用利息，來補償承擔呆帳的風險損失。

信用卡普及度的問題，來自於很多人無法申請信用卡，或者信用卡額度不足。包括：未成年人（小學生、國中生、高中生）無法申請信用卡，仍未有固定工作的大學生，也很難申請到較高額度的信用卡，這都使得信用卡的普及有所限制。在某些國家（例如中國大陸），信用卡較不普及，也限制了信用卡作為交易工具的可能性。

　　在安全性疑慮的方面，信用卡進行實體商店交易時，使用晶片、磁條進行驗證（在臺灣，磁條已不被使用，但在某些國家仍使用磁條），還有一定的安全性。但在進行網路交易時，只使用持卡人姓名、卡號、信用卡安全碼、信用卡有效期限等資料進行驗證。因此，只要取得這些資料，就有可能盜用該資料來進行交易。

　　為了避免被盜用，信用卡進行無卡片交易時，持卡人必須輸入姓名、卡號、信用卡安全碼、信用卡有效期限等資料，在桌上型電腦或筆記型電腦輸入這些資料，還算合理，但在行動電話，因為螢幕與鍵盤尺寸的限制，輸入這些資料需要耗時費心，這使得使用信用卡進行行動商務交易時，方便性不足。

貳、行動支付

　　行動支付是指使用行動裝置進行付款的服務[2]。從這樣的定義，可以了解到行動支付的重點在於使用行動裝置，也就是行動電話（手機）。但之所以繞口的用行動裝置，而不是直接稱行動電話，是因為智慧型裝置（例如智慧手環、智慧手錶）也可以進行支付。

一、適用情境

　　在討論行動支付時，首先必須了解到行動支付可以運用於實體商店交易，也可以運用於網路線上交易（常被稱為行動商務，也就是手機的電子商務購物）。進行網路購物時，因為手機或行動裝置輸入資料較不方便（例如輸入信用卡相關資訊）。此時，行動支付的重點放在：如何輕易地進行網路交易付款。

　　在實體商店交易的支付方面，行動支付是指在實體交易中，使用行動裝置來進行付款，例如在商店中，使用手機來協助付款。

[2]　https://zh.wikipedia.org/wiki/行動支付。

圖4-1 行動商務的適用情境

二、行動支付運作程序

行動支付的運作程序有二,步驟一是利用行動裝置送出支付命令,步驟二是行動支付對應帳戶進行付款。如何處理這兩個程序,成為設計行動支付時的關鍵。

圖4-2 行動支付的付款步驟

三、行動支付的對應帳戶

行動支付可以對應的帳戶,包括信用卡帳戶、金融機構活期存款帳戶、電子支付帳戶、各種儲值帳戶、電信帳戶。

這些帳戶可以是現有金融機構所提供的帳戶,也可以是店家的儲值帳戶,或者電子支付服務的帳戶。因為對應的帳戶不同,使得經營過程中,需要的監理與政府許可,也有所不同。

(一)信用卡帳戶

對應的帳戶如果是信用卡帳戶,行動支付業者從事的是第三方支付業務。必須說明的是:這裡所說的「第三方支付」並非「電子支

付」。在名詞的定義上面，中國大陸的第三方支付就是臺灣的電子支付。但在臺灣，第三方支付與電子支付常常是指不同的兩種業務。此處的第三方支付，是指介於金融機構與店家之間，協助收款的機構。這類的機構只負責將信用卡資料付款轉給金融機構，並不經營儲值帳戶。本章後段討論到電子支付時，將會再討論到第三方支付。

（二）活期存款帳戶

對應的帳戶如果是金融機構活期存款帳戶，將涉及金管會是否允許第三方廠商直接以資訊系統連線的方式，將消費者的金融機構活期存款帳戶進行扣款。如果不允許執行此一業務，此種支付方式則必須由銀行來執行。也就是說，金融機構可以自行設計綁定該銀行活期存款帳戶之行動支付，以網路銀行扣款的方式，進行行動支付。但如果第三方廠商要設計類似產品，則必須法律允許，以及金融機構願意以資訊系統配合。

（三）電子支付帳戶

電子支付業者從事的工作就是以一個儲值帳戶，利用行動裝置、電腦來進行交易支付。因此，行動支付是電子支付的必備功能。本章後段將另外討論電子支付。

（四）儲值帳戶

如果儲值帳戶可以跨廠商使用，影響層面較廣，因此被認定為需要申請許可才能從事的服務。但如果儲值帳戶只可用於同一店家（所有直營店與加盟店），則有些類似於預購消費，在臺灣屬於低度管理的服務，政府並不太介入這種服務。

行動支付可以綁定這種儲值帳戶，具體的例子是，很多連鎖咖啡店、連鎖速食店喜歡發行這種儲值帳戶，並用手機作為付款工具。因為不能到其他店家進行消費，對整個社會的影響範圍不大，因此並不被認為需要加以高度管制。

（五）電信帳戶

行動支付也可以綁定電信帳戶，其運作原理是消費後，在下個月電信帳單中收款。因為月租型的消費者，每月都必須支付帳單，因此在該帳單內支付，似乎為很合理的設計。

通常這類的行動支付屬於零星消費，款項金額不高，常使用於線上遊戲、影音內容訂閱等服務。

四、行動支付帳戶資料的保存

行動支付的運作原理，是利用行動裝置（主要為行動電話）進行支付。但行動電話如何保存帳戶資料，便成為行動支付安全性的重要課題。

如果對應的是信用卡帳戶、電子支付帳戶、各種儲值帳戶，如何確保儲存的帳戶資料不會被竊？信用卡的損失風險較大，電子支付帳戶、各種儲值帳戶的損失風險侷限於帳戶餘額，風險略小，但仍算是個重要的風險。如果對應到電信帳單時，若直接利用行動網路的電信號碼辨識身分，被偽造的機會較小，但若利用獨立的帳號、密碼，則風險與信用卡帳戶類似，但損失風險侷限於帳單的最大額度。

以下簡要介紹保存行動支付帳戶資料的可能方式。

（一）加密晶片

行動電話硬體上使用特製的加密晶片，將信用卡資訊儲存於加密晶片內，這是最為安全的儲存方式。舉例來說，iPhone 6以後的各型號手機，將Apple Pay帳戶資料儲存在iPhone手機裡內建的加密晶片（Secure Element）。

（二）軟體加密

Android 4.4之後的作業系統，支援Host based card emulation，使用軟體的方式進行加密。這種方式不使用硬體的加密晶片，可以適用於更多的低階手機。雖然在軟體上相當安全，但因為使用軟體加密，

圖4-3　如何保存行動支付的帳戶資料

某些消費者可能仍有被破解（外洩）的疑慮。

（三）SIM卡

特製的加密行動電話門號SIM卡，將信用卡資訊儲存於行動電話的SIM卡內。這種做法一定要跟電信業者結盟，因為要訂製SIM卡。也因為訂製SIM卡，資料較不容易被盜取、偽造。不過，同樣因為必須更換特製SIM卡，如果信用卡更換或到期，有可能要跟著更換SIM卡，較不方便，因此，此一做法普及性較低。

（四）加密SD卡

　　某些手機支援SD卡擴充儲存空間。因此，可以特製加密SD卡，將信用卡資訊儲存於行動電話的SD卡內。此一做法的優點是不必跟電信業者結盟，SD卡因為加密，因此不容易被破解。不過，並非所有手機都可提供SD卡以擴充儲存空間，因此，此一做法普及性較低。

（五）綁定電話號碼

　　只有特定電話號碼所傳送的交易資料，才被接受。此種做法限制過多，使用場合被侷限，但可避免未獲授權的行動支付。

五、行動裝置發出支付指令

　　原理上，行動裝置一定要發出指令，告知要進行支付。行動裝置上的輸入、輸出、顯示裝置，都可以發出行動支付指令，只要接收端的終點機收到指令，就可以完成支付。

　　常見的行動支付指令發送方式，包括螢幕、相機、NFC、簡訊、語音撥號、網路、藍芽等。如果能有新的輸入、輸出或顯示裝置，可以對行動裝置發出支付指令，就可以衍生新的行動支付運作方式。

（一）條碼（螢幕、相機）

　　條碼是最常見的行動支付指令發送方式，主要運作方式為手機螢幕顯示條碼，讓收銀機讀取。通常適用於實體店面或販賣機的行動支付。付款程式通常產生一次性條碼，每次更換，避免條碼被複製。條碼內有支付的帳號與付款代碼，讓收銀機、自動販賣機可以讀取手機條碼，完成行動支付。

　　除了顯示條碼讓收銀機閱讀之外，也可以開啓相機，掃描條碼。夜市等小型店家也可以採取張貼實體條碼，讓顧客掃描後付款。

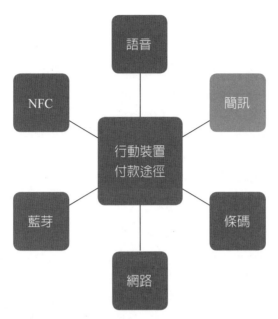

圖4-4　發出行動支付指令的方式

（二）NFC

NFC全名為Near-field communication，中文翻譯為近距離無線通訊或近場通訊，但大部分的時候，使用的名稱為NFC，而非中文或全名。這是一套通訊協定，讓兩個裝置可以在相距幾公分之內進行通訊[3]。具體使用的方式是手機靠近NFC讀取機，利用NFC讀取帳戶資料與付款指令，送出至零售店鋪的收銀機系統。現在的智慧型手機內通常內建NFC裝置。因為NFC只能在幾公分的距離內通訊，因此，可以作為行動支付的支付指令，證明該行動裝置確實位於付款現場。

---

[3]　https://zh.wikipedia.org/wiki/近場通訊。

（三）網路

條碼與NFC，都只能使用在現場的支付，但如果不是現場支付，例如網路線上購物（行動商務），就無法使用條碼或NFC來進行支付。此時，利用網路進行支付，便成為可行的方案。

另一個具體的運用時機，是代替他人付費，例如使用Uber或多元計程車之類的交通工具接送他人，但付款人並非搭乘乘客。此時，若只能使用NFC或條碼支付，將無法完成付款指令（因為不在現場）。因此，必須使用網路來傳送支付指令。

（四）藍芽

若是使用智慧手環之類的行動裝置，有可能使用藍芽，來將付款指令送出。此時最有可能的方式，是智慧手環（行動裝置）直接連結到手機，再由手機利用網路傳送訊號給付款終端機。

但消費者不方便攜帶手機的時候，例如馬拉松等運動賽事，此時也可以直接設計由智慧手環連結到付款終端機。這類的應用仍較少見，但在技術上確實可行。

（五）簡訊

在仍未有智慧型手機的年代，簡訊曾經是行動支付的主要支付指令發送工具。具體方式是送出簡訊，以表達支付的意願；或是收到簡訊後，將簡訊回覆，以表達同意支付。

（六）語音撥號

語音撥號可以運用於固定電話，但已很少用於行動電話的支付指令。具體做法是以撥號的方式，表達支付的意願；或者是在收到語音電話後，按下按鍵以確定支付；又或者撥打電話以確認願意支付。

（七）其他技術

只要能讀取資料，就可以進行支付。因此，廠商不斷構思新的讀取資料的方式。舉例來說，Samsung Pay曾經推出Magnetic Secure

Transmission（MST）技術，模擬磁條，用信用卡磁條讀卡機也能使用行動支付。之所以有這種產品，是因為某些國家地區（例如非洲），設備更換速度較慢，因此若能使用信用卡磁條讀卡機，可以增加行動支付的適用場域。

上述有些行動支付方式，太過無效率、不安全、不易用、不普及，或者屬於過去科技較不進步時使用的階段性行動支付方式，目前已較罕見。

六、採用行動支付的理由

為什麼消費者要採用行動支付？若能確認行動支付對於消費者的價值，較能清楚釐清行動支付的前景。消費者採用行動支付的原因之一是手機線上購買的普及，因為手機隨時在身上，可以隨時上網、隨時購買，因此，一定要有行動支付，否則要等到回到電腦前面才購買，會中斷購買流程。

消費者採用行動支付的原因之二，是在實體零售店鋪取代信用卡交易。因為手機已經成為生活的一部分，消費者出門一定帶手機，但消費者不一定帶信用卡，因此，用手機來支付，便成可行的方案。很多時候，消費者不一定攜帶每一張信用卡，但使用行動支付，可以連結到不同的信用卡。

消費者採用行動支付的原因之三，是消費者不一定有信用卡，而且信用卡手續費較高，店家不一定願意接受信用卡付款。

另外，還有一個理由，是消費者習慣了行動支付之後，一支手機走遍天下成為習慣。

展望未來，行動支付終將普及，電子支付廠商，都需有行動支付。

行動支付已成為必備服務項目，若無行動支付，消費者可能會選擇改用其他廠商服務，迫使店家必須接受行動支付。

參、電子票證

電子票證（例如悠遊卡、一卡通、iCash2.0愛金卡、HappyCash有錢卡）通常使用實體卡片，利用儲值的方式，以作為多用途的支付工具。電子票證使用實體卡片，因此與行動支付不同。而電子票證可使用作為多用途的支付工具，與儲值卡不同。在臺灣，電子票證有專屬的法規加以規範[4]。

一、電子票證與儲值卡的異同

電子票證有儲值功能，但儲值卡並不等於電子票證，儲值卡屬於預收款，只能使用於單一店家（或者連鎖體系內的所有店家），不屬於電子票證，而是屬於禮券。也就是說，咖啡店的儲值卡，只能使用於該體系咖啡店，因此只是預付型交易，即使用卡片來呈現，也還是禮券性質。但店家若要發行可以適用於不同企業、不同店家的儲值卡，則必須申請發行電子票證。這是為什麼之前7-ELEVEN便利商店的iCash卡，將使用範圍擴及交通工具、其他店家時，必須申請成為電子票證。

二、電子票證與車票的異同

電子票證經常可用於交通工具，但交通工具的儲值卡、回數票，並非電子票證。高鐵發行的回數票、月票，並非此處所說的電子票證。

電子票證最早是為了車票而發展，因為車票屬於小額交易，越簡化越好，也因為交通工具由不同公司經營，因此很早就發展出跨公司

---

[4] 在臺灣，主要的法規依據包括：電子票證發行管理條例，https://law.moj.gov.tw/LawClass/LawAll.aspx?pcode=G0380207、電子票證應用安全強度準則，https://law.moj.gov.tw/LawClass/LawAll.aspx?media=print&pcode=G0380211。電子票證發行管理條例。

的款項清算機制。電子票證普及推廣後，可用於各種場合，但主要用途仍以小額交易爲主。

只有多用途支付之工具，才屬於電子票證。單一零售店家或單一交通工具的預付卡、交通回數票[5]，都不需要特別申請許可，並非電子票證的管理範圍。

三、電子票證與電子支付的異同

LINE Pay一卡通，同時結合電子票證與電子支付，但這兩者並非同一件事。雖然政府有意將電子票證與電子支付的法規統一（兩者的法規仍未完成合併），但電子票證可以不記名，電子支付卻不可以。兩者在營運模式設計上有明顯的不同。

目前的規範，電子票證是指以電子、磁力或光學形式，並含有資料儲存或計算功能之晶片、卡片、憑證或其他形式之債據，作爲多用途支付使用之工具。電子票證必須要有實體之債據（卡片），不包括純粹以帳號、密碼開設的帳戶。

而電子支付的定義，是以網路或電子支付平台爲中介，接受使用者註冊及開立電子支付帳戶，並利用電子設備以連線方式傳遞收付訊息，於使用者間收受儲值款項[6]。

四、電子票證的主要技術原理

目前的電子票證，通常使用RFID[7]射頻識別原理（Radio Frequency Identification）的非接觸式晶片。例如悠遊卡與一卡通都是

---

[5] 電子票證發行管理條例第3條第5款第1目規定，僅用於支付交通運輸使用，並經交通目的事業主管機關核准，不必申請爲電子票證。

[6] https://law.moj.gov.tw/LawClass/LawAll.aspx?pcode=G0380237電子支付機構管理條例。

[7] https://zh.wikipedia.org/wiki/射頻識別。

使用飛利浦公司的MIFARE非接觸式晶片技術[8]。但電子票證的技術並非全球統一的技術，舉例來說，Sony公司的FeliCa技術[9]用於香港八達通，以及日本Suica、ICOCA。

每個國家的交通運輸，都有類似的電子票證，例如香港的八達通、新加坡的易通卡、深圳的深圳通、廣州的羊城通、JR東日本的Suica、JR西日本的ICOCA、韓國的T-money。許多城市為了增加消費者的選擇，允許不同的電子票證公司彼此競爭，因此許多國家都跟臺灣一樣，擁有多種電子票證。這些電子票證有些使用相同的技術，有些則是不同。即便是相同的技術，讀寫的格式規範也可能不同，因此需要多功能讀卡機，才能讀取。

五、電子票證的交易類型與安全要求

電子票證最早是為了交通票證而設計，因此以小額交易、方便使用為設計理念。安全機制的規範區分為第一級與第二級。第二級是指達到較高的安全機制要求，第一級則為較低的安全機制要求。因為交通工具的特殊特性，電子票證允許離線的小額交易。小額交易的界定為低於1,000元，屬於小額交易。也就是說，悠遊卡之類的電子票證於消費1,000元以內，都屬於小額交易。

悠遊卡可不可以拿來買房子？當然不行。因為電子票證是為了小額交易而設計，因此並不適用於較大金額的交易。小額交易的安全性機制要求較低，當安全機制無法達到要求時，只能使用於小額交易。例如悠遊卡的1,000元上限，是因為安全機制的原因。

而高鐵等交通工具，無法使用悠遊卡，但可以使用悠遊卡聯名信用卡，這與安全機制規範有關，也與呆帳的可能性有關。因為悠遊卡聯名信用卡通常為晶片卡，有記名，在安全性上，屬於第二級：達到

---

[8] https://www.mifare.net/en/、https://en.wikipedia.org/wiki/MIFARE。

[9] https://zh.wikipedia.org/wiki/FeliCa。

較高的安全機制要求，因此可以突破1,000元的上限。而且，「已啓用自動加值功能」之悠遊卡聯名信用卡可自動加值，並無餘額不足產生的呆帳問題，因此，高鐵公司允許使用這種悠遊聯名卡搭乘自由座。其他悠遊卡沒有晶片，只達到第一級安全規範，依法單筆交易不能超過1,000元。但搭高鐵有時會超過1,000元，因此，不能允許一般悠遊卡搭高鐵。

悠遊卡若要能直接搭高鐵，必須要將安全機制提升到第二級，或者放寬小額交易的上限（例如從1,000元放寬到3,000元）。而高鐵所發行的來回票、月票，因為只使用於高鐵，並非電子票證規範的範圍，故由高鐵公司自行承擔風險。

六、電子票證的記名

小額的捷運車票、鐵路車票、公車車票，在出售單程票時，交易成本（販售車票、票務清算的成本）占運費比率高，爲解決此問題，才設計電子票證，來降低交易成本。因此，電子票證允許不記名，主要理由是因為方便使用。

但允許不記名，不代表不可以記名。不記名時，遺失後無法補發，是重要缺點。電子票證的記名與不記名，各有優缺點。不記名的電子票證，容易發行，利用販賣機、店鋪……等均可發行。但記名的電子票證，遺失時可以獲得權益保障，因為遺失時損失較少，消費者較願意儲值較多金額。

目前的電子票證採取不記名與記名並存的方式，由消費者自行選擇是否記名。但若有特殊優惠時，可採強制記名，例如悠遊學生卡（搭乘公車可採學生票價）。

七、無法使用電子票證的場合

政府通常規定一種支付方式不能用來儲值到另一種支付方式，以避免產生弊端，因此，電子票證不能用來儲值到其他電子票證。

電子票證可否用來繳交政府規費、停車費？金額若不超過1,000

元，只需較低的第一級安全要求，通常可以使用電子票證來支付。但如果金額較高，單筆超過1,000元，則無法符合安全規範。

另外，便利商店廠商基於經營的考量，有時候不允許使用電子票證（例如悠遊卡或一卡通）支付某一種費用，這是因為使用電子票證來支付時，便利商店需要支付交易手續費（約略為1%）給電子票證廠商（悠遊卡或一卡通公司），若從經營成本來看，這對便利商店來說並不划算時，便利商店會限制該種費用無法用電子票證支付。

八、電子票證屬於特許經營

電子票證需要特許經營，這是因為電子票證有儲值功能，若發行機構管理不善，可能會損及這筆儲值的金額。要保護消費者，避免倒閉風險，因此需要經過許可，才能成為電子票證的發行機構。

電子票證的儲值款項上限為新臺幣1萬元，設定此一儲值上限，可避免風險，包括消費者遺失卡片的風險、卡片偽造導致的風險，因為採取不記名設計，設定儲值款項上限也可避免洗錢的疑慮。

另外，儲值款項必須交付信託。政府明文規定[10]：發行機構應與信託業者簽訂信託契約，並將每日持卡人儲存於電子票證之款項，於次營業日內存入信託契約所約定之信託專戶。信託款項只能以下方式運用：銀行存款、政府債券或金融債券、購買國庫券或銀行可轉讓定期存單、經主管機關核准之其他金融商品。

肆、電子支付

一、電子支付與第三方支付的差別

在討論電子支付之前，必須先說明一個名詞上的差異：第三方支付、電子支付。這有一個很繞口的說法：

---

[10] 電子票證發行管理條例第19條。

1.臺灣的電子支付與臺灣的第三方支付是不同一件事。

2.臺灣的第三方支付並不是大陸的第三方支付。

3.大陸的第三方支付是臺灣的電子支付。

簡單的說，就是臺灣有第三方支付與電子支付的區分，兩者不同。但大陸並沒有第三方支付與電子支付的區分，兩者是同一件事。

在臺灣，所謂第三方支付服務，係指獨立於交易雙方之外，受交易當事人委託，於完成網路交易後，由付款人將交易款項交付予中介機構，並於一定條件成就時（如買方已取得商品），再將該交易款項轉付受款人，完成支付程序。也就是說，第三方支付只是暫時代買方保管款項，待一段時間後，將款項交付給賣方[11]。

第三方支付廠商作為網路賣方、金融機構、買方之間的橋梁。第三方支付的存在，提供專業的收款服務，讓賣方無需與金融機構直接接觸，提升效率，增加資訊安全。買方也不必擔心需要把信用卡資料提供給賣方，提升資訊安全。

第三方支付公司並不需要特許經營，因此，臺灣現有幾千家的第三方支付公司，這些公司大部分都從事電子商務零售的第三方支付服務。少數公司從事行動支付為基礎的第三方支付（例如Apple Pay）。第三方支付公司的特性，是沒有儲值帳戶、沒有儲值餘額。LINE Pay屬於第三方支付，沒有儲值帳戶，但LINE Pay一卡通屬於電子支付，有儲值帳戶，也有儲值餘額。

二、大陸的第三方支付就是臺灣的電子支付

大陸的第三方支付就是臺灣的電子支付。大陸的支付寶與微信支付，在臺灣的法規上來說，都是屬於電子支付機構。

---

[11] https://www.ey.gov.tw/File/45316165EAAFDF6C?A=C。

三、法規實行之前的電子支付

臺灣本來沒有電子支付的專法，但Paypal、Google Pay等國際大型網路公司早已提供電子支付的服務。數字科技旗下的寶物交易網，也以電子支付的觀念，發行T幣，走在法律前面。

因為沒有明確的法律，各家公司不太敢進入這個市場，已經進入這個市場的公司，則遊走在法律邊緣。2014年，地檢署突然以數字科技公司違反電子票證管理條例的理由，起訴數字科技，引發了各界對於電子支付的重視。

經過密集討論與立法過程，終於通過了電子支付機構管理條例。有了專法以後，有意經營者可以有遵循的依據，已不需要像以前一樣遊走在法律邊緣。這對於健全電子支付體系的發展很有幫助。

不過，因為電子支付明文規定採許可制，因此外國公司若要在臺灣經營電子支付，就必須在臺灣設置分公司，並申請許可，接受政府的管理。但若只是經營第三方支付（沒有儲值帳戶功能），則無須特許。

因為必須特許，許多國外廠商因此退出臺灣的電子支付市場。例如，原本在臺灣可以使用的Paypal，因為電子支付專法通過之後，反而不能使用。有些可以繼續使用的國外支付業者，也改成不能有餘額的第三方支付，而非原本的儲值帳戶。

四、電子支付的優點

電子支付的儲值帳戶，可廣泛使用於許多情境，優點很多，包括低風險、高效率、低成本、高普及等。

圖4-5　電子支付的優點

（一）低風險

　　網路上，信用卡帳號一旦外洩，損失無上限（最大損失為信用額度）。如果使用金融帳戶轉帳，密碼一旦外洩，也可能有很大損失（最大損失為帳戶內所有金額），許多消費者因此會產生疑慮。但電子支付的最大損失，為儲值帳戶內金額，損失較為有限。

（二）高效率

　　為什麼不透過銀行金融體系、網路銀行，而需要電子支付這種新的支付方式？主要的原因是效率考量。金融體系的付款方式，請款效率不一定較高。信用卡必須逐筆請款。若有止付狀況，賣方收到款項時間將延後。金融卡非銀行交易時段，可能無法即時對帳。這些都使得即時處理的電子支付，具有較高優勢。

（三）低成本

　　另外，從成本的角度，為什麼不透過銀行金融體系？主要是因為金融體系網路付款方式，信用卡收款的成本高達1%至5%（由賣方負

擔），較大金額付款時，交易手續費總金額過高。金融帳戶轉帳成本為每筆新臺幣15元，小額付款時，交易成本比例較高。如果是一筆數十元的交易，15元的比率實在太高，這樣的交易手續費設計，不符合小額交易的場合。但在電子支付，交易的手續費通常較低，使用電子支付可以降低交易成本。

（四）高普及

雖然信用卡也可用於網路消費，但金融體系發行的信用卡，普及性不足，使用者不一定有信用卡。青少年、學生、低於18歲或20歲的消費者，無法申請信用卡，退休人口、未就業、有信用疑慮、從事攤販等地下經濟活動行業從業人員、破產者，也都不一定有信用卡。但這些消費者仍有消費的需求。

另外，金融業較不發達的國家、實施金融管制的國家，信用卡、金融帳戶轉帳服務的普及性不足，自然無法透過金融體系進行網路交易。

五、消費者可以收受款項，而非只是支付

各種支付工具中，消費者扮演的通常是支付者的角色，但消費者間，有收受款項的需求。為了避免弊端，除了電子支付以外的其他支付工具，並未設計消費者收受款項的功能。政府對於電子支付機構進行比較高度的管理，因此，也給予電子支付機構比較大的營運空間，可以經營消費者間款項收受功能。消費者間可以很容易地透過電子支付的帳戶，來進行資金移轉，這些取得的資金，也可以進行在移轉到活期存款帳戶後，提領出來。

有了這一項收受款項的功能，消費者可以很輕易地進行款項分攤、發送紅包等功能，小型賣家也可以很輕易地透過電子支付服務跟消費者收受款項，這是電子支付服務的最大優勢之一。

六、電子支付機構採取高度管理的原因

為什麼大家都想經營電子支付？主要原因是因為利益高，只要藉由資金的支付，就可以創造利潤，預期利益高。另外，銀行業務經常有非常高度金融管制，難以進入，但電子支付的設立門檻相對較低。而且電子商務交易前途一片看好。

第三方支付沒有吸收儲值資金，風險有限。但電子支付機構有儲值帳戶，且有帳戶餘額，如果經營不善倒閉，對於社會影響層面太大。因此，政府傾向於對電子支付機構採取高度管理。

另外，電子支付機構的資金移轉快速，為了避免電子支付機構成為洗錢的管道、避免幫助犯罪，政府也傾向訂定各項規範，避免電子支付成為犯罪支付工具。

再者，現有金融機構的業務，均經高度管理。若電子支付機構未經許可卻從事類似工作，會造成不公平競爭，因此，政府傾向於要求電子支付機構必須經過許可方能設立。

伍、虛擬貨幣

貨幣作為支付的工具，會隨著科技的改變，而有新型態的存在形式。在遠古時代，人類使用不易獲得的貝殼（古代中國）、可可豆（中南美洲）作為支付工具。金屬發明之後，人們開始使用金屬貨幣（例如五銖錢）。而紙張印刷與防偽技術進步到一定程度後，人們使用紙鈔作為交易的媒介。在貝殼貨幣的年代，貨幣難以量化。在金屬貨幣時代，貨幣可以量化，但難以遠距離運送。在紙鈔時代，難以在網路上進行進行線上交易，只能透過其他方式，進行帳戶資料的移轉。

本章前面所提的電子支付、第三方支付，實質上都建立在帳戶資金的移轉，因為綁定帳戶，因此都屬於記名支付，無法達到無記名支付的效果。

　　比特幣、以太幣之類的數位貨幣，提供了進行無記名支付線上支付的可能性。但買賣雙方都要認定貨幣存有價值，貨幣才能成為交易的媒介。各國的傳統貨幣因為政府的力量，使得貨幣具有法幣的地位。比特幣、以太幣之類的虛擬貨幣，並無政府的力量作為背書，是否可以交易價值？是否可以作為交易的媒介？是這類虛擬貨幣背後的疑慮。

　　許多國家將虛擬貨幣視為一種物品（商品），而非貨幣。消費者要購買這樣的物品（商品），屬於消費者的自由，政府並不一定會給予管制。各國的虛擬貨幣交易所，每天開盤列出各種虛擬貨幣的浮動交易價格，就好像是大宗物資價格一樣。

　　若有國家願意以法幣地位來發行虛擬貨幣，將可把虛擬貨幣推展到另一個境界，為虛擬貨幣的發展提供動能。從資訊技術的角度來說，虛擬貨幣非常適合於電子支付、行動支付，且採取去中心化的設計，無需中央式的帳戶管理系統，即可完成支付，並可以做到無記名支付，是相當理想的新興支付方式。

|第五章|
金融科技下的消費者保護：
從銀行業到電子支付業

杜怡靜

　　傳統被高度監管的金融業，在FinTech的發展下，非金融業者紛紛想藉此進入金融業務。在科技與創新之風潮下，這些以前被視為金融門外漢的科技資訊業是否與金融業進行相同法規監理，還是以另外一套監理法制對之進行規範？此問題一直困擾著主管機關。在創新與傳統間如何取得衡平？其中最大的考量就是在消費者權益如何維護之問題。金融科技的特點就是去中介化與平台化，不須透過實體銀行，消費者可以自由地在平台上進行任何的金融交易。對消費者而言，透過銀行之交易與透過網路平台進行交易，風險有無不同？消費者使用金融服務時如透過網路平台其風險為何？目前現行法所提供之保護機制為何？因此本章以金融科技所涉及之消費者保護相關問題就銀行法、電子支付管理條例、電子票證以及消費者保護法及金融消費者保護法等現行法規進行介紹。

壹、消費者在金融科技下金融交易之風險

　　在金融科技之發展下，科技業以線上平台方式，透過金融平台一對一或一對多交易之模式，從事銀行相關業務。以消費者最常使用的銀行服務的存款、借款以及匯款為主要對象，分別在網路與傳統銀行進行比較，金融交易平台具有較低的營運成本，且其服務不受時間、空間之限制，24小時全年無休，因此對忙碌的消費者而言無疑是一大福音。此外，在政府積極推動無現金社會之下，各種多元化與多樣化支付手段陸續登場，使消費者有更多支付工具之選擇、生活越趨便利，但其中卻也暗藏危機。

　　由於金融科技多使用平台作為交易模式，消費者往往無法得知當事人為何，萬一發生糾紛時，該對誰行使或主張權利，往往無從確認。如過於依賴網路交易，萬一網路交易安全系統出了問題，例如駭客入侵時，受害最嚴重的往往是消費者。因此企業主如何確保其系統安全性也是消費者所在意的問題。再者，非面對面交易的當事人容易遭人冒名使用，故當事人身分之確認也是消費者所關心的。最後，如

有惡質企業經營者利用網路金融交易竊取個人資料也是不容忽視的問題。以上是消費者利用平台接受金融服務時所可能面臨之問題，對此，現行法在金融科技下對消費者應如何加以保護，爲今後金融科技發展之際不得不重視之課題。

貳、傳統法下之金融服務與消費者保護

金融科技下業者所提供的金融服務，對消費者保護之規範模式，一爲主管機關透過業法對業者之組織或行爲進行規範，間接達到維護消費者權益之目的；另一則是透過我國消費者保護法之相關規定，對於業者與消費者間之契約或者締約行爲對消費者加以保護。以下先介紹消費者常使用之金融服務中的存款、放款及匯款，在傳統民法、銀行法下與消費者相關規定進行介紹。

一、消費者之存款

銀行接受客戶存款，係屬金錢寄託關係（民法第603條），受託銀行無返還原物之義務，僅須返還同一數額，該寄託物之利益及危險於該物交付時移轉於受託人，寄託之存款戶得隨時請求返還寄託物。故消費者與銀行間存款之法律關係，屬於典型之消費寄託關係。消費者將金錢之所有權移轉於金融機關，並約定金融機關返還相同之金額，關係即告成立。

存款爲銀行的核心業務，銀行法對於收受存款的行爲予以高度規範，因此消費者才能放心地把錢放在銀行。依銀行法第29條規定，除法律另有規定者外，非銀行不得經營收受存款，如非銀行業有吸收存款之行爲，依同法第125條，違反者將被處三年以上十年以下有期徒刑，得併科新臺幣1,000萬元以上2億元以下罰金。其因犯罪獲取之財物或財產上利益達新臺幣1億元以上者，處七年以上有期徒刑，得併科新臺幣2,500萬元以上5億元以下罰金。由於刑責相當嚴重，因此實務上引發相當多爭議。

　　至於何謂收受存款？銀行法第5條之1規定，本法稱收受存款，謂向不特定多數人收受款項或吸收資金，並約定返還本金或給付相當或高於本金之行為。依此，所謂經營收受存款業務，係指為收受存款行為，並以之為業務加以經營而言，並不以收受存款後，有轉存、轉貸，或為其他投資行為為必要[1]。

　　至於何種情形會構成違法收受存款之行為？依銀行法第29條之1規定，以借款、收受投資、使加入為股東或其他名義，向多數人或不特定之人收受款項或吸收資金，而約定或給付與本金顯不相當之紅利、利息、股息或其他報酬者，以收受存款論。此係為保障社會投資大眾之權益，及維護經濟金融秩序，而將此種收受存款行為，擬制規定為收受存款。如有違反該規定而造成損害，均應負損害賠償責任。

　　至於銀行法第29條之1所謂「與本金顯不相當」，應參酌當時、當地經濟及社會狀況，倘行為人向不特定人收受資金，並約定交付資金之人能取回本金，且約定或給付高於一般銀行定期存款之利率，即能使不特定人受該行為人提供之優厚利率所吸引，而容易交付資金予該非銀行之行為人，即與該條所定相符。非謂應以民法對於最高利率之限制，作為認定銀行法上與本金顯不相當之標準[2]。而一般民間之「互助會」係屬民間小型資金融通方式，依民法之合會規定進行規範（民法第709條之1至第709條之8）。因此，合會制度本身為銀行法第29條第1項之除外規定；惟行為人設立之互助會若僅具合會之名，卻不具備合會相關規定及一般民間互助會之本質，如實際上係為非法吸金之行為者，即無民法合會規定之適用，而應以銀行法作為規範依據[3]。

　　銀行法第29條規定之「經營收受存款業務」乃與「收受存款」為不同概念，銀行法第29條所欲處罰之對象，非僅收受存款之行為，而

---

[1]　最高法院106年度台上字第3109號。

[2]　最高法院107年度台上字第1304號刑事判決。

[3]　最高法院106年度台上字第2775號。

係經營收受存款之行為。是以，縱貸款人因借款所獲之利息較諸於銀行利率為高，然借款人係因投資案件而有資金缺口，藉由第三人向貸款人借款，乃屬一般民間借貸之往來，而不該當銀行法第29條所規定經營收受存款業務之要件者，自無違反銀行法之規定[4]。所以銀行法對於違法吸收存款之規定，在於避免不肖業者假藉各種投資名義進行違法吸金之行為，確保消費者財產安全。

二、消費者之借款

　　借款之法律關係為民法的消費借貸，依民法第474條規定，稱消費借貸者，謂當事人一方移轉金錢或其他代替物之所有權於他方，而約定他方以種類、品質、數量相同之物返還之契約。一般消費者借款時，其主要對象是向銀行為之，而銀行放款的資金來自於存款者之存款；因此未維護存款者之存款不致遭銀行濫行放款，銀行法中對銀行從事放款有諸多規範，如第12條中所稱擔保授信，謂對銀行之授信，提供所列四款標的物之一為擔保者，諸如抵押權、質權、應收票據及保證等。

　　依銀行法第32條第1項：銀行不得對其持有實收資本總額百分之三以上之企業，或本行負責人、職員、主要股東，或對與本行負責人或辦理授信之職員有利害關係者，為無擔保授信。但消費者貸款及對政府貸款不在此限。

　　即原則上銀行除了消費性貸款及對政府之貸款外，不能為無擔保之授信（放款），所謂消費性放款係指對於房屋修繕、耐久性消費財產、支付學費及其他個人之小額貸款，及信用卡循環信用等[5]。

　　消費者除了向銀行借款之外，消費者可能向民間為借款行為，對此為保障消費者免於受到民間高利貸之剝削，應適用民法上有關於利息之限制（第205條）與巧取利益（第206條）之規定。依民法第205

---

[4]　臺灣高等法院106年度重上字第427號民事判決。

[5]　臺灣高等法院高雄分院101年度上易字第102號。

條規定，約定利率，超過週年百分之二十者，債權人對於超過部分之利息，無請求權。此外民法第206條規定，債權人除前條限定之利息外，不得以折扣或其他方法，巧取利益。所以第206條是爲配合民法第205條而設之規定。例如某甲乘某乙資金周轉之急迫情況，於民國108年1月1日借貸新臺幣10萬元予某乙，並約定利息爲每月3萬元，於每月之末日償還。某乙如於108年1月起至12月止，均按月給付某甲3萬元之利息，某甲即取得與原本顯不相當之利息達到36萬元，已超過法定週年百分之二十利息。民法第205條既已立法限制最高利率，明定債權人對於超過週年百分之二十部分之利息無請求權，則當事人將包含超過週年百分之二十部分之延欠利息滾入原本，約定期限清償，其滾入之利息數額，仍應受法定最高利率之限制。

爲避免債權人意圖規避最高利率之限制，於民法第206條規定以貫徹「防止重利盤剝，保護經濟弱者」之立法目的[6]。所以債權人自貸與金額中預扣利息，該部分既未實際交付借用人，自不能認爲貸與本金之一部，從而利息先扣之消費借貸，其貸與之本金應以利息預扣後實際交付借用人之金額爲準[7]。如信用卡公司向持卡人收取達民法所定週年利率百分之二十計算之循環信用利息後，業者於契約中又另立名目約定收取逾期滯納金，足認其實際上係以此手段巧取利益，即違反第206條之法律強制規定[8]。

三、匯款

我國學說上關於匯款之意義爲，「係指一方當事人委託其往來銀行將一定金額之款項匯入他方當事人在其銀行所開設之帳戶」[9]。對

6　最高法院91年台簡抗字第49號民事判例。

7　最高法院106年度台上字第2407號。

8　臺灣臺北地方法院105年度訴字第1280號。

9　楊芳賢，跨國匯款契約是否爲第三人利益契約，台灣本土法學，第49期，頁32。

於匯款行爲中匯款委託人與匯款之銀行間，通說則以委任說爲主[10]。銀行受客戶委任辦理匯款事務，並受有匯費之報酬，其處理委任事務應依客戶之指示，並以善良管理人之注意爲之。

　　此外，於匯款行爲中關於受款人與受款銀行之法律關係，本身爲另一單獨之契約關係，即受款銀行基於與受款人間之帳戶契約關係[11]，負有將其所收受之匯款登載爲受款人帳戶之存款。意即一個匯款行爲中，個別存在兩個契約關係，一爲匯款委託人與匯款銀行，以及受款銀行與受款人間之契約關係。因此當匯款委託人指示匯款銀行將匯款匯至其指定之受款銀行之受款人時，匯款銀行基於委任契約之關係，處理該匯款事務；當受款銀行獲得匯款銀行之指示後，依其與受款人間契約上之義務將他人之匯款登載至受款人之帳戶中，而受款人亦基於該帳戶關係得向受款銀行請求付款。基本上筆者對於匯款委託人與匯款銀行之契約性質亦採委任說，其委任契約之內容即匯款銀行對於匯款委託人事務處理之內容，將其匯款金額匯入在受款銀行帳戶下之受款人之帳戶中。而受款人與受款銀行間之存款契約（一般而言爲活期存款帳戶），吾人亦認爲係爲一種委任契約之性質[12]。因此，受任人（受款銀行）因處理委任事務所收取之金錢，應交付於委任人（受款人）[13]；而委任人（受款人）對於受任人（受款銀行）有請求給付帳簿上存款債權之權利，故我國關於匯款關係爲：匯款委託人與匯款銀行有一委任契約、受款銀行與受款人亦有一爲委任契約存在；二者爲各自獨立之契約關係，依照契約相對性原則，匯款委託人無法直接對於受款銀行或受款人有契約關係上之請求權。我國實務

---

[10] 同註9，頁40。苟曉明，東吳大學法律學碩士論文，1996年，頁118-120。

[11] 一般爲活期（儲蓄）存款契約。

[12] 基本上消費者到銀行開立一般存款帳戶，除了成立消費寄託之外，關於外來匯款之收受關係上有委任契約之性質。

[13] 民法第541條。

見解認為[14]：「又按經由銀行以電匯金錢與他人，依現行銀行實務作業，匯款單據上不必載明匯款原因，自無從僅以電匯之事實證明匯款之原因，而本件上訴人前曾主張本件匯款為被上訴人向伊之借款。」從上述實務見解看來，因為匯款行為之際並未要求記載匯款原因，因此，不能以有匯款行為即為推斷雙方當事人間有借款行為；意即匯款行為與當事人間之原因關係可能分離，因此推斷我國實務上匯款行為採無因說之立場，也就是匯款行為不以有原因關係為必要，而獨立於原因關係以外。

參、網路借貸平台與消費者保護

以平台形式作為個人與個人合作借貸模式，最早始於2005年3月英國設立了全世界第一家網路借貸（P2P Lending）平台－ZOPA；接著2006年2月Prosper在美國開始運作；2007年6月中國大陸第一家網路借貸平台業者為拍拍貸，目前中國大陸已有上千家網路借貸平台業者，其中平安保險公司及中國招商銀行為兩家傳統金融機構新設網路借貸之服務。我國於2016年3月24日，全臺首家P2P網路借貸平台「鄉民貸」正式上線從事線上借貸服務[15]。主管機關金管會考量金錢借貸屬民法規範事項，我國法律未禁止民間金錢借貸，亦未禁止針對民間金錢借貸提供媒合中介服務，且我國網路借貸平台（下稱P2P）服務尚在發展初期，於兼顧金融科技創新、消費者保護及風險控管前提下，對於新興業務及產業之發展，可適度保留業務發展空間之彈性[16]。

---

[14] 最高法院87年度台上字第730號判決。

[15] 中央通訊社：鄉民貸上線　全臺首家P2P網路借貸平台，https://www.cna.com.tw/news/afe/201603240228.aspx。

[16] 詳參金管會新聞稿，https://www.fsc.gov.tw/ch/home.jsp?id=96&parentpath=0,2&mcustomize=news_view.jsp&dataserno=201712070001&toolsflag=Y&dtable=News。

P2P Lending網站平台分別提供了各種不同服務，也可能組合各種不同經營模式運作，以下簡單介紹各項基本運作方式。

一、平台業者作為居間——平台非消費借貸契約當事人，單純作為訊息中介機關、不涉及資金停泊以及訂價

依民法第567條：居間人關於訂約之事項，應就其所知，據實報告於各當事人。顯無履行能力之人或知其無訂立該約能力之人，不得為其媒介。以居間為營業者，關於訂約事項及當事人之履行能力或訂立該約能力之人，有調查之義務。所以網站有收費時，業者依民法第567條，對資金提供者事前負有調查義務，並將之據實報告資金提供者。即網站需向資金提供者（金主或投資人）提供借款者之相關資訊，由投資人自行決定是否投資。網站只對投資人身分文件進行審核。而借款利率之決定可以由兩種方式決定：

（一）借款人自行訂價：由投資人決定是否出借。

（二）投資人投標：由投資人針對借款專案進行競標，價高者得標之方式。

二、網站只訂價，不涉及資金停泊[17]——平台業者作為居間亦非消費借貸契約當事人

此時平台業者對於資金提供者而言為居間業者，彼此間權利義務同上。而對借款者而言，與平台業者間有委任契約並授予平台業者代理權（即平台為受任人處理委任人即借款者的相關信用資訊，並將之分類，以便提供給資金提供者）。

所以平台對於借款者，依民法第540條，有將事務進行狀況對委任人報告之義務，另依第535條規定，平台對委任人之借款者負有善良管理人之注意義務。

---

17 如鄉民貸的進階投資（初始市場），關於其運作詳參https://www.lend.com.tw/work.html。

　　網站針對借款人之借款進行訂價（即評估借款之信用或擔保品決定其借款之利率），再由投資人決定是否出借。而網站之訂價依據其所獲得之借款人信用資訊，包括：

　　（一）借款人所提供之個人信用資訊。

　　（二）透過民間徵信業者提供之數據。

　　（三）網站自行辦理徵信。

三、網站提供擔保—平台已非居間業者，為借款人提供擔保

　　如平台業者為公司組織，自己要幫借款人保證時，須依公司法第16條之規定[18]方得為之。此外，公司為人作保證時依民法第739條：稱保證者，謂當事人約定，一方於他方之債務人不履行債務時，由其代負履行責任之契約。

　　此外，擔保範圍依民法第740條：保證債務，除契約另有訂定外，包含主債務之利息、違約金、損害賠償及其他從屬於主債務之負擔。

　　當借款人產生違約情形時，由平台網站或擔保公司提供擔保，其提供擔保之單位可能為：

　　（一）網站母公司成立之擔保公司。

　　（二）網站透過對每位借款人收取一定金額，以此金額成立擔保基金提供擔保。

　　（三）與其他擔保公司合作。

　　如果平台自己非保證人，而係受借款人委託替其尋找保證機關時，則借款人與平台者間成立委任契約。

　　當以擔保償付投資人時，其債權由投資人轉移至擔保公司，由擔保公司進行後續之債務追索（民法第749條）。而擔保範圍可能包括

---

[18] 公司法第16條第1項：公司除依其他法律或公司章程規定得為保證者外，不得為任何保證人。

（民法第740條）：

　　（一）本息擔保。

　　（二）本金擔保。

　　（三）有限擔保。當投資人投資超過兩個標的以上時，其擔保以所有標的之本金和為限。即若某一標的產生本金之損失，但其他標的有獲利，則擔保金額為所有投資之本金總合與其所回收之所有本息總合之差距。

四、平台為投資人協助或諮詢關於投資標的

　　此時平台是否有涉及投資顧問業之問題。依投信投顧法第4條第1項、第2項：

　　本法所稱證券投資顧問，指直接或間接自委任人或第三人取得報酬，對有價證券、證券相關商品或其他經主管機關核准項目之投資或交易有關事項，提供分析意見或推介建議。

　　本法所稱證券投資顧問事業，指經主管機關許可，以經營證券投資顧問為業之機構。所以平台業者要取得主管機關之許可方可為之。

五、代替投資人協助投資

　　平台協助投資人進行投資，如將每期所得之利息收入自動再進行投資。即平台業者向投資人募集資金後，取代投資人從事證券投資業務時，依投信投顧法第3條第1項、第2項：

　　本法所稱證券投資信託，指向不特定人募集證券投資信託基金發行受益憑證，或向特定人私募證券投資信託基金交付受益憑證，從事於有價證券、證券相關商品或其他經主管機關核准項目之投資或交易。

　　本法所稱證券投資信託事業，指經主管機關許可，以經營證券投資信託為業之機構。所以平台業者進行上述之行為時，要取得主管機關許可方可為之。

　　金管會對P2P業者，提供撮合借貸契約相關服務，不得涉及發行

有價證券、受益證券或資產基礎證券，所以借貸平台業者似乎無法從事第五種的模式。此外金管會並表示：提供收付借貸本息款項金流中介服務，不得涉及收受存款或收受儲值款項；提供資訊蒐集、資訊揭露、信用評等、資訊交換等服務，應符合個人資料保護法相關法令規定；提供債權催收服務，不得有不當催收情事，亦不得違反公平交易法、多層次傳銷管理法等法令規定。[19]

消費者透過平台借錢給他人或者是藉由平台借錢，當事人間所訂定者為消費借貸契約，於當事人間本於借貸之意思合致，而有移轉金錢或其他代替物之所有權於他方之行為，始足當之。如果有資力者（貸與人）要透過網路平台借錢給他人（借款人），網路平台本身不涉及資金停留即「收受存款」者，平台單純為雙方借貸之媒介者，基本上平台並不違反銀行法之規定。惟平台收受消費者之金錢後再借給他人，或者如同上述五、平台以投資名義，取得消費者之資金再將之用於放款者，如有約定顯不相當之利息或紅利時，平台極可能構成銀行法第29條之1的違法吸收存款。此外，透過平台取得所需資金之借款人，同時也受到民法第205條與第206條之保護。

以鄉民貸為例：借款案一開始是由進階會員一對一放貸，就是所謂「進階投資」。若有人要借信用貸款20萬，進階會員就一次借他20萬，即借款案一開始，是由進階會員一次性全額放貸，這可以說是P2P民間借貸的初級市場。此外，進階會員可以把原始借款案收取本息的權利，賣出給一般會員，這個市場可以稱為「債權轉讓市場」或是次級市場，一般會員取得債權後，借款人每月就必須還款給購買債權的一般會員，一般會員原則上應該持有到債權之到期日屆至（若要賣出也可以依照鄉民貸的規定辦理）。將初級市場與次級市場結合起來，就形成完整的債權轉讓型態，也就是鄉民貸的運作方式[20]。

---

[19] 詳參金管會新聞稿，https://www.fsc.gov.tw/ch/home.jsp?id=96&parentpath=0,2&mcustomize=news_view.jsp&dataserno=201712070001&toolsflag=Y&dtable=News。

[20] 關於鄉民貸之運作模式，請詳參https://www.lend.com.tw/work.html。

以鄉民貸的運作模式可知，其似結合上述的二、與四、的方式進行。除了前述相關法規之適用外，爲促進網路借貸資訊中介業健康發展，協助解決中小企業和個人投融資需求，促進經濟發展，以鄉民貸爲主的網路借貸平台共同簽署了「台灣網路借貸資訊中介業者自律公約」，以保護出借人、借款人及相關當事人合法權益，由業者簽署承諾共同信守之。爲借款人與出借人（即投資人）直接借貸提供資訊蒐集、資訊公布、信用評估、資訊交換、借貸媒合等服務。[21]

肆、第三方支付、電子票證之預付型交易及電子支付與消費者保護

隨著多元化付款方式之興起，除了信用卡外，各種支付工具蓬勃發展，以悠遊卡爲代表的預付型支付工具，還有街口支付、歐付寶、LINE Pay、一卡通等。本文將常用支付方式大致分爲以下三種模式：

第一種爲第三方支付：早期以美國的PayPal爲代表，目前臺灣約超過有六千家業者。如LINE Pay、Pi錢包等，多使用在C2C的消費模式。例如消費者（買受人）在某拍賣網站購物後，先將交易款項移轉給第三方支付業者代收保管，嗣後消費者收到商品且不行使退換貨時，第三方支付業者才將此款項轉交給出賣人。此種模式由第三支付平台代收實質交易款項，不提供儲值與轉帳。國內第三方支付服務大多是由網路拍賣平台業者或是早期的網路金流業者所提供，主要從事辦理代爲收款和付款之業務，也就是在消費者已經有實質交易關係發生後，將交易款項交給第三方業者保管，再由第三方業者轉交給其交易相對人。關於消費者保護之依據，係由經濟部訂定公告之「第三方支付服務定型化契約應記載及不得記載事項」[22]。

---

[21] lend.com.tw/p2prole.html.

[22] 「僅經營代理收付實質交易款項」業務，且所保管代理收付款項總餘額未逾

　　第二種是電子票證：因應電子科技之發展，便利民眾利用電子票證自動扣款之方式，作為多用途支付使用，確保發行機構之適正經營，並保護消費者之權益及維持電子票證之信用，特制定電子票證發行管理條例。我國預付型商品原則上分別就「單用途」與「多用途」之預付型商品為規範。電子票證主要規範以預付型交易為主的各種票證，目前臺灣有四大電子票證機構：悠遊卡、一卡通、iCash與有錢卡。以大家日常所使用之悠遊卡為例：消費者先儲值在卡片內後可供作多用途支付使用之工具，在相當範圍內如同一般貨幣使用。對此我國關於預付型的工具以「電子票證發行管理條例」[23]作為對發行票證業者之管理規範；至於單用途的票證，則依據消費者保護法第17條所公告之行政措施，對於發行者與消費者間關於預付型商品，適用「零售業等商品（服務）禮券定型化契約應記載及不得記載事項」。

　　第三種是電子支付：電子支付業者除可為代收代付之業務外，另可供消費者儲值及轉帳。臺灣目前有五家專營電子支付機構，與二十一家兼營電子支付機構[24]，包括銀行、中華郵政等。電子支付主

　　新臺幣10億元者，其營業項目代碼為「I301040第三方支付服務業」之公司，其主管機關為「經濟部」，並由經濟部商業司對第三方支付服務業者進行一般商業管理。金管會，https://fscmail.fsc.gov.tw/swsfront35/FAQF/FAQDetail.aspx?f=f490e4196e2e39af683286ace2f9c2373a8c2b9874d07219263837a8bb8bd3e2&p=ad9ce81c136bb3a66fffdd0d844dc281f1729de4f28f32541e7233a475eb804e4040a45c7a24799c4afe51824a425576835e00ac075cb6e55207c6a619ce5f6804903e07617d70572744be79568babc299b80592fa6fc6b7d4990ac104084537b7bbbfcfc63cae0ed7ade20d5a47e7259f6e70309de048d2。

23　電子票證的法律規範，則是立法院於民國98年1月13日三讀通過，經多次修正，最近一次修正係於107年1月31日總統華總一義字第10700011011號令增訂公布第5條之2：為促進普惠金融及金融科技發展，不限於電子票證發行機構，得依金融科技發展與創新實驗條例申請辦理電子票證業務創新實驗。前項之創新實驗，於主管機關核准辦理之期間及範圍內，得不適用本條例之規定。主管機關應參酌第1項創新實驗之辦理情形，檢討本條例及相關金融法規之妥適性。此項增訂是為了配合金融監理沙盒而來。

24　電子票證業者當中，一卡通早在2017年就已獲得金管會核准，成為國內首

管機關爲金管會，其規範依據爲「電子支付機構管理條例」，係於民國104年2月4日[25]所制定。該法所謂之電子支付機構，係以「網路或電子支付平臺爲中介」方式提供服務，非透過該方式提供服務者，則非本條例規範之對象。另基於本條例規定電子支付機構之業務項目，包含實體通路交易（線下交易）之支付服務（即O2O，Online to Offline）型態，故所定「利用電子設備以連線方式傳遞收付訊息」，其電子設備不限於傳統桌上型電腦，亦包含行動載具（例如平板電腦、行動電話等可攜式設備）或其他得以連線方式傳遞訊息之設備亦屬之。又所定「電子支付帳戶」，其性質屬記錄資金移轉及儲值情形之帳戶，與於銀行等金融機構所開立實體存款帳戶不同。爲避免對既有單純提供代理收付款項業者造成過大影響，於但書規定僅經營代理收付實質交易款項，且所保管代理收付款項總餘額未逾一定金額者（包括自然人、法人、團體），非屬本條例所規範之電子支付機構。所以純爲代收代付之第三方支付業者，並不屬於電子支付機構適用之對象。

　　這三種支付工具所擁有的交易功能、主管機關及遵循的法規都有所不同，以下分別就消費者使用該交易服務時，相關法規對於消費者保護之機制進行說明。

一、第三方支付之法律關係

　　銀行或便利商店等業者（代收代付業者）收受商品或提供服務的業者之委託，代理收受消費所支付對商品或接受服務的對價，再將所

家兼營電子支付的電子票證公司，更在去（2018）年與LINE Pay合作，推出LINE Pay一卡通功能，讓民眾在LINE上就可轉帳、儲值、代收付，成爲現在廣受民眾使用的支付工具之一，https://www.cardu.com.tw/news/detail.php?37511。金管會於2019年2月19日宣布正式核准悠遊卡可兼營電子支付業務，也就是未來悠遊卡也能像街口支付等業者一樣，從事帳戶間轉帳、儲值、代收付等業務。

25　總統華總一義字第10400012581號令。

收取之對價交付給商品或服務提供之業者。此種情形下，代收代付業者被企業經營者（賣家）賦予「代理受領權」，所以消費者（買家）對代收業者付款，視為已清償（民法第309條第1項）。

代理收付之法律關係與匯款的類似性為具有在遠隔地間之交易當事人透過此方式使資金移動的性質，但付款者與代收業者間並無委任契約關係，此與轉帳匯款有所不同（匯款行為則付款人與轉帳銀行有委任契約）。此種代理收付之模式為銀行附隨業務的一種（銀行法第3條第14款「代理收付款項」；一般匯款業務依據為同條第10款）。主管機關對於第三方支付業者營運模式中，買方於進行網路實質交易後，支付該次交易金額，或主動溢額支付與交易金額顯不相當之款項予第三方支付服務業者，由業者依買方指示撥付賣方之行為，係屬針對實質交易之逐筆交付辦理代收轉付性質，為一般商業交易範疇，尚無違反銀行法及電子票證發行管理條例之問題[26]。但為了保護利用此種模式進行交易的消費者權益，行政院依消保法所訂定之第三方支付服務定型化契約應記載及不得記載事項，對提供網路交易之消費者，以連線方式進行支付活動之業者即「第三方支付業者」。第三方支付業者於消費者之網路交易發生後，收受網路交易之價金，並依消費者指示轉交予收款人，因此，消費者已經發生了實質交易關係後，才委由第三方支付業者代為付款。於該應記載與不得記載事項中，主要有下列規定維護消費者權益：

（一）對消費者所支付款項之保障

消費所寄存於第三方支付業者之金錢，第三方支付業者應就消費者之支付款項，提供下述任一之保障措施。

即由金融機構提供之足額履約保證或將款項全部存入信託專戶，專款專用。此所稱專用，指第三方支付業者為履行第三方支付服務契約之義務所使用（應記載事項第6條）。

---

[26] 金管銀票字第10000043180號函。

（二）資訊系統之風險

第三方支付業者應載明其已獲得之資訊安全認證標準。第三方支付業者及消費者應各自確保其資訊系統之安全，防止非法入侵、取得、竄改、毀損業務紀錄或消費者之個人資料。第三人破解第三方支付業者資訊系統之保護措施或利用資訊系統之漏洞爭議，由第三方支付業者就該事實不存在負舉證責任（應記載事項第10條）。

此係要求業者取得一定之安全認證之前提下；雙方藉由網路進行交易，故對自己的資安負有一定之自我責任。如駭客入侵業者的系統，先由業者舉證，否則對此行為仍應負責。即因駭客等第三人入侵第三方支付業者之資訊系統因而對消費者所造成損害時，由第三方支付業者負擔此風險。

（三）身分確認之機制

要求業者應建立消費者身分之認證機制，同時需要消費者提供正確無誤的身分資料作為配合（應記載事項第7條）。

如消費者密碼被冒用時，首先，消費者應於知悉其帳號密碼被冒用後即時通知第三方支付業者。第三方支付業者應於知悉消費者之帳號密碼被冒用時，立即通知消費者並暫停該帳號所指示之支付行為，並暫停接受該帳號後續之支付指示。然如果發生消費者身分被冒用之情形時，依應記載事項第13條規定：第三方支付業者應於服務網頁明顯處載明帳號密碼被冒用時的通知管道，包含電話、電子郵件信箱等，除有不可抗力或其他重大事由，通知管道之服務時間應為全日全年無休。消費者辦理帳號密碼被冒用手續完成後所發生之損失，概由第三方支付業者負擔；其辦理帳號密碼被冒用手續前所發生之損失，如消費者需自行分擔部分或全部，其數額或比例應由第三方支付業者與消費者於契約中約定之。

但如果消費者密碼被冒用是基於下列事由時，消費者仍需自行分擔部分或全部損失：1.消費者未妥善保管帳號密碼；2.消費者自行將帳號密碼提供與他人；3.消費者未使用第三方支付業者所提供的帳號

安全機制；4.其他因消費者之故意或重大過失所致之事由。調查消費者帳號密碼被冒用所生之費用，由第三方支付業者負擔。

意即消費者可歸咎於自己之事由發生密碼被冒用時，如由業者負責有違公平原則，但就調查之費用仍由業者負擔以茲衡平。

二、預付型交易為主之電子票證

店家常利用預付型消費鼓吹消費者先預付金額然後分期領取接受商品或服務，使消費者可享受預買的優惠，及省去每次消費付錢的麻煩。但預付型商品分期付款期間較長，店家服務品質無法預見，因此衍生不少消費糾紛，例如麵包店或咖啡店等發生無預警的歇業，參加預付型會員而後索賠無門的事件，已成為消費使用預付型商品或服務之夢魘。對於消費者而言，使用預付型交易與使用信用卡交易其風險有所不同：信用卡是先消費後付款，由發卡公司承受消費者信用之風險；而預付型交易是消費者先付款後消費，消費者承受發行機構之信用風險。因此發行機構如不履約或破產時，消費者所預付之金額可能付諸流水，也就是此種交易可能導致消費者承擔經營者之信用風險。為了使消費者獲得使用預付型消費之方便與利益，而不使預付型消費成為不法業者「吸金」工具，主管機關以「電子票證發行管理條例」來維護消費者權益（以下簡稱為「電子票證」）。該法對於發行者之資格設有管制，且須經主管機關許可或核准。本條例用詞，定義如下：

（一）電子票證：指以電子、磁力或光學形式儲存金錢價值，並含有資料儲存或計算功能之晶片、卡片、憑證或其他形式之載具，作為多用途支付使用之工具。

（二）發行機構：指經主管機關許可，依本條例經營電子票證業務之機構。

（三）持卡人：指以使用電子票證為目的而持有電子票證之人。

（四）特約機構：指與發行機構訂定書面契約，約定持卡人得以發行機構所發行之電子票證，支付商品、服務對價、政府部門各種款

項及其他經管機關核准之款項者。

（五）多用途支付使用：指電子票證之使用得用於支付特約機構所提供之商品、服務對價、政府部門各種款項及其他經主管機關核准之款項。但不包括下列情形：

1.僅用於支付交通運輸使用，並經交通目的事業主管機關核准。

2.以網路或電子支付平台爲中介，接受使用者註冊及開立電子支付帳戶，並利用電子設備以連線方式傳遞收付訊息，於使用者間收受儲值款項。

其中1.僅用於支付交通運輸使用，係指單用途的情形，如早期悠遊卡純屬支付各項交通費用。

至於2.屬於電子支付機構管理條例之適用對象，而不適用電子票證之規定。

至於對於單用途的預付型商品依消費者保護法第17條發布之「零售業等商品（服務）禮券定型化契約應記載及不的記載事項」規範之。此係依消費者保護法第17條之規定，中央主管機關得選擇特定行業，公告規定其定型化契約應記載或不得記載之事項。違反公告之定型化契約，其定型化契約條款無效[27]，換言之，若預付型商品發行者所發行之預付型商品定型化契約內容違反該應記載及不得記載事項時，則導致該預付型商品之定型化契約無效。

與第三方支付係對於有實質交易發生而清償有所不同，電子票證之預付型商品係消費者先儲值後才陸續發生交易行爲，因此對消費者之保障，「電子票證」有下列之規定：

---

[27] 消費者保護法第17條第1項規定，中央主管機關得選擇特定行業，公告規定其定型化契約應記載或不得記載之事項。其目的係爲導正不當之交易習慣及維護消費者之正當權益，係由中央主管機關依據上開規定授權公告特定行業之契約應記載或不得記載之事項，該特定行業之定型化契約如有違反者，其條款爲無效。

（一）對消費者預付金之保障

1. 爲存款保險之標的

發行多用途預付型商品，依電子票證發行管理條例第29條第2項規定，銀行發行電子票證所預先收取之款項，應依銀行法提列準備金，且爲存款保險條例所稱之存款保險標的。

非銀行發行之多用途預付型商品，其發行機構亦由金管會核准發行，對於使用相同預付型商品之消費者，不因發行機構之不同而受到不對等之待遇，故消費者之預付款項均受到存款保險之保障。

2. 發行機構應將消費者所預付金額交付信託或取得銀行之保證

發行機構如事先向持卡人收取，並約定返還之款項，除儲存於電子票證之款項應依本條例第18條至第20條規定辦理外，其餘款項應全部交付信託或取得銀行十足履約保證（第18條）。而且發行機構依規定所交付信託，應將每日向持卡人收取之款項於次營業日內存入信託契約所約定之信託專戶。對於發行機構所交付信託之款項，除下列方式外，不得動用（第19條）：

(1)持卡人要求返還款項。

(2)信託財產之運用。

(3)運用信託財產所生之孳息或其他收益分配予發行機構。

例如悠遊卡早期分爲押金制及賣斷制，押金制爲公司承租悠遊卡給持卡人，民眾須花100元當押金，退卡時可拿回，但也要繳回卡片；採賣斷制後，悠遊卡屬於個人財產，可直接記名，退卡時可拿回卡片餘額及卡片。所以有押金的悠遊卡，該發行機構須將此押金交付信託專戶中，以備將來消費者請求返還時之需。

3. 儲值金之保障

消費者儲存於發行機構發行票卡中的儲值金，如同存在銀行中的存款，除受到存款保險之保障外，非銀行發行機構發行電子票證所收取之款項，達一定金額以上者，應繳存足額之準備金；前項收取之款項，扣除應提列之準備金後，於次營業日應全部交付信託或取得銀行十足之履約保證（第18條）。發行機構如依第18條將其所收取之款項

交付信託時，應依同法第19條之規定[28]，將每日持卡人儲存於電子票證之款項於次營業日內存入信託契約所約定之信託專戶。至於第18條所稱取得銀行十足之履約保證，係指發行機構應就持卡人儲存於電子票證之金錢餘額，與銀行簽訂足額之履約保證契約，由銀行承擔履約保證責任。

4. 消費者對發行機構之債權具有優先權

消費者對於發行機構存放於信託業者之信託財產，因電子票證所產生債權，有優先於發行機構之其他債權人及股東受償之權利。

5. 發行機構清償不能風險之規避

為確保消費者財產之安全，避免因發行機構發生財務困難時，使消費者事先儲值之金額有無法返還之虞，故規定如果發行機構因業務或財務顯著惡化，不能支付其債務或有損及持卡人利益之虞，主管機關得命其將電子票證業務移轉於經主管機關指定之其他發行機構。而且發行機構，不得發行新卡及接受持卡人儲存金額（第28條）。

6. 消費者個人資料之保護

消費者之資料保護之問題依該法第21條規定，發行機構及特約機構，對於申請人申請或持卡人使用電子票證之個人資料，除其他法律或主管機關另有規定者外，應保守秘密，且發行機構不得利用持卡人資料為第三人從事行銷行為。

此外，發行機構應確保交易資料之隱密性及安全性，並負責資料傳輸、交換或處理之正確性（第26條）。此規定賦予業者除了資訊安全之維護義務外，對於系統的安全亦須負責。

---

[28] 電子票證第19條第1項：前條所稱交付信託，係指發行機構應與信託業者簽訂信託契約，並將每日持卡人儲存於電子票證之款項於次營業日內存入信託契約所約定之信託專戶。

三、電子支付之規範—電子支付機構管理條例

（一）適用對象

　　依電子支付機構管理條例第3條：所稱電子支付機構，指經主管機關許可，以網路或電子支付平台為中介，接受使用者註冊及開立記錄資金移轉與儲值情形之帳戶，並利用電子設備以連線方式傳遞收付訊息，於付款方及收款方間經營下列業務之公司。但僅經營第1款業務，且所保管代理收付款項總餘額未逾一定金額者，不包括之：

1.代理收付實質交易款項[29]。

2.收受儲值款項。

3.電子支付帳戶間款項移轉。

4.其他經主管機關核定之業務。

　　依本條規定，單純之代理收付款項之業務者，可能屬於銀行法中的代理收付款項外，亦可能屬於第三方支付中的代收代付，非此所稱之電子支付。因此本法所稱之電子支付機構經營業務除了收付外，尚可為儲值以及在不同帳戶間的匯款與轉帳。

　　經營電子支付機構，分為專營之電子支付機構與兼營之電子支付機構。所謂專營電子支付機構，係指非金融業而從事電子支付之業務者；而兼營之電子支付機構，則原本為銀行等金融業兼營電子支付之業務，如銀行及中華郵政股份有限公司（第39條）兼營或者是電子票證發行機構（第40條）兼營電子支付業務者均屬之。

　　電子支付機構經營第3條第1項第2款業務，如電子票證發行管理條例與本條例之規定牴觸時，適用本條例。所以為同時兼做電子支付外又發行電子票證之機構時，應優先適用本條例，故本條例為電子票證之特別規定。

---

[29] 金融監督管理委員會金管銀票字第10440003620號函，電子支付機構得委託「便利商店業」代收使用者支付款項，並應建立支付款項帳務核對機制。繳款資料不得完整列示使用者個人資料，且每筆代收金額上限為新臺幣2萬元。

（二）電子支付機構收受使用者支付款項之範圍（第6條）

電子機構收受使用者支付款項之範圍如下：

1.代理收付款項：實質交易之金額、電子支付帳戶間款項移轉之資金，及已執行使用者支付指示，尚未記錄轉入收款方電子支付帳戶之款項。

2.儲值款項：使用者預先存放於電子支付帳戶，以供與電子支付機構以外之其他使用者進行資金移轉使用之款項。

由於電子支付機構能從事的業務包含收受消費者儲值、轉帳與匯款，幾乎與銀行具有相同的功能，因此較諸電子票證，對消費者影響更大，故對該機構有較高資本額之要求，即電子支付機構之最低實收資本額為新臺幣5億元；但僅經營代理收付實質交易款項者之最低實收資本額為新臺幣1億元（第7條）。此外本法具有對消費者保護之規定如下：

1.關於消費者儲值與轉帳金額之限制，消費者在非銀行的專營之電子支付機構，每一使用者之新臺幣及外幣儲值款項，其餘額合計不得超過等值新臺幣5萬元。消費者藉由非銀行的專營之電子支付機構辦理轉帳或匯款（包含新臺幣及外幣電子支付帳戶間款項移轉），每筆不得超過等值新臺幣5萬元（第15條）。

2.電子支付機構所收款項之管理

(1)專營之電子支付機構收取使用者之支付款項，應存入其於銀行開立之相同幣別專用存款帳戶，並確實於電子支付帳戶記錄支付款項金額及移轉情形（第16條第1項）。

(2)專營之電子支付機構收受新臺幣及外幣儲值款項合計達一定金額者，應繳存足額之準備金（第19條第1項）。

(3)專營之電子支付機構對於儲值款項扣除應提列準備金之餘額，併同代理收付款項之金額，應全部交付信託或取得銀行十足之履約保證（第20條第1項）。

(4)專營之電子支付機構對於支付款項，除有下列情形之一者外，不得動用或指示專用存款帳戶銀行動用（第21條）：

①依使用者支付指示移轉支付款項。

②使用者提領支付款項。

③依第2項至第4項所爲支付款項之運用及其所生孳息或其他收益之分配或收取。

專營之電子支付機構對於代理收付款項，限以專用存款帳戶儲存及保管，不得爲其他方式之運用或指示專用存款帳戶銀行爲其他方式之運用。

專營之電子支付機構對於儲值款項，得於一定比率內爲下列各款之運用或指示專用存款帳戶銀行運用：

(1)銀行存款。

(2)購買政府債券。

(3)購買國庫券或銀行可轉讓定期存單。

(4)購買經主管機關核准之其他金融商品。

專用存款帳戶銀行運用信託財產所生孳息或其他收益，應於所得發生年度，減除成本、必要費用及耗損後，依信託契約之約定，分配予專營之電子支付機構。

專營之電子支付機構對於運用支付款項所得之孳息或其他收益，應計提一定比率金額，於專用存款帳戶銀行以專戶方式儲存，作爲回饋使用者或其他主管機關規定用途使用。

（三）消費者身分確認機制之建立（第24條）

專營之電子支付機構應建立使用者身分確認機制，於使用者註冊時確認其身分，並留存確認使用者身分程序所得之資料；使用者變更身分資料時，亦同。

前項確認使用者身分程序所得資料之留存期間，自電子支付帳戶終止或結束後至少五年。

（四）對消費者資訊安全之維護義務及系統安全性之確保

專營之電子支付機構應確保交易資料之隱密性及安全性，並維持資料傳輸、交換或處理之正確性。

伍、關於金融消費者保護法之相關規定

　　對使用第三方支付、電子支付管理條例中之電子支付以及電子票證的消費者，是否屬於金融消費者抑或一般消費者，而分別適用金融消費者保護法或消費者保護法。消費者保護法所稱之消費，係指不再用於生產情形下之最終消費而言，而消費者購買各項金融商品，如債券、基金或衍生性金融商品而與金融機構簽訂金錢信託契約，主體分別爲「金融消費者」與「金融服務業」，其以金錢信託方式委託金融機構提供諮詢、推介及投資申購等服務。因此，金融消費者最終目的爲獲取與相當金錢利益之訊息後再行用於投資之用，其行爲與企業經營之概念相近，此與消費者保護法所稱之消費係指不再用於生產之概念未盡相符，是以並非最終消費行爲，從而無消費者保護法相關規定之適用[30]。所以消費者接受銀行所提供的各種金融服務，如存款、借款或匯款以及購買各種金融商品，均爲接受金融機關的金融商品或服務，而有金融消費者保護法之適用[31]。而金融科技下，非金融業者所從事的代收代付、儲值或匯款行爲同屬於一般銀行所提供之業務，故仍應有金融消費者保護法之適用。金保法係爲保護金融消費者權益，公平、合理、有效處理金融消費爭議事件，以增進金融消費者對市場之信心，並促進金融市場之健全發展而制定（金保法第1條）。該法所定金融服務業，包括銀行業、證券業、期貨業、保險業、電子票證業及其他經主管機關公告之金融服務業。此外，依金管會所公告之函釋亦將專營電子支付機構，視爲金保法第3條第1項之金融服務業[32]。

一、金融消費者保護法對消費者保護之主要規定

　　依金保法第7條規定，金融服務業與金融消費者訂立提供金融商

---

[30] 臺灣臺北地方法院101年度訴字第353號。

[31] 民國100年6月29日總統華總一義字第10000133861號令制定公布。

[32] 金融監督管理委員會金管法字第10400545920號。

品或服務之契約,應本公平合理、平等互惠及誠信原則。消費者與金融業者所定之契約爲定型化契約,應依金保法;金融服務業與金融消費者訂立之契約條款顯失公平者,該部分條款無效;契約條款如有疑義時,應爲有利於金融消費者之解釋。金融服務業提供金融商品或服務,應盡善良管理人之注意義務;其提供之金融商品或服務具有信託、委託等性質者,並應依所適用之法規規定或契約約定,負忠實義務。依據金保法之規定,消費者要買金融商品或接受金融服務時,業者主要對消費者負有下列義務:

(一)適合度之判斷

依金融消費者保護法第9條規定,金融服務業與金融消費者訂立提供金融商品或服務之契約前,應充分了解金融消費者之相關資料,以確保該商品或服務對金融消費者之適合度。金融服務業應充分了解金融消費者(Know Your Customer, KYC),爰於第1項規定其與金融消費者訂立提供金融商品或服務之契約前,應充分了解所需之客戶基本資料、財務背景、所得與資金來源、風險偏好及過往投資經驗等各種資料,據以評估適當性、建立風險管理機制,並遵循主管機關依不同金融消費者類型區別管理之法令。金融服務業提供金融商品或服務時,應確保該商品或服務對金融消費者之適合度(suitability)。所謂適合度,指金融服務業提供消費者金融商品或服務時,應有合理基礎相信該交易適合金融消費者,並應考量銷售對象之年齡、知識、經驗、財產狀況、風險承受能力等。其規範目的在防止金融業爲自己利益濫行提供金融商品或服務,不問是否符合消費者所需而損及消費者權益。

(二)說明義務

爲避免消費者在資訊不完整之情況下接受金融服務。依金保法第10條規定,金融服務業與金融消費者訂立提供金融商品或服務之契約前,應向金融消費者充分說明該金融商品、服務及契約之重要內容,並充分揭露其風險。

　　前項涉及個人資料之蒐集、處理及利用者，應向金融消費者充分說明個人資料保護之相關權利，以及拒絕同意可能之不利益；金融服務業辦理授信業務，應同時審酌借款戶、資金用途、還款來源、債權保障及授信展望等授信原則，不得僅因金融消費者拒絕授權向經營金融機構間信用資料之服務事業查詢信用資料，作為不同意授信之唯一理由。

　　第1項金融服務業對金融消費者進行之說明及揭露，應以金融消費者能充分了解之文字或其他方式為之，其內容應包括但不限交易成本、可能之收益及風險等有關金融消費者權益之重要內容；其相關應遵循事項之辦法，由主管機關定之。

　　金融服務業提供之金融商品屬第11條之2第2項所定之複雜性高風險商品者[33]，前項之說明及揭露，除以非臨櫃之自動化通路交易或金融消費者不予同意之情形外，應錄音或錄影。

　　至於第10條中所謂的說明該金融商品、服務及契約之「重要內容」，應依各類金融商品或服務之特性向金融消費者說明：

　　1.金融消費者對該金融商品或服務之權利行使、變更、解除及終止之方式及限制。

　　2.金融服務業對該金融商品或服務之重要權利、義務及責任。

　　3.金融消費者應負擔之費用及違約金，包括收取時點、計算及收取方式。

　　4.金融商品或服務有無受存款保險、保險安定基金或其他相關保

---

[33] 金管法字第10400546460號令，本法第11條之2第2項所稱複雜性高風險商品，其類型如下：（一）結算或比價期數超過三期且隱含賣出選擇權之衍生性金融商品或槓桿保證金契約。但不包括：1.結構型商品；2.交換契約（Swap）；3.多筆交易一次簽約，客戶可隨時就其中之特定筆數交易辦理解約之一系列陽春型選擇權（Plain vanilla option）或遠期外匯；4.其他經主管機關核定之商品類型；（二）連結結構型商品之投資型保單。但不包括連結到期保本率為計價貨幣本金百分之一百以上，且隱含買進選擇權之衍生性金融商品價值比率在百分之三以內之結構型商品。

障機制之保障。

　　5.因金融服務業所提供之金融商品或服務所生紛爭之處理及申訴之管道。

　　6.其他法令就各該金融商品或服務所定應定期或不定期報告之事項及其他應說明之事項。（金融服務業提供金融商品或服務前說明契約重要內容及揭露風險辦法第5條）

二、金融科技下關於金保法之適用

　　消費者使用平台進行網路借款或貸款，或者使用第三方支付、預付型之電子票證以及使用電子支付平台，進行代收代付、儲值或匯款等服務時，如何適用金融消保法上述之規定呢？

（一）一般借貸、網路借貸之情形──對借款者與貸與人（金主）與金保法之適用

　　無論平台屬於中介平台或者為網路銀行，當消費者透過平台申請貸款時，業者先依金保法第9條應先充分了解消費者之相關資料，以確保該商品或服務對金融消費者之適合度。即業者要盡到KYC原則，以評估借款人的信用及清償能力；進而再依金保法第10條對消費者進行風險告知與揭露。使消費者明白其借款之相關費用與利息、違約金等借款條件。至於消費者為放款行為的金主時，利用網路借貸平台放款時（平台只是居間不涉及放款交易），業者應秉持善良管理人之注意義務，有告知消費者放款風險之義務，由消費者評估是否出借。所以業者同樣要做到了解貸與人之情況，同時對其有說明義務。

（二）使用第三方支付、購買預付型之電子票證以及電子支付平台與金保法之適用

　　這三種交易中使用第三方支付平台時，對消費者而言較無風險，雖第三方支付業者所為屬於銀行法中的代理收受交易款項，而暫時保管價金，但依第三方業者與實質交易之出賣人間委任之內部關係處理

即可，似無金保法適用之必要，但電子支付機構以及發行電子票證之機構，消費先有儲值之情形然後消費，也就是不以消費者已經發生實質交易爲必要，如同將金錢存放在銀行帳戶般，雖然依法此類機構僅作爲小額儲值之用[34]，業者關於消費者適合度的了解似無需要；但仍須由業者告知金融消費者對該金融商品或服務之權利行使、變更、解除及終止之方式及限制，以及收受的儲值款項有無受存款保險、保險安定基金或其他相關保障機制之保障。此外，亦須告知消費者此類金融服務發生紛爭時處理及申訴管道爲何。

陸、結語

　　我國銀行法第1條規定：爲健全銀行業務經營，保障存款人權益，適應產業發展，並使銀行信用配合國家金融政策，特制定本法。

　　透過銀行法之立法目的可得知，銀行之經營攸關存款人之權益，具有重要公益性質，因此爲主管機關所高度監理以確保存款人之權益。在金融科技之風潮下，非金融業欲從事如同銀行的存匯款行爲時，主管機關秉持保護存款者或消費者之權益，對之採取類似之管理模式，作爲維護消費者財產安全之方式。綜觀上述，我國對於第三方支付與電子支付以及以預付型交易爲主的電子票證之規範，無論發行機構是否爲金融機構，均以專法規範，並透過主管機關對發行者之監督機制，達到保護消費者之目的。因此歸納出我國法在金融科技之風潮下，綜合銀行法以及相關支付的法制，以及消保法、金融消保法中對於定型化契約應記載及不得記載事項，對消費者保護主要規範的之立法模式分成二類：

---

34 電子票證第13條第1項：本條例所定電子票證之儲存金額，不得超過新臺幣1萬元。電子支付第15條第1項：專營之電子支付機構收受每一使用者之新臺幣及外幣儲值款項，其餘額合計不得超過等值新臺幣5萬元。

一、以業法作為規範業者之組織與行為達成保護消費者財產之安全

（一）業者負有維護安全網路系統之義務。

（二）要求業者對商品、服務及交易紀錄有保存義務。

（三）對消費者資訊揭露義務。

（四）業者對消費者個人資料之保密與保存義務。

（五）侵害消費者權益之行為應採取必要之措施。

二、以消費者保護法及金融消費者保護法規定保護資訊弱勢之消費者

消保法關於定型契約之規定（消保法第11條至第17條），以及金融消費者保護法中的適合度以及說明義務的規定，都是在高度化、專業化的交易環境中為維護消費者權益所制定。使消費者不致因資訊的落差而受到業者以其專業上的優勢對消費者為欺瞞、隱匿等不誠實的行為，而謀取其商業利益。此外，由相關主管機關依據消保法第17條制定之各種定型化契約應記載及不得記載事項，亦可作為在相關立法前維護消費者權益之手段。

三、五花八門的商業模式下的因應之道—金融監理沙盒

上述以業法作為保護消費者權益之立法模式，與傳統對銀行等金融業之模式相當。但在鼓勵業者創新的前提下，過於嚴謹僵化的規範可能須做適當的調整與鬆綁。雖銀行法第22條規定銀行不得經營未經中央主管機關核定經營之業務，原則上，除銀行外其他行業都不能從事關於銀行之業務[35]。但為了配合金融科技之發展，增訂了銀行法第

---

[35] 所謂銀行之業務，依據銀行法第3條：1.收受支票存款；2.收受其他各種存款；3.受託經理信託資金；4.發行金融債券；5.辦理放款；6.辦理票據貼現；7.投資有價證券；8.直接投資生產事業；9.投資住宅建築及企業建築；10.辦理國內外匯兌；11.辦理商業匯票承兌；12.簽發信用狀；13.辦理國內外保證業

22條之1、電子票證第5條之2，以及電子支付第3條之1[36]。

　　依金融科技發展與創新實驗管理條例[37]，對以科技創新或經營模式創新方式從事屬於需主管機關許可、核准或特許之金融業務實驗，協助創新實驗之申請，並以專業方式審查及評估創新實驗之可行性及成效，如同在實驗室進行方式，先不受現行法規之規範[38]，主管機關參酌創新實驗之辦理情形，進行一段時間之實驗後[39]，由主管機關進行檢視該創新實驗計畫，如其具有創新性、能有效提升金融服務之效率、降低經營及使用成本或提升金融消費者及企業之權益者，將檢討

務；14.代理收付款項；15.承銷及自營買賣或代客買賣有價證券；16.辦理債券發行之經理及顧問事項；17.擔任股票及債券發行簽證人；18.受託經理各種財產；19.辦理證券投資信託有關業務；20.買賣金塊、銀塊、金幣、銀幣及外國貨幣；21.辦理與前列各款業務有關之倉庫、保管及代理服務業務；22.經中央主管機關核准辦理之其他有關業務。

[36] 電子票證第5條之2：為促進普惠金融及金融科技發展，不限於電子票證發行機構，得依金融科技發展與創新實驗條例申請辦理電子票證業務創新實驗。前項之創新實驗，於主管機關核准辦理之期間及範圍內，得不適用本條例之規定。電子支付第3條之1：為促進普惠金融及金融科技發展，不限於電子支付機構，得依金融科技發展與創新實驗條例申請辦理電子支付機構業務創新實驗。前項之創新實驗，於主管機關核准辦理之期間及範圍內，得不適用本條例之規定。主管機關應參酌第1項創新實驗之辦理情形，檢討本條例及相關金融法規之妥適性。

[37] 民國107年1月31日總統華總一義字第10700012031號。

[38] 金融科技發展與創新實驗管理條例第8條第4項：主管機關於第1項核准創新實驗時，得採取下列措施：1.調整或變更實驗計畫之內容；2.限定參與者之資格條件；3.其他附加條件或負擔；4.於實驗期間內，排除特定法規命令或行政規則之適用。

[39] 金融科技發展與創新實驗管理條例第9條第1項：主管機關核准辦理創新實驗之期間以一年為限。申請人得於該創新實驗期間屆滿一個月前，檢具理由向主管機關申請核准延長；延長以一次為限，最長不得逾六個月。但創新實驗內容涉及應修正法律時，其延長不以一次為限，全部創新實驗期間不得逾三年。

本法及相關金融法規之妥適性[40]。

上述之規定係為促進金融科技發展,使非金融業但要從事相關業務時,得依金融科技發展與創新實驗條例申請辦理銀行業務創新實驗,在法律尚未明文規定其合法與否前的過渡期間內,鼓勵業者創新活動,作為往後是否開放以及是否納入管理或規範之參考。

四、純網銀[41]之開放與展望

金管會為因應銀行數位化服務之發展趨勢,並鼓勵金融創新、深化金融普及與滿足消費需求,經參考國際純網路銀行(internet-only bank)經驗,於107年4月26日發布開放設立純網路銀行之政策;於今年(108年)7月30日公布發出三張純網銀執照[42]。這將是繼三十年前開放新銀行後,再度發出新銀行執照且是無實體分行,意味著讓科技業、零售業等非金融業加入金融服務業。純網銀雖然沒有實體分行,但能進行所有傳統銀行業務,有別於一般傳統銀行更能透過異業結盟打造其生態圈,刺激金融服務創新[43]。因純網銀所有服務都在網路上進行,消費者可二十四小時享受金融服務,再也不用特地跑銀行。然而,純網銀一樣也可能面臨交易數據被竄改、網路詐騙等資安以及消

---

[40] 金融科技發展與創新實驗管理條例第17條:主管機關應參酌創新實驗之辦理情形,辦理下列事項:1.檢討研修相關金融法規;2.提供創業或策略合作之協助;3.轉介予相關機關(構)、團體或輔導創業服務之基金。主管機關認需修正相關金融法律時,至遲應於創新實驗屆滿後三個月內,完成相關金融法律之修正條文草案,並報請行政院審查。

[41] 係指沒有實體分行,所有金融服務都透過網路或行動通訊進行。

[42] 三家純網銀分別是:以中華電信為首的未來銀行、以LINE為首的LINE Bank,以及以日本樂天銀行為主的樂天國際商銀。關於這三家網銀之分析介紹請詳閱,「網銀開打,把錢變大」,商業週刊,第1632期,2019年2月25日至3月3日,頁72-80。

[43] 例如LINE Bank以LINE社群為主軸做轉帳、分帳與收付款,並結合旅遊服務,將金融服務與叫車結合等。詳參「純網銀放榜 央行:審慎評估影響」,聯合報,2019年7月31日A5(記者沈婉玉、戴瑞瑤、邱金蘭/臺北報導)。

費者個資保護之問題。同時因為少了實體分行，與客戶無法面對面交流，如何建立一般人對於此種虛擬銀行的信任，以及消費者發生交易糾紛時，如何得到解決，也是純網銀今後可能面臨之困境。由於現行法令及相關自律規範有需配合未來純網銀設立營運及數位銀行業務發展而調整者，金管會已著手進行檢討，將分階段完成。[44]從上述實務之發展，都可顯現出在FinTech下，金融業生態以及主管機關心態逐漸在改變；然而不變的是，無論是傳統銀行或純網銀都需要取得消費者之信賴才能屹立不搖；故除了監理面的問題外，消費者權益如何維護更攸關純網銀將來能否生存下來的關鍵因素。

表5-1　各種支付方式之比較

	第三方支付	電子票證	行動支付
實例	PayPal	多功能：悠遊卡、一卡通 單功能：各種禮券、商品券	Apple Pay、LINE Pay、街口支付、Pi 錢包、Gomaji Pay
方式	限對已經發生之實體交易進行代收代付	不以已經發生實體交易為必要，可以儲值後消費，但無法在不同主體間進行轉帳（發行機構發行記名式電子票證，符合一定條件者，得依持卡人指	代收代付、儲值、轉帳，功能最多；對已發生的實體交易為代收代付，對未發生之交易進行儲值，即儲值後消費；可以在不同主體間進行轉帳

---

[44] 金管會初步就與純網銀設立有關之二項法令「商業銀行設立標準」（下稱設立標準）及「商業銀行轉投資應遵守事項準則」（下稱轉投資準則），研提部分條文修正草案。主要修正重點及設立純網銀之重要事項與相關資料請參閱金管會網頁，https://www.fsc.gov.tw/ch/home.jsp?id=96&parentpath=0,2&mcustomize=news_view.jsp&dataserno=201808160004&aplistdn=ou=news,ou=multisite,ou=chinese,ou=ap_root,o=fsc,c=tw&dtable=News。

表5-1 各種支付方式之比較（續）

	第三方支付	電子票證	行動支付
		示，將儲存於記名式電子票證之款項移轉至同一持卡人之電子支付帳戶）	
主管機關	經濟部	金管會	金管會
相關法規	第三方支付服務定型化契約應記載及不得記載事項	多功能：電子票證發行管理條例 單功能：零售業等商品（服務）禮券定型化契約應記載及不的記載事項	電子支付機構管理條例

資料來源：筆者自行繪製。

表5-2 各種電子支付之法律關係之比較

第三方支付	電子票證	行動支付
對業者為低度管理	視為金融業高度監理	視為金融業高度監理
對已發生之交易清償、消費者風險低	為預付型交易對消費者風險高	對已發生之交易清償＋預付型交易
消費者與業者間為委任關係	儲值為消費寄託	儲值為消費寄託；匯款轉帳為雙重委任關係

資料來源：筆者自行繪製。

|第六章|
區塊鏈技術與應用解析

溫演福

本章針對區塊鏈技術與應用發展進行討論。討論內容包括：區塊鏈發展的現況、技術原理和挑戰、應用領域解析，以及帶來產業界和生活上的影響。透過技術演進的說明，將發現區塊鏈不單只是應用於比特幣等加密虛擬貨幣，它將延伸應用於各個領域，只要具有記帳、歷程，以及權證等需求，都可以運用區塊鏈這項技術。而於應用其他領域的同時，融入虛擬貨幣作為支付使用，將影響人們生活的片片面面。然而，「水能載舟，亦能覆舟」，使這項技術面臨許多挑戰與影響，就讓我們進一步分析與探討吧！

壹、區塊鏈的誕生

區塊鏈（Blockchain）的產生不是一朝一日，很重要的里程碑是2009年中本聰（Satoshi Nakamoto）發表在網路上的一篇論文，這篇論文起因於以美國聯邦儲備銀行以及許多國家中央銀行所進行量化寬鬆（Quantitative Easing, QE）政策，大量發行貨幣以影響經濟發展方向，不滿於政府以大量發行貨幣來干涉經濟活動，中本聰發布區塊鏈這項研究成果，同時也創造了比特幣（Bitcoin），以應用於行動支付。

區塊鏈與比特幣，標榜以信任網際網路（Internet）而不信任中央銀行（central bank）為設計理念的支付機制，區塊鏈結合網路分散式處理共用帳本，它延伸原本只信任特定一個機構的第三方支付（third party payment）概念，改以共識決（consensus decision）的方式，來信任廣域分布網路上彼此都不信任的主機，透過這些主機層層的認證與驗證，進而達到去中心化（decentralization）的目的[1]。

---

[1] Nakamoto, Satoshi, (24 May 2009). "Bitcoin: A Peer-to-Peer Electronic Cash System" (PDF). Archived (PDF) from the original on 20 March 2014. Retrieved 15 Jul. 2019; Nakamoto, Satoshi, (31 October 2008). "Bitcoin P2P e-cash paper". Archived from the original on 28 December 2012. Retrieved 15 Jul. 2019; Wang, W.,

以比特幣應用為例，比特幣的發行是由冷酷的電腦來決定，而非特定的人或機構來決定，它仿造人類過往貨幣建構在黃金存量的基準之上，有多少黃金存量即發行多少貨幣，在地球黃金資源有限之下得以控制貨幣的發行量。依此，比特幣的產生也是由複雜的數學運算之下，以稱為礦工（miner）的主機，透過解決複雜的數學認證之後，才得以產生一塊比特幣。

自然界中，黃金等貴金屬礦產會越挖越少，比特幣的挖礦也採取類似的設計，隨著已挖出的比特幣貨幣量增加，每次挖礦可產生的比特幣也會跟著遞減，而且有一個可挖出的累積總數量（上限2,100萬枚）。比特幣依此設計，來對應現實環境的黃金存量機制，一來達到去中心化之目的，去除人為因素干擾，二來回復到過往貨幣發行的穩定性，避免再次發生量化寬鬆（QE）的人為干擾。

一、資安技術的整合應用

區塊鏈是許多研發人員長期在各技術領域理論與實務累積之下所彙集而成，它仰賴密碼學（cryptography）上的種種加密與認證（authentication）技術[2]，整合現有網路傳輸與分散式處理的許多機制，亦整合各項資料庫與程式開發而成。與其說區塊鏈是中本聰所為，倒應說是他整合了過往以來所累積的資訊安全研究成果，包括：同步與非同步加密技術的應用，進而取得線上主機間的共識、區塊與

Hoang, D. T., Hu, P., Xiong, Z., Niyato, D., Wang, P., Wen, Y. & Kim, D. I., (2019). A survey on consensus mechanisms and mining strategy management in blockchain networks. IEEE Access, 7, 22328-22370.

[2] 邱真智，利用區塊鏈技術建立畫作之電子證書，碩士論文，國立台北科技大學資訊與財金管理系碩士班，2017年。Massias, H., Avila, X. S., & Quisquater, J. J., (1999). Design of a secure timestamping service with minimal trust requirement. In the 20th Symposium on Information Theory in the Benelux; Merkle, R. C., (1980, April). Protocols for public key cryptosystems. In 1980 IEEE Symposium on Security and Privacy, pp. 122-122.

區塊之間的鏈結、分散儲存相同版本的交易技術，以及公開透明的線上查詢等。

二、大量且重複傳輸和運算

區塊鏈技術的特點之一是大量且重複傳輸和運算相同資料集[3]，分散有助於降低單一傳輸攻擊、單一網路，以及單一主機的瓶頸，建立複本儲存遍布於網際網路上的主機，以強固被攻破的難度，進而達到去中心化之目的[4]。依此，區塊鏈的技術重點包括：如何依網路和處理運用負載平衡（load balancing）和適度合併傳輸與處理的概念，進一步發展網路和處理隨機分層傳輸與分散處理的方法。

此處的分層，是將現有單一傳播（unicast）之單層廣播，轉為分散多層群播（multi-level multicast），以降低核心網路的負載。隨機分散是為了時間與空間上的分散，於選取轉傳節點的過程中即容入區域隨機選取節點，且在給定的時間或次數內不重複選取相同轉傳節點，以期達到資訊安全之下，增進系統和網路運作的效能。

區塊鏈處理主要有三項工作：（一）中介礦工處理交易協調；

---

[3] Tschorsch, F., & Scheuermann, B., (2016). Bitcoin and beyond: A technical survey on decentralized digital currencies. IEEE Communications Surveys & Tutorials, 18(3), 2084-2123.

[4] Nakamoto, Satoshi, (24 May 2009). "Bitcoin: A Peer-to-Peer Electronic Cash System" (PDF). Archived (PDF) from the original on 20 March 2014. Retrieved 15 Jul. 2019; Nakamoto, Satoshi, (31 October 2008). "Bitcoin P2P e-cash paper". Archived from the original on 28 December 2012. Retrieved 15 Jul. 2019; Tschorsch, F., & Scheuermann, B., (2016). Bitcoin and beyond: A technical survey on decentralized digital currencies. IEEE Communications Surveys & Tutorials, 18(3), 2084-2123; Wenli Yang, Erfan Aghasian, Saurabh Garg, David Herbert, Leandro Disiuta, Byeong Kang, "A Survey on Blockchain-Based Internet Service Architecture: Requirements, Challenges, Trends, and Future," IEEE Access, Vol. 7, pp. 75845-75872, May 2019.

（二）交易處理會期監控；（三）交易資料分散寫入區塊鏈[5]。

工作（一）處理請求所對應爲交易的規格，例如：比特幣交易、音樂內容授權合約[6]等，依此規格描述指派或是選擇成本最低的遞送主機回應使用者請求。

工作（二）確保交易是被正確執行的，依服務規格描述，每一個參與者依所扮演的角色傳送所需服務之證明〔如：工作量證明（Proof-of-Work, PoW）〕予區塊鏈中，例如：以數位簽章（digital signature）來驗證實際執行的傳輸，一旦通過所有驗證，則完成這項交易，反之則反。

工作（三）依礦工之間的競爭之下，處理完一個區塊時即廣播（broadcast）予系統中的其他礦工，之間分散廣播處理寫入帳本中[7]。

三、區塊的產生與傳輸的資料

就資訊安全的運作需求，區塊的產生是依系統處理的速度來決定，但也因採用不同的演算法和難題，使處理速度慢的主機有機會勝出，哪一台主機最早處理完成區塊，即將所產生的區塊分散至網路中有儲存帳本的裝置之中[8]，廣播的來源節點也是隨機產生，以確保安全，讓駭客（hacker）難以找到進攻目標。這種不斷轉移的方式，在節點分散得越多之下，將使駭客更難找到標的進攻。

5　同註3。

6　Huynh, T. T., Huynh, T. T., Pham, D. K., & Ngo, A. K., (2018, October). Issuing and Verifying Digital Certificates with Blockchain. In 2018 International Conference on Advanced Technologies for Communications (ATC), pp. 332-336.

7　Herbaut, N., & Negru, N., (2017). A model for collaborative blockchain-based video delivery relying on advanced network services chains. IEEE Communications Magazine, 55(9), 70-76.

8　同註3。

所傳輸的資料類型也包含二個主要類型：1.認證資料；2.交易或是應用資料。認證過程運用非對稱加密（asymmetric encryption）技術[9]以拉長破解時間，在有限時間之內，相關的交易資料也將寫入區塊鏈之中，以運用雜湊法（hashing）和時間標記（timestamp）[10]來將多筆交易紀錄轉變為另一個類型的資料，這種資料處理以使認證資料不可逆（irreversible），進而達到資料不可竄改的目的，針對這些資料，再由鏈與鏈之間進行雜湊處理，並且同步這些資料。處理時間越短，則遭受到攻擊的機率就越低。此外，站在即時交易之需求，鏈與鏈的回應時間也是一項挑戰，特別是要在這麼多節點之間進行認證與同步，處理和傳輸速度都需要有更好的技術來提升。

四、共識機制

最早被使用的區塊鏈共識機制是工作量證明，這個設計讓區塊鏈的運作得以具體落實。工作量證明的設計，由所有礦工各自努力以解答複雜的密碼學問題，成功解答者將得到工作量證明作為獎勵，該被處理的區塊亦會加入到區塊鏈之上。

由於區塊鏈認證資料採用的工作量證明（PoW）需要通過門檻值運算，這之間需要即時運算，且回傳結果，由於隨著認證節點數增加，所需傳輸與處理的時間也較長，於產生交易或是驗證（verify）過程中，需要這些驗證後的資料作為認證，若能事先將需要的區塊鏈認證傳到靠近使用者的主機，將有助於提升處理速度，可是建構在靠近使用者的近端處理主機裝置之微雲（cloudlet）的處理和儲存容量有限，我們需要過濾適用於邊際運算（edge computing）之虛

9　Merkle, R. C., (1980, April). Protocols for public key cryptosystems. In 1980 IEEE Symposium on Security and Privacy, pp. 122-122.

10　Massias, H., Avila, X. S., & Quisquater, J. J., (1999). Design of a secure timestamping service with minimal trust requirement. In the 20th Symposium on Information Theory in the Benelux.

擬處理，以直接提供交易處理用。依此，我們需要一套預先虛擬化（virtualization）處理於靠近用戶端的機制；此外，也考量使用者移動而需要進一步依給定不同條件所執行的虛擬主機移轉（migration）處理[11]。

於建立共同帳本的過程中，所產生的區塊（block）鏈結到現有區塊鏈時，最快產生區塊的主機，需要廣播予網路中需要儲存此區塊的其他節點，在現有網際網路協定TCP/IP不支援群播（multicast）機制之下，所執行的單一傳播（unicast）將使得網路大量重複傳輸相同的資料封包，因此區塊鏈技術需要處理如何運用軟體定義網路（Software Defined Networking, SDN）以改善網路資源利用，以減少所需傳輸的網路流量，並且提升網路傳輸效能和完成時間[12]。

五、區塊鏈可運用於眾多場域

區塊鏈除了應用於比特幣之外，亦有許多現有區塊鏈變形的虛擬貨幣不斷被生成出來，乙太仿（Ethereum）所發行的乙太幣（Ether）即為一例，許多運用區塊鏈特性的應用也不斷被開發出來，區塊鏈目前發展的版本為：區塊鏈1.0之數位貨幣、區塊鏈2.0之智能合約（smart contract），以及區塊鏈3.0之結合人工智慧（Artificial Intelligence, AI）與物聯網（Internet of Things, IoT）[13]。

比特幣為1.0數位貨幣版本的典型代表，它用於行動支付等交易所需運行的貨幣轉移、不得重複使用、認證等機制。

---

[11] Liu, H., Eldarrat, F., Alqahtani, H., Reznik, A., De Foy, X., & Zhang, Y., (2017). Mobile edge cloud system: Architectures, challenges, and approaches. IEEE Systems Journal, 12(3), 2495-2508.

[12] 同註7。

[13] Srivastava, A., Bhattacharya, P., Singh, A. and Mathur, A., (2018). "A Systematic Review on Evolution of Blockchain Generations," International Journal of Information Technology and Electrical Engineering, 7 (6), 1-8.

諸如金融、醫療、農業、保險等產業可運用區塊鏈2.0之智能合約區塊鏈，以將制定的合約條款與條件，透過平台來執行，以事件趨動的方式來執行程式，且依所記錄的內容來執行合約內容。

在人工智慧與物聯網的發展之下，區塊鏈3.0結合這些技術以擴展延伸應用，透過物聯網的資料蒐集，再結合人工智慧，來進行智能合約。藉由生物識別、物聯網，以及區塊鏈技術，來記錄使用者身分證資料和旅遊證件，再透過第三方認證的方式，來提供不同領域對檢查單位之去識別化檢查服務，以減少個人資料在不同平台留下紀錄的問題。

貳、區塊鏈運作原理

區塊鏈的運作是由原本只相信單一第三方，改變為相信多重第三方，而這些來自四面八方的主機加入認證與驗證功能，以維護整個區塊鏈的應用歷程。這些區塊鏈（例如：比特幣或是生產履歷應用）所產生的資料，即透過加入驗證的主機來維持資料一致性，例如：世界自然基金會（World Wildlife Fund, WWF）追蹤鮪魚供應鏈[14]，過程與現有銀行體系所進行的二次寫入的交易管理（transaction management）類似，這些交易會在過程中，傳送給所有挖礦主機進行第一次寫入暫存區，他們驗證的方式是將這些使用者的交易紀錄予以打包成區塊，再於二次寫入的過程中，透過相關系統進行共識決（consensus decision）[15]判定此交易資料的正確性，依此加入區塊處理的同時，與前一區塊容入時間戳記與交易內容一併雜湊，以達到不可竄改的目的。

---

[14] New Blockchain Project has potential to revolutionize seafood industry with URL https://www.wwf.org.nz/what_we_do/marine/blockchain_tuna_project/.

[15] 同註2。

　　然而，不可竄改的設計亦可能造成一旦錯誤的資料寫入之後無法修改回來，這可以透過不同的版本和交易紀錄來改善。若是寫入錯誤的資料亦可能誤導事實，以追蹤鮪魚區域鏈爲例，雖然每隻打上的鮪魚有加上衛星定位資料一起寫入，可是剛上岸的鮪魚有可能是海上交易的鮪魚，此時加入定位資料亦無法反映是合法打撈或是非法打撈，這仍待進一步提出解決實體環境與輸入資料一致性之相關方案。

一、設計理念

　　區塊鏈技術是運用密碼學原理，於分散各處的礦工來執行網路資料儲存、驗證、傳遞，以及交流等功能，它不僅運用加密和雜湊（hashing）方法打包一組交易，也將區塊與區塊之間串連起來，以讓資料修改隨著鏈的增長，變得更不容易被竄改，在這種設計下，一塊區塊扣著一塊區塊，以構成連鎖反應，修改其中一項，將影響前、後一連串的區塊，使這些區塊都因此需要隨之修改。加上不可逆的特性，使得竄改資料成爲難解的問題。

　　在區塊與區塊之間所構成的鏈狀結構也與時間戳記（timestamp）[16]相結合，以結合於特定時刻與事實發生的前提下，來進行雜湊運算，不僅強化了區塊本身，區塊與區塊之間形成可追溯性，目的是要建構安全、保密、獨立、可稽核，且開放的交易系統，各項設計理念描述如下：

　　（一）安全性：區塊鏈運用加密技術、雜湊函數、時間戳記，以及共識決等來達到資料有效性，亦無法輕易地對已記錄的資料進行修改，要進行修改得要在共識決過程中掌握超過半數[17]，一旦決定寫入

[16] Massias, H., Avila, X. S., & Quisquater, J. J., (1999). Design of a secure timestamping service with minimal trust requirement. In the 20th Symposium on Information Theory in the Benelux.

[17] Wang, W., Hoang, D. T., Hu, P., Xiong, Z., Niyato, D., Wang, P., Wen, Y. & Kim, D. I., (2019). A survey on consensus mechanisms and mining strategy management in blockchain networks. IEEE Access, 7, 22328-22370.

區塊要修改，將受到鏈與鏈之間的限制，鏈越長所要修改的連鎖反應將更加困難。

（二）保密性：各使用者可以運用雜湊函數來進行資料驗證，使用者或是礦工可以匿名方式來執行點對點資料傳送，依此交易資料是透明的，但是個人資料卻是可以保密的。

（三）獨立性：區塊鏈系統設計具有自動化處理的能力，以達去中心化的目的，在不需要中心控管或是協力廠商介入即可運作相關應用，透過礦工運算以找出符合規則的亂數，進而獲取交易紀錄的權力，再由其他礦工即時驗證，這些都是由分散在網際網路上的主機所完成的。

（四）可稽核性：相關交易與區塊都包含有時間戳記，於結合事實的情境下，建立具可追溯機制。

（五）開放性：區塊鏈技術的相關程式採取開源的方式，任何人都可以檢視相關運作過程。此外，除了個別訊息被加密之外，所有交易資料均開放，可以透過公開的介面來查詢。

二、共識決方法

於累積到一定的交易量時，再進行第二次真正永久寫入區塊鏈之中，目前有許多諸如工作量證明（PoW）、權益證明（Proof-of-Stake, PoS）[18]等各種方法，進行二次寫入認證處理，這些方法的比較列如表6-1所示。

---

[18] Nguyen, C. T., Hoang, D. T., Nguyen, D. N., Niyato, D., Nguyen, H. T., & Dutkiewicz, E., (2019). Proof-of-stake consensus mechanisms for future blockchain networks: Fundamentals, applications and opportunities. IEEE Access, 7, 85727-85745.

表6-1　各種共識決方法之比較

方法	特性	缺點	適用性
PoW	已驗證且執行於現行網際網路之中，具主要特性包括： • 為最安全的公有鏈共識機制。 • 運作機制相較簡單容易實行。 • 相對公平的挖礦機制（也就是加密貨幣的產生與分配）。	全球運作一套的方法使得傳輸與處理上構成主要缺點，包括： • 由於採算力競爭模式，消耗大量能源。 • 區塊清算共識決的處理時間較長。 • 可能產生鏈分叉，需要等待多個確工確認認才能完成交易。 • 延展性弱，可能出現更長鏈來取代當前帳本，但實際上六個區塊確認後其機率已趨近於0。	適用於全球網域的數位貨幣，例如：比特幣、乙太幣等。
PoS	為改善PoW之算力競爭而造成耗用大量資源，改以委員會制的方式來決定哪一個礦工有記帳權。 • 不須算競爭算力，因此低耗能。 • 相較於PoW，同樣規模的硬體預算，可保護更多的鏈上資產。	• 某程度的集中化，有可能產生弊端。 • 做壞事的代價很低，沒有懲罰機制。 • 執行PoS需要搭配其他機制來逆免雙重支付問題（double spending，同一筆數位貨幣可以被花用兩次以上），運作機制相對模糊。	Dash (DASH), Neo (NEO), PivX (PIVX)
DPoS	類似於民主的代議制度，它先通過權益證明選出記帳者（驗證節點），卻也使得運作更為集中化。 • 縮小參與驗證節點的數量，大幅提高共識速度。	• 必須依賴加密貨幣，然而現今區塊鏈聯盟鏈中許多情況並不存在加密貨幣。	Lisk (LSK), Ark (ARK), Rise (RISE)

資料來源：整理自 https://ictjournal.itri.org.tw/Content/Messagess/contents.aspx。

　　站在資源配置的角度來看，區塊鏈的共識決方法，具有以下幾個主要因素[19]：

1. 歷程資料重複分散儲存於網路節點。
2. 自動化隨選資源使用。
3. 大量資料傳輸。
4. 提升資源追蹤使用之服務品質（Quality of Service, QoS）。

　　網路設計需求仰賴可調性、可用性，以及分散性等，依此特性選擇分散於靠近使用者端的微雲（cloudlet）主機，這將比集中於資料中心（data center）要來得適用於分散驗證和帳本儲存，微雲為建構於電信網路各基地台或是遠端無線電端（Remote Radio Head, RRH），RRH主要是提供訊號處理功能且依根基於雲端的無線接取網路（C-RAN）之數位處理來執行無線傳輸功能[20]，這樣有助於就近提供使用者端所需服務，可是對於需要大量區塊和認證資料同步之效能改善仍屬於開放議題。因此，如何運用資源管理以增進控制器近似最佳化處理來提升區塊鏈運作效能為一重要議題。

　　然而，不論採取哪一種網路處理機制，都將因資料廣播（broadcast）予所有礦工而耗費資源與傳輸延遲，特別是礦工數量多時，不僅耗費時間在處理區塊記帳權競爭以獲報酬，傳播完成的區塊到每一個礦工亦是耗時。因此，許多改善的區塊鏈方法包括：拜占庭容錯算法（Practical Byzantine Fault Tolerance, PBFT）、權益證明（Proof-of-Stake, PoS）、希臘城邦算法（Paxos / The Part-Time Parliament），以及權益委託證明（Delegate Proof-of-Stake,

[19] Sharma, P. K., Chen, M. Y., & Park, J. H., (2017). A software defined fog node based distributed blockchain cloud architecture for IoT. IEEE Access, 6, 115-124; Baliga, J., Ayre, R. W., Hinton, K., & Tucker, R. S., (2010). Green cloud computing: Balancing energy in processing, storage, and transport. Proceedings of the IEEE, 99(1), 149-167.

[20] Gupta, A., & Jha, R. K., (2015). A survey of 5G network: Architecture and emerging technologies. IEEE Access, 3, 1206-1232.

DPoS）[21]。改善方法眾多，在本文中，我們將只簡要介紹最初的設計：工作量證明，以及權益證明、權益委託證明這些改善方法。

（一）工作量證明

區塊鏈最早設計的共識決方法是工作量證明（PoW），在這種共識決設計機制下，每一個主機都有機會獲得記帳權，所有加入挖礦的主機進行算力（computing power）競賽，看哪一台主機最先處理完所累積未鏈入的交易區塊，透過複雜的橢圓曲線演算法（elliptic curve cryptography）來計算完成，即可將此區塊送予所有其他礦工，這些挖礦功能所處理複雜的數學問題，亦是維護交易的完整性不可竄改的主要功能。

（二）權益證明

權益證明（PoS）的方法是採委員會選擇的機制來決定下一個區塊記帳權，每位委員的權重都一樣，讓登記的礦工取得委員的票選，依照取得記帳權的順位，第一順位的礦工將現有交易打包成區塊，再傳送予所有委員進行驗證，當取得半數以上的委員同意時，即代表這個區塊可以加入區塊鏈中，亦即轉送予所有礦工和委員寫入共用帳本。但需於給定的時間ti完成打包、驗證，以及共識回傳，若超過時間ti，則委由下一順位來進行區塊處理，依此類推直到完成一個區塊再進入下一個循環。如此不需與其他的礦工相競爭，可以省去所有礦工都需要忙於處理區塊工作，亦省去網路以單點傳輸的方式予所有礦工來進行驗證，然而每一筆交易仍需要傳送予每個礦工和委員。

（三）權益委託證明

權益委託證明（DPoS）為延伸權益證明（PoS）方法，主要是權益的比重依各委員所具有的權限來進行投票，權重越高的委員具有較高的決策權，來決定下一輪的哪一個礦工將取得第一順位進行記帳

---

21 同註17。

處理，如此以較少的委員進行驗證，以更為提升系統效能[22]。若此權益過於集中於某些委員，則原本分散式處理的機制將趨於集中化，所以，權益的分配將依不同的應用來平衡系統與網路資源與分散式處理，例如：私有鏈應用。

三、共用帳本傳輸問題與方法

這種運算方式很仰賴每一台主機的算力，在主機處理方面，耗損主機也耗電，造成資源最為浪費的地方是最後只有一台或是一組共同合夥的主機得以勝出，這促使每台或是每組主機被不斷擴充，以取得更高的獲勝機率。但也只有一台或一組主機能獲勝，這表示其他主機花費了資源卻白算了；即使於執行共識決時也需要再執行一次，但是每一台或一組主機所包含於正在形成區塊的交易集合不一定相同，致使收到了來自其他主機的區塊之後，需要驗證的區塊比對也需要加入重新計算，而無法延用。

在網路傳輸方面，亦造成大量資源浪費，共用帳本意謂每台主機都要存放一份版本相同的區塊鏈紀錄，這表示越多主機加入所要寫入的複本就越多，依此每一筆交易或每一個區塊被產生時，即要傳送予所有的礦工，以達到去中心化的目的，這設計具有高度安全性。可是每一個區塊大小為數MB（Mega Bytes），在分散式環境中執行區塊寫入權競爭過程中，有可能同時有二台或二組主機所產生的區塊被記錄下來，這意謂同一時期產生的區塊被傳送了二次，若能以廣播的方法，一次傳輸即讓多個主機同時收到，或是現有主機具有轉送的功能，則可省去區塊重複傳送的問題，可是現有網際網路（Internet）的運作原理是不支援群播（multicast）功能的，而是以單一傳播（unicast）的方式來進行，這意謂著要將一個區塊傳給所有礦工，將隨著礦工數增加而使重複傳輸的次數增加，並且耗費大量的網

---

[22] 同註17。

路頻寬。

除此之外，各礦工並非設置於區域網路（Local Area Network, LAN）之中，而是分布在全球各個地區，所要傳送距離將於跨國、跨州之廣域網路上進行，如何在這麼大範圍且龐大的主機進行資料同步以提升傳輸效率即成為一項重要議題。然而，這是分散式全球同步處理必然面對的問題，站在應用程式角度，可以由共識決演算法和廣播演算法來改善傳輸效能。

考量網路安全之下，分層傳送的節點需要達到某種程度的隨機分散，以免成為攻擊的對象，正如現有區塊廣播是由處理速度最快的主機來負責，進而實現負載平衡和隨機分散效果，同時也達到去中心化的目的。同樣地，於分層傳送交易資料或是區塊的傳送節點選擇上也以隨機為主，避免在短時間內選擇同一個礦工節點；雖然每個區塊要通過雜湊的驗證才能鏈結現有系統，可是每個分層的數量也需要控制於某一個門檻之上，以免少數節點存取失誤或是於寫入區塊前被竄改的風險。

關於如何收集共識資料的網路傳輸機制，主要探討如何以逆向群播（reverse multicast）來匯集驗證資料於某一個單一節點，於驗證過程中也需要依賴至少50%（或是其他比率）的節點來進行共識認證，來自全球資訊網進行驗證資料回傳也將造成網路流量增加，這有別於區塊廣播予每一個節點以進行資料寫入帳本，避免被中間攔截和集中回傳是個兩難（trade off）的問題，採用資料匯集（data aggregation）的方式，將有可能造成中間少數節點被攔截；如果傳輸過於分散回傳，將使得網路中充斥著驗證資料；依此，於每次交易資料寫入各礦工節點所產生的拓樸來回傳資料，由於這些拓樸都是由一個來源節點所產生的，所以如果採用每個來源節點最近所使用過的轉送拓樸都需要被記錄下來。此外，每次只要收集過門檻的資料量即可以完成認證的程序，如何設定必要的節點數，來達到這個門檻以減少網路傳輸量，同時又可以在這些拓樸之間選擇適當的分支，以達到資料匯集的目的，這是因應於實務上執行的過程中所採取的運作機制不同。

　　考量單筆交易資料傳送時，單一交易的資料量為7.7kb，而一個封包的最大長度是64kb，可以包含八筆交易，由於現有網路沒有支援群播和廣播機制，對於礦工將結果資料回傳亦沒有支援逆向群播的功能。所以，以應用程式的角度運用覆蓋網路（overlay network）[23]中建立礦工間虛擬廣播的機制，再依此拓樸對映到實體網路中，由中繼節點再執行轉送處理，例如：礦工a執行群播資料至礦工集合{b, c, d}，區塊鏈原始的群播是由礦工a以單一傳播的方式傳送予礦工b、c、d；相對地，虛擬廣播方法為礦工a先將資料傳送至礦工b，再由礦工b分別將收到的訊息轉寄予礦工c和d，以減少重複礦工a傳送至礦工b的傳輸次數。

　　這個議題有別於一個區塊上百或上千筆交易集結起來的資料量，當某一台礦工處理完一個區塊（block）時廣播給其他礦工的做法，這個做法為了降低因單一傳播所造成的廣播資料充滿整個網際網路，可以採取中繼點的方式，將資料先傳送至幾個節點，再進行下一個群組的群播。可是集結多筆交易的區塊需要傳送予分布在網路中的相關礦工，如何兼顧群播和安全機制之下，以改善現有傳輸方式將同一個區塊傳輸到帳本紀錄的所有礦工，這些礦工為分布在網際網路中不同地點，以雲端運算（cloud computing）、霧運算（fog computing），以及使用者端作為基本分層，如何設計一個廣播模式，以兼顧效率與安全所需，依此將這個問題模式化成整數規劃模型，以趨近最佳化解的方式來將已發生的事實分散記錄於網際網路中加入的礦工上。

　　依區塊鏈處理主機的分布將劃分為如圖6-1所示之覆蓋網路（Overlay network）和實體網路（Physical network），以區塊鏈應用層為觀點（如圖6-1(a)）的覆蓋網路，就現今網際網路的特性來看，每一個礦工都可以連結到其他礦工，可是在實體網路中（如

23　Sedky, G., & El Mougy, A., (2018). BCXP: Blockchain-Centric Network Layer for Efficient Transaction and Block Exchange over Named Data Networking. In 2018 IEEE 43rd Conference on Local Computer Networks (LCN), pp. 449-452.

圖6-1(c)）卻存在有n條路徑可供選擇。考量交易寫入區塊，而區塊寫入帳本在應用層是由具記帳權的礦工寫入所有其他礦工，現有方法是由來源礦工o直接傳輸到其他礦工$u \in Vs$。若能於應用層即以單一來源礦工為根，建構一個樹狀結構（如圖6-1(b)）來傳送，再依使用到的連結對應到實體網路層以單一傳送的路由方式（如圖6-1(c)）傳送資料。

　　站在覆蓋網路的角度，廣播、群播，以及逆向群播係依上層的礦工對礦工之間的傳輸路徑所構成的連結（如圖6-1(a)），再轉至實體網路進行路徑搜尋或是依現有實體網路之路由組態來傳輸，每一個覆蓋網路連線的傳輸延遲是依實體網路路由延遲來計算，以作為傳送礦工選擇下一個轉送礦工的依據。

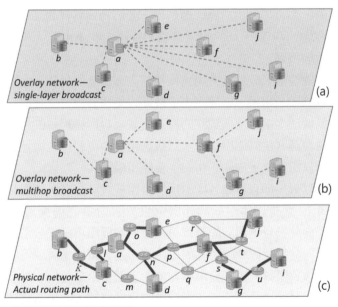

圖6-1　覆蓋網路與實體網路

參、區塊鏈的應用

電腦系統的特點之一是：相關應用是不斷地版本進化，或許第一個版本的主要應用方式，即是複製人們應用方式直接對應到系統之中，亦即改由線上來執行原本仰賴人類運行的方式，比特幣即是仿造人類如何使用貨幣、如何挖礦等做法以創造線上虛擬貨幣。可是當有了第一個版本之後，將發揮電腦網路的高速處理、快速傳送、容易複製……等特性，站在這個特性之上將演化成下一個版本，不僅改變了現有應用，並且將被延伸應用於不同的領域，進而改變了現有應用的模式。

區塊鏈最主要的特點是資料紀錄一旦寫入到帳本，即具有不易竄改、去中心化、共用帳本、共識決等特性，只要可以應用需要這些處理特性的，都可以適用於區塊鏈應用。茲將各式各樣的區塊鏈應用匯整如表6-2所示，依不同的領域來說明實務上的應用方式，並且比較這些應用的特點。

目前區塊鏈最成功的應用為比特幣之類的虛擬貨幣，比特幣所代入區塊鏈的即是幣值，區塊鏈中主機即以使用者兩方之貨幣交易數字儲存於區塊鏈之中，一個數字的維護方式可以影響現行的許多政策。這也是區塊鏈誕生的原由之一，以跳過現行中央銀行的發行和交易之線上自治貨幣系統，去中心化的主要應用模式。

過往以來，即有各式各樣的虛擬貨幣被設計出來，主要分類是：（一）單向兌換以運用於諸如魔獸世界等遊戲之虛擬環境領域；（二）單向兌換以應用諸如飛行里程數於虛擬環境與部分環境領域；（三）雙向兌換以同時運用諸如比特幣、乙太幣於虛擬環境與實體環境中，這類貨幣具有買、賣價格類似於實體貨幣來使用。雖然起初的區塊鏈應用是運用於第（三）類的雙向兌換貨幣，但是區塊鏈的應用也可以運用於第（一）類和第（二）類的虛擬貨幣上。

當區塊鏈應用於貨幣時，它提供人們線上行動支付，隨時可以透過電子錢包線上進行交易，由於不需要實體運送，所以少去了貨幣製

作、運鈔、領錢、找零等程序，線上支付還可以在選購的過程中即進行支付處理，得以發揮線上與線下整合應用。過往的支付主要是區域性的，各國有發行各自類似悠遊卡的支付，信用卡和第三方支付提供了跨國的支付，然而這些支付仍綁定各國的金融機構和所屬的貨幣，而比特幣支付為新的貨幣，它不屬於任何一個國家，沒有區域國家貨幣的包袱，它的支付打從一開始即支援全球使用，這意謂著使用比特幣的範圍已跨過國家的全球貨幣。

　　生產履歷是另一種常被提出和設計的區塊鏈應用，生產履歷區塊鏈將生產過程予以加入區塊鏈，例如：補貨鮪魚之生產履歷應用，由補獲開始即進行記錄，中間運送、加工，以及販售時即將資料寫入區塊鏈，以利消費者可以隨時掌控魚貨的來源。

　　區塊鏈除了發揮上述功能之外，它亦具有某種程度的自制處理能力，只要有人照應好硬體主機和網路運作，相關應用可以依據管理人員於初始組態之後，即可自行依相關使用者運作所產生的交易來進行營運的機制，例如：汽車駕駛行為偵測與記錄、P2P保險⋯⋯等應用。

　　偏向於不動產等物業應用，主要是運用區塊鏈來記錄產權和移轉流程，透過智能合約來避免過往不透明、不易追蹤的問題，已有諸如愛沙尼亞、瑞典、喬治亞等歐洲國家投入地籍系統的開發與測試，瑞典的ChromaWay有計畫地分階段找出問題且解決問題，這類應用最大的障礙不是系統平台本身，而是過往以來所採用的法律和監管問題仍待進一步改善。

表6-2　各式各樣的區塊鏈應用

類別	應用領域	應用實例	說明
貨幣	全球線上行動支付	比特幣、乙太幣	透過嚴謹的加密、認證和記錄機制來達到貨幣功能，這種具全球化的虛擬貨幣，有助於降低金融外匯交易費、匯差風險，以及平台服務費。
生產履歷	柴、米、油、魚、水果等生產過程應用，農業物聯網的智能化。	冰島黑鮪魚、沃爾瑪食物安全區塊鏈解決方案	沃爾瑪超市要求蔬果供應商將生產過程加入區塊鏈解決方案，以將生產履歷記錄於區塊中[24]，提供予消費者掌握蔬果來源；斐濟和紐西蘭等黑鮪魚業者將補撈過程予以納入區塊鏈中[25]。
地政	土地擁有權登記	瑞典的地政資訊系統	藉由區塊鏈應用於登記地籍系統，讓土地所有權、房產移轉等資訊和流程公開透明，以減少非法交易或詐欺等問題[26]。
音樂	線上音樂分享、記帳	KKFARM的Soundscape（https://www.soundscape.net/）	透過與Bitmark和中國信託跨界技術整合，提供發行、歷程記錄，以及儀表板等功能，這些支援自動結帳機制，讓音樂人掌握音樂版權和縮短版稅結帳流程[27]。

---

[24] https://www.bnext.com.tw/article/50704/walmart-is-betting-on-the-blockchain-to-improve- food- safety。

[25] https://www.digitimes.com.tw/iot/article.asp?cat=158&cat1=20&cat2=50&id=0000524416_RLI5GPB101KU4Y7P3PKZ8。

[26] https://www.digitimes.com.tw/iot/article.asp?cat=158&cat1=20&id=0000526684_2R75MUOX 9D5K7Z36341TT。

[27] https://www.smartm.com.tw/article/34353837cea3。

表6-2　各式各樣的區塊鏈應用（續）

類別	應用領域	應用實例	說明
汽車業	記錄	Hewlett Packard Enterprise（HPE）與解決方案供應商Continental	建立汽車業資料共用平台，幫助汽車生產商。運用感測器分析車輛狀況以及預測車輛的使用週期，以作為汽車保養與維修的依據，運用智慧合約來進行諸如汽車解鎖或鎖定等處理[28]。
保險	醫療保險、汽車產物保險	Progressive運用晶片記錄開車行為來訂定保費	運用智能合約（smart contract）與物聯網結合，以平日不斷地透過感測器收集資料來了解駕駛人的開車習性，依此決定保費[29]。
醫療	病歷紀錄資料	phrOS醫療區塊鏈平台[30]；Genentech和Pfizer推出MediLedger藥物管理供應區塊鏈[31]；DokChain平台[32]等	改善過往以來所有的病歷資料都存放在各家醫院沒有共用。醫療區塊鏈提供個人於看診或是健檢時可以授權在不同家醫院使用；提供予保險業者獲取可信的資料，提供追蹤藥品履歷，避免買到偽藥。

[28] http://www.takungpao.com.hk/231106/2019/0308/257327.html。

[29] https://startuplatte.com/2019/01/09/metromile-and-root/。

[30] https://www.ithome.com.tw/news/118313。

[31] https://www.mediledger.com/。

[32] https://pokitdok.com/dokchain/。

表6-2 各式各樣的區塊鏈應用（續）

類別	應用領域	應用實例	說明
旅遊	結合物聯網（IoT）以達共享經濟之智慧管理房間	Rabbitjets、Dapp全球智慧旅遊共享平台[33]、Owl-Nest旅宿管理系統[34]	整合旅館房間於雲端系統與智慧門鎖服務，站在共享經濟的模式，將閒置的房間透過平台提供智慧旅宿服務。結合線上虛擬貨幣的使用以改善全球支付的換匯服務。去中介過程與分散式加密儲存客戶資料，這類平台亦可異業結盟，以提供旅遊保險、在地餐飲、交通車票等加值服務。
證書	學校畢業證書、各項執照證書等	結合Blockcerts與學習歷程紀錄來對應到所獲取的證書[35]	利用區塊鏈儲存證書資料，傳統是最後產生時給予證明[36]，證書區塊鏈除了針對最後的證明之外，也融入取得證書的歷程，以避免最後產生證書時即是錯誤的。透過這項平台可以採多人驗證，並且避免遭到竄改的風險。

[33] https://money.udn.com/money/story/10860/3611416。

[34] https://www.ithome.com.tw/news/118476。

[35] https://www.ithome.com.tw/news/119252。

[36] 邱真智，利用區塊鏈技術建立畫作之電子證書，碩士論文，國立台北科技大學資訊與財金管理系碩士班，2017年。

肆、區塊鏈帶來生活的影響

自古以來有句諺語：「水能載舟，亦能覆舟」，區塊鏈運用資訊科技（Information Technology, IT）提供了透明化資訊，少了人為的控制之下，去中心化的樣貌，可以讓人們更為相信紀錄的事實，一旦寫入區塊鏈即不容許被修改，可是它卻也帶來許多的問題，需要加以克服。以比特幣應用為例，原本是用以行動支付日常生活所需，可是大部分的比特幣卻被用以黑市交易，成為洗錢的工具，改變了過往以來需要經過海關申報或是金融監管的程序，洗錢者不再需要帶大量的現鈔偷渡，已不用轉換為鑽石需要有人帶出國，即可以直接透過網際網路在國內透過線上購買比特幣，再將比特幣透過線上轉出他國的帳戶，或是直接啟動電子錢包於他國的交易中心，轉至國外的帳戶，不論是同一個帳戶或是他人的帳戶，都可以輕易地進行洗錢交易，現行的帳戶採實名制，可是在比特幣的電子錢包卻是匿名制。因此，可以得知交易的帳戶，卻難以追蹤來源身分；再加入分散時間、分散帳戶之間的轉帳處理，要能辨識出交易的目的和追蹤歷程都比現行制度來得困難。為了解決這樣的問題，許多國家都要求，當數位貨幣交易所在進行比特幣之類的數位貨幣與實體貨幣間的兌換時，必須有實名登記，以減少數位貨幣可能衍生的洗錢問題。

日本、韓國、臺灣、香港普遍習慣使用類似悠遊卡之類的行動支付，中國大陸普遍使用支付寶或微信支付的第三方支付，肯亞則使用M-Pesa之電信網路支付，這些都已融入於現有常用的行動裝置來進行支付，歐美地區則習於使用信用卡支付，隨著網路通訊的發展，使用網路通訊來達到支付的功能將成為下一個重要的金融趨勢。這些支付有些透過銀行（如：Apple Pay），有些透過電信公司（如：M-Pesa），而有些則是透過電商公司（如：支付寶）來達到支付功能，並且已發展許多取代銀行執行的方法。除了臺灣以法令來限制非金融體系發展之外，許多產業因應產業發展需求或是具有優勢之下，諸如臉書等平台發行所屬的新一代虛擬貨幣作為支付工具，亦衍生新

的金融服務。

正如表6-2所示，區塊鏈應用於各個領域，凡經過交易、記帳、歷程紀錄所需登錄的生活應用都可以納入區塊鏈應用，針對醫療健康資料紀錄提供個人管理自身健康，降低重複檢查；它亦可作爲藥品溯源，以避免買到僞藥。然而敏感資料的存取權限、資料透明、資料隱私保密等問題仍待提供更好的解決方案。相關優缺點比較如表6-3所示。

表6-3　區塊鏈與現行應用影響比較

應用領域	優點	缺點
貨幣	• 行動支付且運行於全球，減少換匯所需交易費、匯差風險等。 • 即時清算處理時間較傳統銀行來得快。 • 爲一套自治系統，可以不需要人爲介入相關交易處理。 • 跨國性交易支付處理速度快。	• 全球性流通，亦淪爲洗錢、購買非法商品用途上。 • 易形成運用ICO（Initial Coin Offering）詐騙新手法。 • 個人不易管理加密貨幣，一旦錢包掉了或載具損壞，將找不回貨幣。 • 目前加密貨幣波動大，可能因上漲而獲利，但也可能因匯價下降而損失。 • 監管不足，虛擬貨幣發行氾濫。
生產履歷	• 透過履歷選擇合法生產廠商購買所需商品，有助於改善產品品質。 • 記錄生產過程讓消費者融入生產歷程，以增進顧客關係。	• 原始輸入資料錯誤時，將致使後續資料都錯誤，並且運用區塊的特質取得使用者信任。 • 需要大量網路處理生產過程中細微的資料。

表6-3　區塊鏈與現行應用影響比較（續）

應用領域	優點	缺點
地政	• 除非公權力強力介入，不因改朝換代而使資產重分配。 • 經過分散式驗證處理，避免地籍資料被竊取。	• 國家化的中心地位將受到影響。 • 若礦工退出時，所有地政資料將消失。 • 在沒有電和網路之下無法運作，因此仍需要搭配人工作業。
音樂	• 詳細記載每首歌被點選狀況，依此精準計算收益。 • 對於素人或是新加入的新手亦能保障著作權。	• 需要額外支付記帳處理的礦工費用。 • 紀錄內容的價值低於應用價值，需重新思考加入區塊鏈的必要性。
汽車業	• 改變現有保養做法，以預防模式來進行維修，避免傷害。 • 記錄個人駕駛行為作為計費依據，有助於自我警惕開車行為。	• 紀錄內容的價值低於應用價值，需重新思考加入區塊鏈的必要性。 • 需要記錄繁瑣的偵測資料，運算過程複雜。
保險	• 公平和精準的保險計算，以反映實際駕車風險。 • 運用智能合約改善保險理賠繁瑣的程序，且縮短處理時程。 • 提升保險公司審查透明度，經由歷程紀錄來釐清事實。	• 網路互保將使現行保險產業面臨轉型，處理業務型態改變。 • 個人行為隱私將受到影響，一舉一動的行為資料都被分析。 • 汽車保險服務將因進入無人駕駛車而需重新定義。

表6-3 區塊鏈與現行應用影響比較（續）

應用領域	優點	缺點
醫療	• 個人掌握自己的健康資料。 • 自主處理健康保險管理。 • 透過大數據與人工智慧分析，提供個人健康回饋。 • 降低電子病歷被駭客攻擊的弱點。	• 監管問題：去中心化是區塊鏈特色，亦造成發生問題時的仲裁依據。 • 專利問題：加密技術似賴專利保護。 • 公開揭露問題：雖可匿名存取，但內容涉及個人隱私。
旅遊	• 結合物聯網之IoT設備以達到智慧門鎖、節點感應等功能。 • 在無人前台下節省營運成本，協助掌握即時房間租用狀況。 • 在共享平台之下，一個房間也可以在符合經濟效益之下當房東。	• 旅遊業的工作型態將因此改變，前台服務人員將轉向後台服務。 • 資源充分利用之下，影響現有旅宿業。
證書	• 提供正確資訊以減少行政作業耗費。 • 提升互信度，減少詐欺案件。 • 可以在任何時間、地點出示經認證的證書。 • 不用擔心原發證單位或是軟體提供者竄改資料。雖是去中心化防止資料被竄改，但是仍受主管機制所監管。 • 區塊鏈的資料是透明公開的，但在證書是特定機構發行下，予以加密或是去識別化處理，以達到資料隱私性。	• 於記錄學習歷程時，所要記錄的人數和項目需要仰賴快速產生區塊，但是現有許多區塊鏈技術仍待突破。 • 區塊鏈軟體更新以達到一致性問題。

　　在區塊鏈的發展之下，基於它去中心化的特性，於進入區塊鏈2.0之智能合約與物聯網之後，使得去中心而少能人為介入的程度更低，這使得監理單位或是主管單位將面臨很大的挑戰，這不單只是制定新法即可以解決的問題，而是許多的處理流程具有跨網、跨區、跨國等物性，使得國際性運作之下，監理歸屬較難界定。許多匿名的紀錄和私下的活動，更是跳過了現有從業人員的工作型態和監理單位的管轄，這將衝擊現有就業人員的業務，也衝擊主管機關的職權，產生全新的挑戰。

伍、結語

　　正因比特幣之發展帶動區塊鏈技術的延伸應用，於我們生活中已可以看到各種只要與歷程紀錄、驗證、交易等應用都可以結合這項技術，只是區塊鏈用於認證和記錄歷程需仰賴大量即時傳輸認證資料，特別是所建立的共同帳本是將資料複本同步分散在網際網路上的礦工主機[37]，隨著交易量和處理主機增加將需要耗用更大量的頻寬，處理過程所需的資料加密和雜湊運算也需要大量的高速電腦來處理。而它最大的特點是去中心化，這意謂著它非常適用於發展自動化處理的機制，在這個機制之下，相關處理流程不僅不需要人為介入，甚至連監管單位也可以跳過，特別是建構在全球化網際網路之上，這些應用的範疇更適用於全球，如此在制定相關法案和監理方面更需要以國際角度來檢視它，「水能載舟，亦能覆舟」，許多技術發展與應用仍待我們不斷改善，以發揮它更大的功效。

---

[37] 同註3。

|第七章|
人工智慧與財富管理

陳玉芬

以人工智慧（Artificial Intelligence, AI）來進行財富管理，是FinTech領域的應用重點之一，本章首先介紹智能投資，之後討論人工智慧協助的資產配置建議，在這樣的資產配置建議中，必須討論到人的參與、投資組合資產配置模型，以及投資標的。之後，本章將討論投資組合的再平衡，以及簡要介紹人工智慧演算法的應用。本章還將介紹人工智慧應用在財富管理的實例，包括投資人風險屬性分類，以及投資標的之建構。本章最後討論到投資人對於人工智慧的期待，包括投資人期待的溫度，以及人工智慧的限制。人工智慧在財富管理的應用，是一個範圍廣泛的課題，蘊藏許多FinTech產業的未來發展商機。

壹、智能投資

在臺灣，多數投資人將現金存入商業銀行，再由商業銀行理財規劃顧問或財富管理專員，為投資人提供全面的理財規劃諮詢服務，建議投資人做適當的金融資產選擇與配置，以滿足投資人不同階段的財務需求，幫助投資人降低投資風險，以增加其財富。在美國，財富管理則屬投資銀行之業務，認證理財規劃顧問（Certified Financial Planner, CFP）為投資人的舵手，引領投資人做適當的稅務、退休與財務規劃。

傳統財富管理服務係由「有感情、有溫度」的理財規劃顧問為投資人提供理財診斷、諮詢與規劃，理財規劃顧問面對投資人的首要之工作為「了解客戶」（Know Your Customer, KYC），深入了解、記錄每位投資人之背景資料、信用評估、投資目的與風險承受度等，並針對每位投資人個別風險承受度與獲利需求之特徵，給予資產配置之建議。2010年起，金融科技逐漸在全球各地興起，KYC風險承受度與投資偏好評估，逐漸由過去紙本問卷勾選、人工統計，轉換成為數位化線上填答、線上統計。至人工智慧演算法與自然語言技術再度被

重視後，機器人理財顧問被推至最前線，透過理財機器人與投資人的互動，先蒐集客戶的各項特徵與投資理財需求，「了解客戶」，以提供理財諮詢之服務。

　　機器人理財服務於2010年初在亞洲之日本、香港、新加坡即開始萌芽，臺灣於2017年行政院金融監督管理委員會通過投信投顧公會提出之自動化投資顧問服務作業要點，後續銀行、投信、投顧等業者陸續推出類似機器人理財功能。雖然部分金融機構已設置「機器人」在營業處所，以象徵其邁向數位化財富管理，然而，所謂的「理財機器人」通常沒有機器人外型，而是一個理財的數位平台，前台提供投資人理財服務，透過文字或語音的方式與投資人互動，平台背後則是金融機構研究團隊以大數據為基礎，透過人工智慧技術與財務模型模擬演算，提供客戶投資建議。在人工智慧技術與各硬體設備逐漸成熟下，智慧型財富管理、智能投資、AI財富管理等業務因應而生。

　　投資人從傳統財富管理，進階到人工智慧智能投資，多數仍須透過專業理財顧問引領，本章彙整國內外投資機構所提供之智能投資服務，勾畫智能投資地圖（如圖7-1），並於各節中詳述每一階段服務之關鍵技術。

貳、資產配置建議的形成

　　對二十一世紀大多數的投資人來說，「機器人理財」（Robo Advisors）雖是眾所公認的趨勢，然也不免好奇各家金融機構或金融科技新創公司的「機器人」，是如何提供投資人投資建議？又如何建構投資組合？以人工智慧技術為基礎所提供之理財規劃建議，與傳統財富管理又有何差異？本節擬由「機器人理財」中，人的參與度、投資組合模型、投資標的等多個面向，來解構「機器人理財」的全貌。

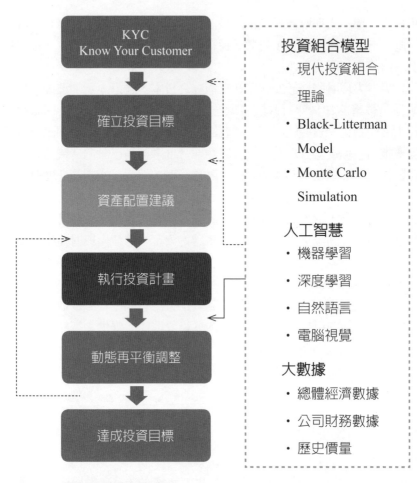

圖7-1　智能財富管理地圖

一、「人」的參與度

　　「機器人理財」的推出，使投資人從KYC階段就和「機器人」（投資平台）打交道，透過理財平台所設計的問卷／對話，蒐集資訊、評估投資人的投資目標與風險承受度，最後獲得「機器人」推薦

的投資組合。在這過程中，傳統理財顧問所扮演的角色逐漸淡化，有些金融投資機構以「機器人」為主導，投資人若需要「真人」（理財顧問）的服務，則需額外付費。因此，金融投資機構考量投資人投資習性與對理專的依賴度，保留理財顧問諮詢，提供了人機協作的服務。

除了理財顧問的角色外，投資人本身在機器人理財平台的參與度，也各不相同。有些投資人在投資決策上，事必躬親；有些投資人則因工作時間不允許或懶得自己管理財富，而委託金融投資機構代為管理。為網羅不同特性的投資客戶，金融投資機構在機器人理財平台亦提供不同的進入路徑，供投資人決定其參與度。

不論是平台技術的成熟度或投資人科技的接受度，美國機器人理財平台在投資銀行或金融科技新創公司的發展多引領新興市場的步調，如Betterment、Wealthfront、Schwab、Vanguard或Fidelity，均提供了機器人理財的服務。

以成立於2008年的Betterment為例，其入口網站即依投資人屬性及參與程度，提供三項不同的入口選擇。一個是供新手（new investor）上路，第二是全權交由機器人代為理財的投資人（hands-off investor），其三則是給事必躬親的投資人（hands-on investor）。「機器人理財」為前兩類投資人提供完整的理財服務，在確立投資人目標後，即由後台依據投資人特性提供投資組合的金融資產配置，再自動地為投資人完成投資組合中金融商品的交易。理財平台會在投資人所揭露的報酬達成，定期調整各類金融商品的比重或投資區域，業界稱此為再平衡（rebalance）。

與Betterment同樣並列美國「機器人理財」先驅者的Wealthfront，成立於2011年，以年輕族群為目標客戶，亦提供全自動、以機器人為主的線上理財平台Path。其線上理財流程與Betterment大致相仿，投資百科Investopedia比較了兩大平台的差異[1]：兩大平台對於初來乍到

---

[1]　https://www.investopedia.com/wealthfront-vs-betterment-4587963。

的新客戶所提供的服務略有不同，Betterment在客戶確定開戶前，多讓客戶了解Betterment可以為廣大客戶做些什麼，較少提供單一客戶可以做什麼的建議。而Wealthfront的Path平台，利用線上超過10,000則財富管理的問題，了解客戶、整合客戶外部帳戶、判別客戶投資目標與需求。當客戶決定投資時，Wealthfront即開始提供資產配置建議，直至客戶選定投資組合資產配置後，才會要求客戶開戶簽訂合約。換句話說，在客戶確實開戶前，Wealthfront已提供客戶可能的投資組合選項了。

然而，投資人並未因此而完全倚賴機器人。許多投資人往往在「機器人」要求擬定投資目標、甚或看到了「機器人」所提供的投資組合、抑或面臨再平衡資產的時機或資產調整比重等決策時，還是習慣面對面「找人談談」。「人機協作」（Hybrid Robo Advisor）應運而生，結合數位演算的「機器人理財」平台和理財顧問，共同提供投資人諮詢服務，理財顧問也漸漸由專業理財諮詢，轉而扮演替顧客篩選、推薦、解說「機器人理財」平台的角色，推薦適合投資人的理財機器人平台，並協助決定重要參數。這些服務對不諳科技介面操作的中、老年投資人尤其重要，後起之秀Vanguard成立於2015年，則是以強調「理財顧問與您同在」且「低成本」的「人機協作」服務模式，提供投資理財規劃的建議，協助投資人進行財務規劃。在投資過程中，投資人隨時都可和理財顧問聯繫、對話，解決所遭遇的問題或修正投資方向。

二、投資組合資產配置模型

各家金融機構或投資銀行多強調為「投資人找到一個個人化、量身訂做的投資組合」。投資人不免好奇，「機器人」究竟如何形成這樣的投資組合？其實不論是Betterment、Wealthfront或截至2018年資產管理規模最大的Vanguard，均強調其投資的哲學，除了推薦個人化的投資組合外，紀律投資、降低成本與稅賦管理，更是各家投資機構選定投資組合資產配置時，謹遵的信條。

依據Beketov、Lehmann和Wittke（2018）[2]以全球219個採用「機器人理財」的平台或金融投資銀行為樣本，調查「機器人理財所採用的量化方法」，調查結果發現：40%的機器人理財平台採用「現代投資組合理論」（Modern Portfolio Theory）作為「機器人理財」平台背後量化理論的基礎。包含Betterment、Wealthfront和Vanguard等著名投資銀行，均以「現代投資組合理論」為形成投資組合資產配置之基礎，佐以其他修正模型，推薦投資人個人化之投資組合。

「現代投資組合理論」源自1952年學者Henry Markowitz在財務期刊（*Journal of Finance*）發表之論文：「投資組合之選擇」（Portfolio Selection）[3]。其主要論述為：每一種金融資產均有其風險與報酬之抵換關係，投資人可透過持有多角化的資產（diversified assets），形成投資組合來分散風險，而最佳的資產配置將落在「效率前緣」（efficient frontier）上。所謂的「效率前緣」係指給定某一風險水準，在眾多可能的資產組合中，能提供最高報酬率的投資組合，將數個最低風險與其對應最高報酬的投資組合連結成一曲線，即形成「效率前緣」。

隱藏在「效率前緣」背後的投資意涵，即投資人所需認知的風險一報酬抵換關係。當投資人不想承擔任何價值損失的風險時，可選擇幾乎無風險的金融投資工具，如政府公債、定期存款等。然而若資人期待獲得較高的報酬，則須承擔相對應之風險。這也就是為什麼投資人一來到機器人理財平台，平台即先行評估其投資目的與風險承受度，理財平台才能依據投資人願意承擔之風險，推薦對應之投資組合。

為優化投資組合模型，讓投資人在承擔相同風險下可享有更高的報酬，投資銀行進一步模擬與回測各財務學者提出之訂價模型，來

[2]　Beketov, M., lehmann, K. and M. Wittle, (2018). Robo Advisors: quantitative methods inside the robots, *Journal of Asset Management*, Vol. 19, 363-370.

[3]　Markowitz, H., (1952). Portfolio Selection, *Journal of Finance*, Vol. 7, 77-91.

預測金融資產的報酬。有些投資銀行參照資本資產訂價模式（Capital Asset Pricing Model, CAPM），利用逆優化（reverse optimization）方式來推估資產的期望報酬。資本資產訂價模式係由William Sharp（1964）[4]、John Linter（1965）[5]與Fischer Black（1972）[6]等學者，以實證方式陸續發展出市場均衡下資產報酬與風險間之線性關係。此外，1992年Eugene Fama和Kenneth French[7]兩位學者提出之三因子模型，更廣泛為投資銀行所使用。Fama和French（1992）所提之三個決定資產報酬率之因子為：市場報酬因子、價值因子（市價／淨值比）與公司規模（市值）因子。除市場因子外，投資銀行也應用Black-Litterman模型，從歷史資料分析中取得價值因子和規模因子的資訊內涵（views），並透過蒙地卡羅模擬法（Monte Carlo Simulation），取得在不同市場狀況與風險下，能使投資組合獲利最高的各類資產比重。

三、投資標的

投資銀行選擇資產的種類仍然依循投資理論風險分散之原則，將不同風險的資產納入投資組合，不把雞蛋放在同一籃子中，以分散資產價格波動的風險。最常使用的金融資產為債券和股票，股票價格波動率較債券大很多，風險較高，提供投資人長期資本利得與股票股利。當股票市場面臨大幅波動時，投資組合若能納入與股票報酬率相

---

[4] Sharp, W. F., (1964). Capital asset prices: a theory of market equilibrium under conditions of risk, *Journal of Finance*, Vol. 19, 425-442.

[5] Linter, J., (1965). The valuation of risk assets and the selection of risky investments in stock portfolios and capital budgets, *Review of Economics and Statistics*, Vol. 47, 13-37.

[6] Black, F., (1972). Capital market equilibrium with restricted borrowing, *Journal of Business*, Vol. 45, 444-455.

[7] Fama, E. and K. French, (1992). The cross-section of expected stock returns, *Journal of Finance*, Vol. 47, 427-446.

關性低、本身報酬率波動也相對穩定的債券，則有助於分散風險，提供投資組合面臨股票價格下跌時最佳的緩衝工具。

　　以美國Wealthfront為例，其考量之股票包含：美國股市股票、已開發國家股市股票，如：歐洲、日本等，和新興股票市場股票，如：巴西、中國、印度、臺灣等。債券則包含：美國政府公債、公司債、地方政府債券和新興市場債券等。除了股票和債券外，抗通貨膨脹的資產，如：不動產信託投資基金（REITs），也是投資銀行挑選投資組合投資標的重要考量。

　　雖然股票和債券為多數投資銀行投資組合中必備之工具，但多數投資銀行如Wealthfront、Betterment等，並不傾向從茫茫大海中挑選單一個股或債券作為投資標的，而是由眾多基金中挑選符合投資人風險屬性與投資偏好的基金組合。交易所交易基金（Exchange Traded Funds, ETF）誕生後，投資銀行甚至傾向以被動式管理基金，如：交易所交易基金為投資標的物，而捨棄一般的主動式管理基金（active funds）。ETF以持有與標竿指數相同之證券或債券為主，分割成眾多單價較低的投資單位發行受益憑證，賣給投資人，因此，ETF追蹤標的指數，如：標準普爾500指數（S&P 500）等指數變動的損益，直接反應在憑證價值的漲跌中。選擇ETF的優勢有二：一是ETF的歷史表現較主動式管理基金佳，二則是其交易成本較低。

（一）ETF的歷史表現

　　ETF被動追蹤特定指數之漲跌，而主動式基金則由投信投顧聘請基金經理人，依基金投資目的，從金融市場中挑選股票、債券，組合而成共同基金，可分為股票型共同基金、債券型共同基金，或搭配股票與債券的平衡型共同基金。共同基金之所以吸引投資人，主要在於其投資門檻低，且多數共同基金均宣稱其投資報酬率優於標竿（benchmark）指數或大盤指數。

　　然而，依據2018年SPVIA[8]的研究報告（如表7-1）指出，美國以大型股為投資標的的主動式共同基金報酬率與其標竿指數S&P 500報酬率相較，2018年有64.49%的主動式共同基金，表現不如S&P 500指數；2016年至2018年三年中有78.98%的共同基金，表現不如S&P 500指數；若將時間拉長至2014年至2018年，五年間則有高達82.14%的主動式基金，表現皆不如S&P 500指數之報酬率。

　　比較以小型股為投資標的的主動式共同基金報酬率與其標竿指數S&P小型600指數報酬率，2018年則有68.45%的主動式共同基金表現不如S&P小型600指數；2016年至2018年三年中，有84.35%的共同基金，表現不如S&P小型600指數；若同樣將時間拉長至2014年至2018年，五年間則有高達89.40%的主動式基金，表現皆較S&P小型600指數略遜一籌。

　　除了股票型共同基金外，主動型固定收益共同基金也觀察到相同的現象。以美國政府中期和長期政府公債為主的共同基金，2016年至2018年三年的表現皆不如巴克萊美國政府中期與長期債券指數。以美國政府短期政府債券為標的的共同基金，2016年至2018年三年中，也有81.48%的共同基金，表現不如巴克萊美國政府短期債券指數。若將標的轉至以美國公司債為標的的高收益共同基金，2016年至2018年三年中，則有高達96.63%的高收益共同基金，表現不如巴克萊美國高收益公司債券指數。2014年至2018年五年中，亦有高達96.52%的高收益共同基金，表現不如巴克萊美國高收益公司債券指數。

　　ETF被動式追蹤標竿指數，其報酬率幾乎與該標竿指數相當。自2004年至2018年十五年間，不論是股票型共同基金或固定收益型共同基金，主動式基金之表現皆不若被動式ETF歷史表現來得佳，這使得

8　SPIVA（S&P Indices Versus Active）是美國標普公司研究機構每半年針對美國、加拿大、拉丁美洲、歐洲、澳洲、日本、印度和南非等地區或國家所出的研究報告。研究報告的內容主要為該國家或地區主動式共同基金與其標竿或大盤指數報酬率之比較（https://us.spindices.com/spiva/#/reports）。

表7-1 主動式股票型共同基金與標竿指數報酬率比較表

Report1: Percentage of U.S. Equity Funds Outperformed by Benchmarks

FUND CATEGOR	COMPARISON INDEX	1-YEAR(%)	3-YEAR(%)	5-YEAR(%)	10-YEAR(%)	15-YEAR(%)
All Domestic Funds	S&P Composite 1500	68.873	81.49	88.13	84.49	88.97
All Large-Cap Funds	S&P 500	64.49	78.98	82.14	85.14	91.62
All Mid-Cap Funds	S&P MidCap 400	45.61	74.29	79.88	88.03	92.71
All Small-Cap Funds	S&P SmallCap 600	68.45	84.35	89.40	85.67	96.73

資料來源：SPVIA U.S. Year-End 2018。

表7-2 主動式固定收益共同基金與標竿指數報酬率比較表

Report11: Percentage of Fixed Income Funds Outperformed by Benchmarks

FUND CATEGOR	COMPARISON INDEX	1-YEAR (%)	3-YEAR (%)	5-YEAR (%)	10-YEAR (%)	15-YEAR (%)
Government Long Funds	Barclays US Government Long	16.98	100.00	86.61	94.94	98.04
Government Intermediate Funds	Barclays US Government Intermediate	100.00	100.00	81.82	80.56	91.67
Government Short Funds	Barclays US Government (1-3 Year)	86.96	81.48	79.31	87.65	82.86
Investment-Grade Long Funds	Barclays US Government/Credit Long	9.09	93.48	98.91	80.31	98.41
Investment-Grade Intermediate Funds	Barclays US Government/Credit Intermediate	90.82	40.00	51.63	49.38	76.63
Investment-Grade Short Funds	Barclays US Government/Credit (1-3 Year)	92.55	45.45	54.84	43.75	70.21
High Yield Funds	Barclays US Corporate High Yield	75.60	96.63	96.52	96.63	99.15

資料來源：SPVIA U.S. Year-End 2018。

多數投資銀行捨棄了主動式共同基金，擁抱ETF爲其投資標的。

（二）ETF的成本低於主動式共同基金

　　驅使投資銀行投向ETF的另一個主要因素，在於交易ETF所產生的費用較主動式管理基金低很多。交易主動式管理基金所產生的費用包含：1.交易費用：申購手續費；2.管理費用：基金管理費與保管費（內扣在基金淨值中，不另收費）。若透過銀行通路申購基金，則於基金贖回時，銀行會加收一筆帳戶管理費（或稱信託管理費）。而交易ETF所產生的費用則包含：1.交易費用：交易所手續費；2.管理費用：基金總費用率與調整投資組合費用。ETF的總費用包含基金管理費、保管費、指數授權費、上市費等。

　　ETF與主動式管理基金交易費用差異最大的項目在於基金管理費。主動式基金經理人依據基金投資目的，選擇投資標的，爲使其所管理的基金能夠超越標竿指數的表現，共同基金經理人團隊須做足功課，隨時掌握投資標的的價格走勢，適時調整投資組合的投資標的，爲投資人賺取超額報酬，因此，主動式管理基金耗費相當多的成本在轉換成本、營運成本以及經理人的管理費用。而ETF是採取「被動式」的投資策略，追求與大盤或標竿指數績效相同爲目標，基金經理人投資標的的選擇，主要以能與大盤或標竿指數連動爲主，不會因主觀判斷或是消息面因素而改變投資標的，因而能大幅降低管理費用。

　　Wealthfront內部研究報告引用了美國晨星（Morningstar）金融公司的調查發現[9]，主動式管理基金每年的基金費用率爲0.75%，ETF的總費用率則爲0.09%，主動式管理基金較ETF每年多付出了0.66%。也就是說，如果一個年輕的投資人，投資了主動式管理基金，歷經三十年後，該投資人在基金管理費用率上，就多付出了20%。在臺灣，受限於投資人口較少，以臺灣證券交易所股票爲主的ETF或主動式管理基金，其管理費均較美國高。平均而言，臺灣光ETF管理費便高達

---

[9]　https://research.wealthfront.com/whitepapers/investment-methodology/。

0.3%至0.4%之間，而股票型共同基金管理費也介於1.15%至1.6%之間。

　　歷史獲利資料與交易費用等數據解釋了爲何投資銀行將投資標的由股票型、債券型、平衡型主動式管理基金，轉向追蹤股票市場標竿指數或債券市場標竿指數爲主的ETF。

參、投資組合再平衡

　　投資銀行透過機器人理財平台，依投資理論模型建構了各種不同風險下能夠提供最高報酬率的投資組合，即所謂的效率前緣，並依據投資人在KYC階段所評估之風險承受度，提供投資組合之建議。在投資人選定投資組合後，是否就能獲得預期的投資報酬率？答案未必是肯定的。因此，投資人理財平台的工作並未在投資人選定投資組合而結束，持續監督與管控投資人帳戶，動態再平衡，是機器人理財平台的例行任務。爲何需要再平衡已設定好的投資組合？再平衡的策略是什麼呢？

一、爲何需要再平衡？

　　投資人可能因下列兩項原因，使得預期風險—報酬的抵換關係改變，而偏離了投資人原設定的風險水平與預期的投資報酬率。當下列情形出現時，如果投資人在投資銀行機器人理財平台設定自動再平衡，則該平台將主動爲其投資組合進行再平衡的調整。

（一）投資人特性的改變

　　投資人持有投資組合期間，其投資屬性與風險偏好可能因主、客觀因素之變化而有所不同，或因投資人工作升遷、轉職等，而改變其收入，或因其年紀增長，而改變儲蓄率與可供投資的閒餘資金。當客觀因素改變，將導致投資人客觀的風險承受能力隨之改變。

　　除了客觀的風險承受度外，投資人主觀的風險承擔意願，也會因

投資人心理、情緒等因素，而出現投資人在KYC風險調查時自認的風險承受度，和確立投資組合後真正願意承擔的風險，並不一致。行為財務學者Barber和Odean（2001）[10]便指出，投資人申報風險偏好時，常因過度自信而誇大了自己的風險承受度，這種現象在男性投資人身上尤其明顯。這使得投資人在高估自身風險承受度下，相對低估了自己願意承受的投資組合波動率，導致一有風吹草動，投資人便急著退出市場，更加劇了投資組合的波動率。

機器人理財平台依據投資人的風險偏好給予風險分數，每一間距的風險分數，均有其對應風險水平的資產配置。因此，不論是投資人客觀條件的改變，或主觀因素間接影響到投資組合產品的波動，投資銀行均須隨時追蹤投資人風險屬性的變化，動態調整投資人投資組合內的金融資產項目或權重，以使投資人在可承擔且願意承擔的風險下，獲取最高的報酬率。

然而Wealthfront也建議投資人不宜假風險偏好改變之名，行擇時交易（market timing）之實，因其認為，為了擇時交易而經常改變投資標的，是投資人在投資上最大的禁忌。因此，Wealthfront每三十天調查投資人特質是否產生變化，也僅允許投資人需間隔三十天才能修正一次風險屬性的分數。

（二）資產價格的波動

促使投資人再平衡投資組合內資產配置的另一項驅動力，是資產本身價格與風險的改變。在瞬息萬變的金融市場中，資產價格的波動將造成投資人資產配置權重的改變，偏離投資人原來設定之目標風險與預期報酬。

舉例而言，若投資人簡單地將財富配置在股票與債券兩類的金融商品上，配置權重分別為70%與30%，經過一年股市的不景氣，使得

[10] Barber, B. M. and T. Odean, (2001). Boys will be boys: Gender, overconfidence, and common stock investment, *Quarterly Journal of Economics*, Vol. 116, 261-292.

股票類商品價值縮水，投資組合股債券商品比重變成60：40。此時投資組合風險低於投資人可承受的風險，投資人可藉股價低時賣掉債券類商品，買入股票類商品。這樣一來，一方面可以調整投資組合商品的風險至原設定之風險水準，一方面也可以逢低承接股票類商品，此即為再平衡。

同理，若經過一年股、債市的榮景後，使得股票類商品價格大漲，債券類商品小漲，股票類商品與債券類商品因價格改變其資產配置的比重變成80：20。此時，投資人財富池中股票類商品比重增加，投資組合風險也比原目標風險高，賣出股票類商品，並買進債券類商品，一方面可以調整投資組合風險至原投資人可承受之風險，另一方面，投資人可以藉由再平衡了結獲利。再平衡被視為是投資組合風險管理的重要工具。

雖有部分投資人提出質疑：賣掉正上漲的商品，是否只是為了再平衡而再平衡？行為財務學者並不認同這樣的看法，相反地，他們認為贏家不會永遠是贏家，定期調整投資組合中的資產配置，除可獲利了結，更可管控投資人投資組合的風險。

二、再平衡的策略

投資人認知到再平衡對風險管控的重要性，因此，採取再平衡策略以確保投資組合的風險，控制在投資人設定的範圍內。可採取的再平衡策略，包括：（一）定期再平衡（Periodic Rebalancing）；（二）門檻再平衡（Threshold Rebalancing）；（三）自動再平衡（Automatic Rebalancing）。

（一）定期再平衡

再平衡即調整投資組合資產配置。投資人檢視投資組合資產內容後，買入或賣出特定金融商品以符合投資人風險屬性。定期再平衡策略建議投資人固定一段時間後，就應檢視一次投資組合。然而，固定一段時間指的是多長的間隔呢？Wealthfront每個月主動詢問投資人

的屬性與風險偏好是否改變，然而，投資組合內金融商品的買賣，均會產生交易成本，頻繁地更換投資組合，很可能讓交易費用稀釋掉獲利。主動式管理的共同基金，通常每季進行一次再平衡。為避免頻繁交易產生的成本，也有理財顧問建議，每半年或每年再平衡一次投資組合內的資產類別與權重。因此，定期再平衡的間隔，尚須考慮投資人投資組合內各類資產的交易成本。

（二）門檻再平衡

門檻再平衡策略即設定一個門檻值，當投資組合內各類資產價值權重偏離門檻值，即啟動再平衡機制。援上例，投資人簡單地將財富配置在股票與債券兩類的金融商品上，配置權重分別為70%與30%，若投資人設定可允許的偏離門檻是±5%，則當股票與債券商品的權重觸及65：35或75：25時，不論前次再平衡啟動的時間與目前間隔多長，投資人均將啟動再平衡機制，調整投資組合股票商品與債券商品的配置至70：30。

門檻再平衡機制依然須考量到投資組合資產換手的交易成本，尤其，當投資人面臨金融市場急遽波動時，可能在短時間內，投資組合資產配置權重數度觸及再平衡的門檻值，投資人啟動再平衡機制後，資產價格卻又急遽反轉，造成投資人數度投入交易成本，稀釋了預期的報酬率。

（三）自動再平衡

自動再平衡機制顧名思義即投資人無須自己啟動再平衡機制，透過機器人理財平台分析投資人風險屬性，推薦投資組合、分析投資組合，當投資組合資產配置偏離投資人預設風險水準時，機器人理財平台即自動啟動再平衡機制，告知投資人如何調整投資組合，並主動為其買賣金融商品，以調整投資組合資產配置至原投資人可以接受的風險水準。此類的自動再平衡機制，兼具定期再平衡與門檻再平衡之優點，投資人只要在KYC時充分宣告其投資目的與風險承受度，機器人理財平台即隨時追蹤投資人投資組合是否偏離原設定之風

險水準，並主動為其再平衡。目前美國的投資銀行，如Betterment、Wealthfront與Vanguard等，或臺灣的投信公司，如：元大投信、玉山投信等，均由機器人理財平台提供自動再平衡之服務。

肆、人工智慧演算法的應用

人工智慧濫觴於1950年代，礙於當年硬體設備運算能力不若人類所預期，因此發展上受限。2010年代，科技的進步推升了硬體設備的運算能力，雲端伺服器提供雲端儲存的功能，大幅降低成本，為人工智慧發展注入新的活水。2016年，AlphaGo打敗世界棋王，引發更多產業界關注人工智慧能為企業做些什麼，並紛紛投注資源於相關的研究與設備。

一、人工智慧簡述

人工智慧是電腦科學的一個領域，由人類編寫電腦程式，以模擬人類的「智慧」行為，解決與人類智慧相關的常見認知問題，如：視覺辨識、影音辨別、邏輯推理、理解學習、動作控制等行為。機器學習（Machine Learning, ML）和深度學習（Deep Learning, DL）則是從人工智慧這個學科衍生出來的，提供AI越多資料，它就會變得「越聰明」而且學習更快，企業每天產生這些資料讓機器學習和深度學習解決方案更加完備。以下簡述機器學習與深度學習的內涵。

（一）機器學習

機器學習的基本概念是透過演算法，利用歷史的資料及經驗學習，並找到其運行規則，使用大量資料進行訓練，訓練完成後會產生模型，當未來有新的資料輸入（input）時，可使用訓練所產生的模型來進行預測。機器學習主要有三種類型：監督式學習（supervised learning）、非監督式學習（unsupervised learning）以及強化學習（reinforcement learning）。

首先，常見的監督式學習可應用於分類、迴歸以及異常偵測三種形式，監督式學習演算法會根據已標示正確答案的範例資料做出預測。以預測股價漲跌為例，先將公司分成股價上漲及下跌公司，透過機器學習演算法進行模型訓練，藉以預測股價漲跌的機率。

其次，非監督式的學習則用於訓練資料，但不需要事先以人力輸入標籤，故機器在學習時並不知道其分類結果是否正確。訓練時僅須對機器提供輸入範例，它會自動從這些範例中找出潛在的規則，故可用來發現隱藏結構，並尋找集群分組，藉以降低資料維度來做壓縮數據，可應用在數據視覺化呈現。

最後，在強化學習中，透過觀察環境而行動，並會隨時根據新輸入的資料逐步修正以獲得最大利益，此系統會藉由與環境的互動來改進自身的效能，並可透過強化學習來解決互動問題。是以，機器學習演算法可利用公司的歷史數據，如財務報表、公司治理以及市場面資料進行分析，藉以建構出公司未來股價的預測。

（二）深度學習

深度學習技術已廣泛地應用在影像識別、語音辨識、自然語言處理與推薦系統等領域上，此技術建構在人工類神經網路（Artificial Neural Networks）機器學習演算法的模型上，是一種模仿生物中樞神經網路系統的結構和功能所產生的模型，其模型架構主要包含輸入層、隱藏層以及輸出層三個部分，若模型中隱藏層有三層或三層以上，就稱為深度學習的神經網路。

所有的輸入節點會個別連結到隱藏層中的各神經元，而隱藏層中的所有神經元也會個別連結到輸出層中的各神經元，層與層間的關係強度由神經元間權重值來決定，而人工類神經網路的學習則是透過調整連結各神經元間權重值的形式來達成。整個深度學習模型的訓練主要有三個步驟，先定義神經網路架構，再定義其學習目標，最後透過數值方法來進行模型訓練。

　　常見的深度學習神經網路架構有卷積神經網路（Convolutional Neural Network, CNN）、遞迴神經網路（Recurrent Neural Network, RNN）以及長短期記憶神經網路（Long-Short Term Memory, LSTM）等三種架構，其中卷積神經網路在影像及聲音等訊號類型的資料型態有不錯的辨識效果，遞迴神經網路在語音辨識及自然語言處理（Nature Language Processing, NLP）的應用上有很好效果，而長短期記憶神經網路則是透過遺忘（forget）開關（gate）來處理資訊記憶問題，藉以改善遞迴神經網路架構在長期記憶中的不佳表現。

二、人工智慧應用實例

　　AI在財富管理發展的腳步，並不如預期。Thomson Reuters在2018年出版的研究報告[11]便指出：僅17%的機構投資人應用AI的技術，如機器學習、自然語言處理進行資料、新聞或文字內容的分析，仍有56%的機構投資人期待整合更多的AI技術於投資流程中，可以窺見人工智慧在財富管理應用的深度與廣度，均仍十分受限。人工智慧的技術優化了哪些投資流程呢？誠如Henry Markowitz在2019年接受ThinkAdvisor採訪時提及其對AI的看法，他認為AI不是神奇的萬靈丹，AI就是一個電腦程式，也就是財富管理在應用人工智慧技術時，應將人工智慧視為一項優化投資流程的技術，而不是為了AI而發展AI，以下是兩個AI在投資理財流程應用的範例。

（一）投資人風險屬性分類

　　傳統KYC流程多由理財專員請投資人勾選問卷，理財專員依據投資人勾選的答案計分，以判定投資人的風險屬性，再依投資人風險屬性，將投資人導航（mapping）到效率前緣的各個投資組合風險一報酬的抵換關係，為投資人選擇符合其風險屬性的投資組合。

　　AI應用在機器人理財平台，程式設計師運用機器學習進行分

---

[11]　https://www.thomsonreuters.com/en.html。

類，並推薦合適的投資組合給投資人。機器學習的概念，是投資銀行先將大量過去投資人的資料送入電腦，這樣的資料包含過去投資人的屬性（input）與其對應的投資組合（output），透過機器學習找出分類的規則後，當新的投資人輸入其屬性後，電腦會在現有的投資組合中找尋適合新投資人的投資組合推薦。投資銀行如Betterment、Wealthfront皆認為透過機器人理財平台，人工智慧的技術優化了投資理財流程的第一步，即KYC，並迅速導航到符合投資人屬性的投資地圖上，推薦投資人合適的投資組合。

（二）投資標的的建構

雖然追蹤標竿指數的ETF逐漸取代主動式管理基金，然而，在美國仍有超過2,000檔ETF在市場上交易，ETF管理者如何讓自己的ETF在競爭激烈的紅海市場中，取得藍海優勢、雀屏中選，讓投資銀行將其納入投資組合的商品池中，是各家ETF管理者不斷努力的課題。

ETF追蹤標竿指數漲跌，基金發起人首先會選擇合適的標竿指數，作為建構ETF的追蹤指數。市場上許多金融研究機構，如：標準普爾公司（Standard & Poors）、摩根史坦利國際資本公司（Morgan Stanley Capital International, MSCI）致力於研究與建構各種指數，以提供專業的指數產品供ETF發起人選擇。

人工智慧的技術應用在指數建構上，已經有很好的表現。以S&P Global Inc.在2018年併購了一家以人工智慧為主的新創公司Kensho為例，併購後S&P推出的S&P Kensho New Economies Composite Index（新經濟綜合指數），該指數係由S&P Kensho建構的各產業指數中，動態調整其比重而得到的綜合指數，用來衡量二十一世紀新經濟體系整體產業的表現，主要聚焦於足以反映第四次工業革命與新產業轉型具代表性公司之整體表現。指數建構的權重，即利用人工智慧分析大量資料，包含歷史價量、運用文字探勘分析新聞訊息與企業相關資料後，給予各產業不同的權重，以構成股價指數，跳脫過去僅依據發行量來加權的股價指數。

　　AI除了應用在指數建構之外，也用在投資組合的配置上。簡單地說，如果投資人的投資組合以債券和股票兩大類資產爲主要考量，股與債的配置權重，除了與投資人的風險屬性相關外，也會參考目前市場的景氣氛圍。越來越多投資銀行投入研究人力在文字探勘上，透過擷取非結構性資料以判定金融市場的情緒氛圍，並將此氛圍轉化成情緒指標，成爲投資組合建構的一個參數，藉以決定投資人的投資組合比重。

伍、投資人對人工智慧的期待

　　人工智慧在硬體設備與時俱進的2010年代再度受到各產業界的重視，產業的期待無非是希望能將人力密集的工作，透過自動化轉化爲機器所取代的資本密集的工作。因此，製造業紛紛投入人工智慧的研究與應用，伴隨著產業升級，工業4.0、物聯網等名詞成爲科技業、製造業在2010年代共同的願景，「你公司AI了沒？」更是CEO們見面的開場話。

　　然而，不論是Thomson Reuters的研究報告或者是各家投資銀行的實證結果均顯示，人工智慧在財富管理的應用上不如財富管理顧問們所預期，主要原因包含下列兩項：

一、投資人期待的溫度

　　投資人期待的溫度，其實是投資理財過程的一個信任感。財富管理除了提供專業的金融產品外，專業的理財諮詢，是傳統財富管理讓投資人感到最有溫度的服務。投資人走到財富管理顧問面前，無非希望今天的投資在未來能夠獲利，因此，投資決策成爲未來獲利與否的關鍵。當機器人理財平台取代大量財富管理顧問的工作時，投資人一方面需費時熟悉平台，另一方面又擔心在機器人的指示下操作，眞的能夠萬無一失嗎？

　　再者，當投資人對機器的接受度不高，或者銀髮族投資人在科技接受度不高的情形下，不願意轉換投資方式，都將造成機器人理財平台的使用率降低。財富管理顧問一方面要將專業的金融產品推薦給投資人，另一方面需費時耗日地帶著投資人操作平台，諸多瑣碎的工作，多是自動化過程亟待解決的課題。

二、人工智慧的限制

　　人工智慧透過機器學習、深度學習等技術，讓機器判別出一套輸入與輸出的模式，作為未來新資料輸入後，預測結果（輸出）的準則。當資料科學家期待能獲得精準的預測結果，至少需要兩項基本條件：一是足以讓機器學習的資料量，二是決策過程單純化。製造業在應用人工智慧上能如虎添翼，最主要的關鍵是單純化的生產流程，從輸入端到輸出端有一個固定的決策路徑，當機器取得大量的歷史資料並進行學習，人工智慧在生產流程優化上，可以帶給製造商很大的助益。

　　反觀財富管理流程，投資人是多變的。投資起始時所宣告的風險，可能與真正看到推薦的投資組合時，對風險的感覺是不一樣的。此外，投資銀行自認專業模擬的風險─報酬抵換關係，也可能因市場情緒氛圍的改變，而改變效率前緣的位置。更有多數的投資銀行操盤手反映，運用人工智慧技術建構投資組合的績效，不若傳統量化投資模型來得高。這些都是在財富管理的領域，人工智慧的技術不若製造業得心應手的實例。

　　人工智慧的目的在於優化財富理財的流程，讓投資人在財富管理的過程中，能夠降低所支付的成本，讓投資更有效率。因此，產業界在人工智慧時代需思考的，並不是為了AI而發展AI，而是真正了解人工智慧的技術能夠優化哪些財富管理的流程。跨越科技鴻溝的階段，人機協作是業界共同努力的目標。

第八章
金融科技時代的人工智慧與反洗錢

王震宇

　　本章介紹在金融科技時代的人工智慧與反洗錢議題。洗錢是傳統的金融犯罪，在全球化與金融科技發展的兩個浪潮下，反洗錢技術與規範也進入到全新的人工智慧時代。在聯合國加強對於跨國反洗錢之防制、各國對於可疑交易報告之情報交換，以及洗錢或恐怖活動利用新興金融科技進行交易之預防性措施等加以規範，使得各國政府以及金融機構的義務與責任相對提高許多。人工智慧的技術革新為反洗錢與反資恐工作帶來前所未有的轉變，尤其在大數據資料分析、機器學習與知識結構圖等技術應用上，將每日巨量的資料轉入各國反洗錢情報中心的資料庫，使得可疑交易之辨識與判讀更加精確與迅速。在國際間以美國、英國、澳大利亞對於將人工智慧應用於反洗錢工作最有規模，本章將從洗錢與反洗錢之基本概念、人工智慧技術應用於可疑交易辨識之發展、比較人工智慧應用於國際實踐之案例等方向加以討論，並建議我國未來在鼓勵發展金融科技發展之餘，也能同時強化以人工智慧技術進行反洗錢與反資恐的工作。

壹、反洗錢的歷史背景與發展趨勢

　　洗錢（Money Laundering）之詞最早出現於1930年代的美國社會，當時黑手黨聘請的會計開設了幾間洗衣店，並將每日的洗衣營業收入與非法收入混合，再向美國國稅局報稅，藉由合法稅務程序將原本的「髒錢」（dirty money）漂白，而成為掩人耳目的合法收入，此手法即成為現代所稱的「洗錢」。經過半世紀以上的發展，「洗錢」係指「為隱瞞不法取得之金錢來源，行為人透過一連串複雜的金融或商業交易程序，而將其化為合法所得之流程，通常該交易行為皆有遊走法律邊緣、可疑、間接、不符常規等性質」。在我國洗錢防制法第2條中，參考國際與比較法上的規範，將「洗錢」之行為定義

爲：（一）意圖掩飾或隱匿特定犯罪[1]所得來源，或使他人逃避刑事追訴，而移轉或變更特定犯罪所得；（二）掩飾或隱匿特定犯罪所得之本質、來源、去向、所在、所有權、處分權或其他權益者；（三）收受、持有或使用他人之特定犯罪所得。

　　各國從立法、科技及政策上的洗錢防制工作又可稱爲「反洗錢」（Anti-Money Laundering, AML）。[2]在全球化的時代下，無論是從金融交易的超國界性質、人工智慧（Artificial Intelligence, AI）科技進步的跨國技術開發，到政府部門對於洗錢防制的跨國合作，都使得反洗錢成爲今日跨疆界、跨領域、跨部門的新興議題。本章將首先介紹洗錢與反洗錢的基本概念、洗錢之過程、反洗錢基本原則與架構、在人工智慧時代的反洗錢發展趨勢等；第二部分則探討AI技術應用於反洗錢的方向，尤其本章聚焦在介紹AI如何協助「可疑交易」（Suspicious Transaction）之辨識與判讀，顛覆以往傳統的查核模式；第三部分則從比較法之觀點，分析美國、英國、澳大利亞等地在以AI技術進行反洗錢的最新發展趨勢，以及各地區對於反洗錢之法律與政策架構；最後，以我國目前關於以AI技術導入反洗錢之現況提出結論與建議。

---

[1]　此處所謂「特定犯罪」係依我國洗錢防制法第3條之規定所列舉者，簡言之，包括：最輕本刑爲六月以上有期徒刑以上之刑之罪；普通刑法上瀆職、僞造有價證券、賭博、詐欺背信及重利、贓物；懲治走私條例；破產法；商標法；廢棄物清理法；稅捐稽徵法；政府採購法；電子支付機構管理條例；證券交易法；期貨交易法；資恐防制法等。

[2]　參酌FATF的40項建議之第3項建議，並參採聯合國禁止非法販運麻醉藥品和精神藥物公約（the United Nations Convention against Illicit Traffic in Narcotic Drugs and Psychotropic Substances，簡稱維也納公約）及聯合國打擊跨國有組織犯罪公約（the United Nations Convention against Transnational Organized Crime）之洗錢行爲定義而修正爲現行之洗錢防制法第2條規範，以符合世界潮流。

一、洗錢之定義與過程

（一）洗錢之定義

洗錢在法律定義上來說是「犯罪所得」（我國洗錢防制法第2條）或「不法所得」，可能之所得來源包含各種類型之犯罪行爲，絕大多數皆與經濟活動有關，[3]例如：貪污、賄賂、走私等；而其所得標的則相當廣泛，舉凡現金、金融商品、不動產、財物、珍奇異寶、虛擬貨幣，或財產上利益及其孳息等皆屬於「洗錢」的範圍。國際犯罪集團的大部分洗錢行爲都不直接在單一國家或地區管轄的領域內完成，通常會採用投資、併購、股權交易、不動產交易、進出口貿易、藝術品拍賣、現金走私等方法進行跨境洗錢，主要原因在於，目前跨國洗錢防制體系並未充分合作，且各國金融、海關、商業貿易體系對於交易資料共享及揭露的程度不一，形成反洗錢的空窗與破網，而這也是目前聯合國積極推動從聯合國反貪腐公約到訂立模範反資恐法的重點工作。[4]

依據聯合國毒品暨犯罪辦公室（United Nations Office on Drugs and Crime, UNODC）指出，全球洗錢犯罪之所得利益約占全球GDP的2%至5%之間，而國際上每年涉及洗錢的違法金額約在8,000億至2兆美元之間。[5]然而，由於犯罪手法隨著科技日新月異，以傳統反洗

3　目前國內關於洗錢犯罪之刑法上論述，可參閱林順益、邱錦添，最新洗錢防制法實用，元照出版，2019年；楊進興，臺灣反洗錢國際合作研究，元照出版，2017年；台灣金融研訓院編輯委員會，防制洗錢與打擊資恐政策及法令解析，財團法人台灣金融研訓院出版，2018年；台灣金融研訓院編輯委員會，防制洗錢與打擊資恐實務與案例，財團法人台灣金融研訓院出版，2018年；吳俊毅，犯罪、資恐與洗錢：如何有效訴追犯罪？，新學林出版，2017年。

4　Mark Shaw, Jan van Dijk, (December 2003). Wolfgang Rhomberg, Determining Trends in Global Crime and Justice, Forum on Crime and Society, *United Nations Publication*, Vol. 3, No. 1 & No. 2, 41.

5　參考聯合國毒品暨犯罪辦公室（United Nations Office on Drugs and Crime,

錢之方式僅能掌控不到1%的可疑交易辨識，再從該可疑交易中進行法律追訴、審判定罪、沒收犯罪所得的程序，最後成功機率幾乎是寥寥可數。過去歐美國家的金融機構花費在開發反洗錢系統，或以AI替代傳統統計方法的技術革新上，就花費超過500億美元以上，目前雖然技術開發的成本很高，但透過AI來進行辨識，從中判讀可疑交易，已經是反洗錢不可取代的趨勢。[6]除私部門（尤其以金融機構為主）開始重視反洗錢的技術外，各國政府也將打擊犯罪、穩定金融秩序、促進金流透明化，反資助恐怖活動等作為洗錢防制的指導原則。因此，反洗錢原本屬於刑事犯罪偵查的範疇，僅對於組織犯罪、毒品交易、經濟犯罪等疑似洗錢行為進行調查。然而，國際間近年來大幅擴充反洗錢的範圍，除敦促各國將洗錢行為加以重新定義並列為新型態犯罪行為外，近年更以建立在「追蹤所得」（follow the money）之基礎上，積極研發「以AI技術結合金融交易與資訊情報分析」，透過機器學習、區塊鏈、大數據分析、資料探勘等方式追蹤與辨識可疑交易。[7]

（二）洗錢之過程

洗錢是一個將不法所得混入合法所得，使其變成正常交易來源的複雜過程，聯合國曾針對典型洗錢過程進行描述，通常一個完整的洗錢週期（The Money-Laundering Cycle）會經歷「處置」（placement）、「分層化」（layering）、「整合」（integration）等

UNODC），https://www.unodc.org/unodc/en/money-laundering/globalization.html。

[6] Yvonne Lootsma, (August 2017). Blockchain as the Newest Regtech Application-the Opportunity to Reduce the Burden of KYC for Financial Institutions, *Banking & Financial Services Policy Report*, Vol. 36, No. 8, 16-21.

[7] Nicholas McTaggart, (2017). Follow the Money to Achieve Success: Achievable or Aspirational, *Journal of Financial Crime*, Vol. 24 No. 3, 425-436.

三個動態演變的階段。[8]

　　1.「處置階段」（placement stage）：洗錢者將現金或與犯罪直接有關之所得，藉由金融機構或非傳統金融機構分成好幾筆金額匯給第三人（此處第三人可是空頭帳戶或是空殼公司）。另一種常見的手法為，洗錢者透過賭場賭博、毒品、軍火或動物等違禁品跨國買賣、珠寶銀樓奢侈品交易、進出口貿易、股票證券或期貨市場投資、虛擬貨幣或新興支付系統交易等方式，將不法所得走私到「安全之地」（如洗錢或避稅天堂）。而對於上述不同的不法所得來源，或依據不同交易方式的各國監管密度，洗錢者在「處置不法所得階段」會運用五花八門且變化多端的轉換資產方式進行跨國移轉。通常在此階段若能掌握與追蹤所得流向，對於後續的反洗錢工作將有很大助益，運用AI技術判讀可疑交易無疑是「處置階段」的重點研發項目。

　　2.「分層化階段」（layering stage）：洗錢者將不法所得放入「清洗系統」（laundering system）後，利用不同的機構、區域或國家間跨境的複雜交易體系，為該髒錢（或稱黑錢）創造全新、虛設或偽造變造的合法來源及背景，藉以模糊或消除不法所得的真實來源、性質，以及與洗錢者間的真實聯繫，使得在外觀上更難以區分合法與非法之界線。[9]洗錢者通常將現金兌換成旅行支票、債券、股票等，在社會上不停地流通。或利用離岸公司在海外開設人頭戶頭轉換成其他有價物品，透過複雜的跨國「清洗系統」來完成初步漂白，藉以躲過各國監管單位之查證。[10]分層化階段的洗錢過程在行為上仍是透過各種不同型態的「交易」（transaction）來達成目的，因此，在針對

8　參考聯合國毒品暨犯罪辦公室之反洗錢週期（The Money-Laundering Cycle）資料，https://www.unodc.org/unodc/en/money-laundering/globalization.html。

9　參閱林鈺雄，洗錢擴大利得沒收之審查體系，月旦刑事法評論，第11期，2018年，頁45-66。

10　參閱黃謀信，國際刑事司法互助之雙方可罰性原則規範模式分析——併論其於洗錢防制之規範模式，法令月刊，第69卷第5期，2018年，頁75-93。

各種可能成為「清洗系統」的金融機構或非金融機構間進行查核，AI技術可以有效率地從金額、對象、區域等不同的篩選因子上，過濾「可疑、大量、非常規」的交易行為，判讀該可疑交易是否正在進行對不法所得的清洗或漂白。

　　3.「整合階段」（integration stage）：整合階段是洗錢過程的最後階段，通常是洗錢者將分層階段中充分清洗或漂白的「不法所得」與其他「合法所得」進行混同與整合，再將其匯入合法金融與經濟體系中。藉由此黑白整合的過程，不法所得將以形式上合法的外觀，再次轉回到洗錢人或其代理人處，由其自由支配。典型的實例包括：使用不法所得購置私人固定資產、設立洗錢專用的公司，將不法所得融入公司資本收益及抵稅項目中、利用進出口貿易公司虛開進出口價格，混入跨境支付款項中、將不法所得透過非營利組織募款方式捐贈，再透過該組織轉移資金、透過新型商業模式或法律尚未完備的金融科技創新，將不法所得混同於合法所得中，使得難以追查其來源。[11]對於以AI科技在洗錢整合階段的應用的實例，可能在金融機構或非金融機構以區塊鏈方式將其客戶資料及交易歷史完整記錄且無法竄改，再藉由資料探勘與大數據分析偏離正常交易的時間點、金額，以及異常因子，提高辨識判讀的速度與精確度。

二、反洗錢之規範體系與核心工作

　　隨著金融科技（FinTech）與監管科技（Regtech）的發展，金融商品與網路科技逐漸取代傳統的金融體系，再加上國際金融與貿易的自由化發展越趨成熟，跨國集團或犯罪者的洗錢手法隨著科技進

11　參閱劉金龍，證券商防制洗錢及打擊資恐實務，證券暨期貨月刊，第36卷第1期，2018年，頁16-30；李智仁，從客戶身分之確認談銀行防制洗錢與資恐重點，萬國法律，第222期，2018年，頁13-22；馬秀如，洗錢防制下的資本簽證，月旦會計實務研究，第7期，2018年，頁43-53；黃兆揚，洗錢防制的本土挑戰：人頭帳戶問題與對策，法務通訊，第2905期，2018年，頁4-6。

步而不斷翻新，使得聯合國與各國政府對反洗錢議題的重視程度及關注範圍不得不與時俱進，其中重要的基本反洗錢措施包括：提高法人透明度及資訊揭露、建立清晰完整的金流軌跡與可疑交易通報機制、要求金融機構加強防制洗錢及資恐風險的能力建構（capacity building）。[12]同時，近年來在FinTech破壞式創新的推波助瀾下，無論是群眾募資、小額P2P網路貸款、線上支付、虛擬貨幣、開放銀行（Open Banking）等新型態商業模式，都對全球的政府部門、金融機構、非金融機構等帶來前所未有的巨大挑戰。[13]而在所有的反洗錢工作中，法律規範體系是最基本的一道防線，有法律上的授權與界定，才能有效推動反洗錢的核心工作，包括：引進AI技術來協助洗錢犯罪的偵查、可疑交易的辨識，以及不法所得的金流追蹤等。目前針對反洗錢的法律規範體系，大致分為國際法與國內法二部分，前者以聯合國體系所通過的公約及一系列聯合國大會、相關委員會決議等為主軸；後者則由各國自行於立法程序中完成，值得注意者，雖然在各國國內法上大致有大陸法系及英美法系的差別，但在國際組織或區域組織等進行的法規調和（legal harmonization）下，形成相關的行動準則與國際標準建議，提供各國立法時參考，以減少規範落差，避免讓洗錢者有可趁之機。[14]

---

[12] Julian Skan et al., *The Future of FinTech and Banking: Digitally Disrupted or Reimagined?* 2015, available at https://www.accenture.com/_acnmedia/accentur/conver sion-assets/dotcom/documents/global/pdf/dualpub_11/accenture-future-fintech-banking.pdf#zoom=50.

[13] George Walker, (2017). Financial Technology Law-A New Beginning and a New Future, *50 Int'l Law*, 137, pp. 137-215.

[14] 有關反洗錢與反資恐法制之國際規範與國內立法及行政規則，參閱金融監督管理委員會所設置之「洗錢防制與打擊資恐專區」，https://www.fsc.gov.tw/ch/home.jsp?id=474&parentpath=0,7。

（一）反洗錢之法律規範體系

1. 國際規範

(1)**聯合國打擊跨國組織犯罪公約**（The United Nations Convention against Transnational Organized Crime, UNTOC）：[15]UNTOC於2000年經聯合國大會決議通過，2003年9月29日生效，其目的在指導並提供各國政府打擊跨國有組織犯罪之法制和政策，促使世界各國共同致力於打擊跨國有組織犯罪。UNTOC在打擊洗錢、貪污、非法販運野生動植物群瀕臨危險物種、破壞文化遺產等犯罪活動，以及打擊跨國有組織犯罪與恐怖主義犯罪之間日趨密切之聯繫，成為有力之法律架構。在UNTOC中，第6條明定洗錢行為的刑事定罪、第7條為打擊洗錢活動的措施、第8條貪污的刑事定罪、第9條反腐敗措施等，皆與反洗錢之當代法律規範息息相關。而UNTOC之補充議定書，包括：關於預防、禁止和懲治販運人口特別是婦女和兒童行為之補充議定書、關於打擊陸海空偷運移民的補充議定書、關於打擊非法製造和販運槍械及其零組件和彈藥的補充議定書等，擴充UNTOC之適用範圍，將販運人口、走私移民、非法製造及販運槍枝等不法犯行，亦納入公約所欲追訴的對象。UNTOC中的許多刑事程序性規定，讓國際間的刑事追訴、司法互助、聯合調查、移交人犯、引渡、保護證人、執法合作等措施皆有國際合作的機制，奠定當代國際社會關於反洗錢與反資恐法規調和的基礎。

(2)**聯合國反貪腐公約**（United Nations Convention against Corruption, UNCAC）：[16]UNCAC於2003年第五十八屆聯合國大會全

---

[15] The United Nations Convention against Transnational Organized Crime, UNTOC, 40 ILM 335 (2001); UN Doc. A/55/383 at 25 (2000); UN Doc. A/RES/55/25 at 4 (2001).

[16] United Nations Convention against Corruption, UNCAC, UN General Assembly, 21 November 2003, A/RES/58/4, available at: https://www.refworld.org/docid/3fdc4d3e7.html (accessed 12 October 2019).

體會議審議通過，並於2005年正式生效，其宗旨為促進和加強各項措施，以更加有效率且有力地預防及打擊貪腐，促進、便利及支援預防與打擊貪腐方面之國際合作和技術援助，包括在追繳資產方面，提倡廉正、課責制及對公共事務和公共財產之妥善管理。有鑑於貪腐對社會穩定與安全所造成之問題和構成威脅之嚴重性，破壞民主體制及價值觀、道德觀與正義，並危害永續發展及法治；同時，貪腐及其他形式犯罪間之聯繫，特別是組織犯罪與經濟犯罪，包括洗錢及資助恐怖活動等皆為重大國際案件，聯合國確信貪腐已不再是地方性問題，而是一種影響所有社會和經濟之跨國現象，因此，進行國際合作以預防及控制貪腐，乃至關重要。而在科技發展日新月異、貪腐手法不斷翻新之下，有效預防和打擊貪腐，需採取綜合性及跨學科之方法，並在強化國家有效預防及打擊貪腐之能力方面提供技術援助，包括透過加強能力與設置機構，使各國得以發揮重要作用。UNCAC更以公約之具體規範，來進行國際間貪腐行為之預防、查察及抑制非法獲得資產之國際轉移，並加強資產追繳之國際合作。UNCAC第一次在國際法律文書中確立了「被貪污的公款必須返還」的原則，對各國加強國內的反腐行動、提高反腐成效、促進反腐國際合作具有重要意義。

(3)**防制洗錢金融行動工作組織**（Financial Action Task Force, FATF）：FATF成立於1989年，總部設於法國巴黎，現有三十七個會員，旨在打擊國際洗錢犯罪，設立相關規範與策略。2012年FATF發布「反洗錢及反資恐國際標準40項建議」（FATA Forty Recommendations，簡稱FATF的40項建議）[17]已經為各國反洗錢與反資恐立法工作的最重要參考文件，該文件希望能在全球範圍內建立一個以國家或特定地區為單位，且相對統一的反洗錢及反資恐的大數據資料庫系統，以滿足統計分析及國際合作的需求。此外，在可疑交易

---

[17] FATF Recommendations 2012-adopted on 16 February 2012 and updated regularly since, available at http://www.fatf-gafi.org/publications/fatfrecommendations/ documents/fatf-recommendations.html.

辨識的報告等技術範圍，FATF之建議也希望各國能盡可能做到格式與標準上的統一。因此，FATF的40項建議大致上可分爲二大目標，其一爲「建立統一的大數據資料庫系統」，包括：可疑交易報告接收與分發數據資料庫、洗錢與資恐調查數據資料庫、洗錢罪與資恐罪等金融犯罪之起訴與判決數據資料庫、資產凍結扣押及沒收之數據資料庫、國際司法互助資料庫等；其二爲「提供技術指引、資訊反饋與法律制裁」，包括：反洗錢技術指引、資訊反饋機制、違規處罰機制等。雖然上述FATF的40項建議並非正式的國際公約，並無國際法上的強制拘束力，但有鑑於FATF在國際反洗錢與反資恐領域內廣泛性且具權威性的特徵，世界上絕大部分的國家都依照該40項建議之標準與要求而進行國際合作，並修正各國國內反洗錢規範架構。[18]同時，各國陸續建立反洗錢與反資恐的大數據資料庫，更可以有效的導入AI技術，作爲精準落實FATF的40項建議之重要發展。[19]

2. 我國規範

(1)洗錢防制法：我國洗錢防制法雖早於1996年10月23日制定公布，惟該法之制定與歷次修正均集中在洗錢犯罪之前置犯罪，並未因應國際標準要求，使得洗錢罪難以追訴，跨境現金流動及境內洗錢活動無從控管，造成我國在反洗錢與反資恐工作上未能與國際接軌。2018年修正時，即針對以上的不足，參考國際法之規範而加以修正，主要內容包括：①提升洗錢犯罪之追訴可能性，含修正洗錢行爲之定義、洗錢犯罪之門檻、重大犯罪所得之認定、擴大沒收制度引進；②強化金流軌跡之建立，含全面性要求客戶審查、要求保存交易紀錄、擴大指定非金融機構及專門執業技術人員（Designated Non-

---

[18] Tom Butler, Leona O'Brien, Marcello Ceci, (2017). Beyond the Hype of AI - A Smart Approach to Unpacking Regulations, 36 No. 10 Banking & Fin. Services Pol'y Rep. 1, pp. 1-11.

[19] Douglas Arner, Jànos Barberis, and Ross P. Buckley, (2017). FinTech, Regtech, and the Reconceptualization of Financial Regulation, 37 Nw. J. Int'l L. & Bus. 371, pp. 371-4141.

Financial Bodies and Professions, DNFBPs）之範圍、重要政治性職務之人（Politically Exposed Persons, PEPs）之強化審查；③增進國際合作可能：強化洗錢犯罪司法合作、配合採取金融反制措施；④強化洗錢防制體質：強化內控內稽、人員教育訓練與素質提升、建置洗錢防制基金等。[20]

(2)**資恐防制法**：我國資恐防制法於2016年7月制定，並於2018年7月修正。有鑑於恐怖主義對於各國人權已產生極大威脅，各國遂對於資助恐怖主義所伴生之恐怖活動、組織及其成員等資恐行為施以刑罰，並對於資恐及武器擴散行為進行目標性金融制裁（Targeted Financial Sanctions）之措施，始能有效防制恐怖主義及武器擴散，參諸聯合國制止向恐怖主義提供資助國際公約（International Convention for the Suppression of the Financing of Terrorism，簡稱反資恐公約）之精神，以及FATF發布之防制洗錢及打擊資助恐怖主義與武器擴散國際標準（International Standards on Combating Money Laundering and the Financing of Terrorism & Proliferation，簡稱FATF國際標準）所定40項建議之第5項至第7項建議內容，而制定我國的資恐防制法。本法之目的係為防止並遏止資助恐怖主義之行為，以維護國家安全、保障基本人權，並強化國際資恐防制合作。同時，本法亦規定，為防制國際資恐活動，政府依互惠原則，得與外國政府、機構或國際組織簽訂防制資恐之條約或協定，作為國際合作反資恐之法源依據。[21]

---

[20] 錢世傑，重要政治性職務之人（PEPs）規定之合理性及其適用，財產法暨經濟法，第52期，2018年，頁139-176；陳言博，洗錢防制之實質受益權歸屬——兼論代名股東及代名董事，全國律師，第22卷第4期，2018年，頁39-58；謝紹芬、陳依婷、胡惟喻，公司法令遵循制度研究——保險業視角，核保學報，第25期，2018年，頁232-264。

[21] 李裕勳、王盈瑾，以「全機構洗錢暨資恐風險評估」（Institutional Risk Assessment, IRA）為起點的防制洗錢與打擊資恐策略及規劃——兼論臺灣國家洗錢及資恐風險評估，證券公會季刊，2018年11月，頁13-21；林淑萍、蔡明春、詹德恩，疑似洗錢或資恐交易態樣系統監控，證券公會季刊，2018年11月，頁6-12；蔣念祖，洗防、資恐立法進程與國際評鑑，萬國法律，第222期，2018年，頁34-47。

　　(3)**金融機構防制洗錢辦法**：依洗錢防制法規定，各目的事業主管機關應就確認客戶身分、紀錄保存、大額通貨交易及疑似洗錢或資恐交易申報等事項訂定授權辦法。因此，金管會經整併現行本注意事項有關確認客戶身分及紀錄保存之規定，以及「金融機構對達一定金額以上通貨交易及疑似洗錢交易申報辦法」之內容，訂定金融機構防制洗錢辦法。重點包括：①金融機構應於客戶開戶時，執行確認客戶身分程序，包括應請客戶提供身分證明文件，以辨識及驗證客戶身分，並了解客戶開戶的目的、性質（例如帳戶未來可能之交易等）及身分背景資訊。另對於法人或團體客戶，金融機構尚須取得客戶之章程並了解客戶的控制權架構及實質受益人（指對客戶具最終控制權的自然人）。此外，客戶完成開戶後，金融機構亦須對客戶資料持續審查，並適時請客戶更新相關資訊；②金融機構確認客戶身分及對客戶身分之持續審查，應視風險程度，決定其執行強度，如經評估屬較高風險情形，應向客戶了解或取得更多資訊及文件，並採行適當管理措施。另對於來自洗錢或資恐高風險國家或地區之客戶，亦應採行與其風險相當的強化措施；③參考國際立法例，要求金融機構應檢核客戶是否為國內外或國際組織重要政治性職務人士，或經指定之制裁對象，且檢核範圍應擴及法人或團體客戶之實質受益人及高階管理人員。[22]

　　而依據洗錢防制法、資恐防制法及金融機構防制洗錢辦法等法源基礎，金管會及法務部又制定了許多行政規則以強化我國金融機構之反洗錢與反資恐重要核心工作，包括：「銀行業及電子支付機構電子票證發行機構防制洗錢及打擊資恐內部控制要點」、「銀行業及

---

[22] 袁宇柔、詹德恩、顏雅倫，我國銀行業可疑交易申報機制之研究，法遵與治理，第1期，2019年，頁95-132；張振山，證券期貨業如何落實防制洗錢及打擊資助恐怖主義，證券公會季刊，2016年11月，頁2-11；吳盈德，創新金融科技與洗錢防制趨勢，月旦法學，第267期，2017年，頁19-29；蔣念祖，洗錢防治配套及金融監理沙盒制度之隱憂，萬國法律，第215期，2017年，頁89-99。

其他經金融監督管理委員會指定之金融機構防制洗錢及打擊資恐內部控制與稽核制度實施辦法」、「銀行防制洗錢及打擊資恐注意事項範本」、「農業金融機構防制洗錢與打擊資恐內部控制及稽核制度實施辦法」、「銀樓業防制洗錢與打擊資恐施行及申報辦法」等[23]（如表8-1所示）。

表8-1 反洗錢與反資恐在我國之國際法與國內法之規範層次

國際規範	• 聯合國反貪腐公約（UNCAC） • 聯合國打擊跨國組織犯罪公約（UNTOC） • 防制洗錢金融行動工作組織（FATF）40項建議
國內規範	• 洗錢防制法 • 資恐防制法 • 金融機構防制洗錢辦法 • 銀行業及電子支付機構電子票證發行機構防制洗錢及打擊資恐內部控制要點 • 銀行業及其他經金融監督管理委員會指定之金融機構防制洗錢及打擊資恐內部控制與稽核制度實施辦法 • 銀行防制洗錢及打擊資恐注意事項範本 • 農業金融機構防制洗錢與打擊資恐內部控制及稽核制度實施辦法 • 銀樓業防制洗錢與打擊資恐施行及申報辦法

資料來源：作者自行整理。

（二）反洗錢之核心工作

在反洗錢的核心工作中，主要的第一線查核任務落在金融機構身上，同時，隨著金融科技不斷發展，以及各國政府對於監管科技

---

[23] 王志誠，洗錢防制法之發展趨勢——金融機構執行洗錢防制之實務問題，月旦法學，第267期，2017年，頁5-18。

（Regulatory Technology，簡稱Regtech）的重視，非金融機構的反洗錢也日漸開始成為近年來的熱門話題。[24]由於落實防制洗錢工作成本很高，第一線核心工作最主要的任務就是充分了解客戶背景，並在每天高達以百萬計的金融交易中，找出異常狀況，進一步分析疑似洗錢交易。然而，國際上即使如金融機構（大型金控公司）資本雄厚可以投入大量的人力和資源設立法令遵循或反洗錢專責單位，但每年面對巨量的交易資訊，僅僅靠傳統人力已經是不符成本，遑論非金融機構更無法有效承擔預防洗錢犯罪的工作。

　　國際知名的專業組織公認反洗錢師協會（Association of Certified Anti-Money Laundering Specialists, ACAMS）進年來引介各國以人工智慧（AI）搭配金融科技進行反洗錢工作，尤其應用人工智慧可降低銀行不良貸款與洗錢風險，運用AI機器學習等新技術在反洗錢、反恐怖融資等領域可以有效減輕機構投入的大量人事成本。但AI應用在反洗錢工作上，也不是一件簡單的工作，關鍵在於大數據資料庫的建立，以及運用合適的精準科技進行預測，藉由將反洗錢系統知識及技巧，導入金融機構或非金融機構的風險管理大數據平台中，以AI的深度學習與演算能力來對可疑交易、金流足跡、洗錢及詐欺等行為加以辨識。因此，AI及金融科技已讓金融監理進入Regtech的世代，利用AI技術結合反洗錢工作，可以省下大量法遵人力與管理成本，提升反洗錢與強化資安效率。以下將介紹反洗錢工作中，最重要的三項核心任務：「了解你的客戶」（Know Your Customer, KYC）、「身分資料和交易資訊保存」、「可疑交易報告制度建置」：

---

[24] 傳統AML工作中，金融機構包括銀行、壽險、期貨、券商等業者；而新時代的AML則延伸至律師事務所、會計師事務所、稅務記帳師事務所、非營利組織（NGO）、銀樓、珠寶業者，甚至是網路平台交易、群眾募資、虛擬貨幣交易平台等。AML的主要工作則為交易資料留檔、辨識有無可疑案例並落實通報等。

1. **了解你的客戶**：KYC係指金融機構或交易平台取得客戶相關識別訊息的過程，又稱爲「實名認證」，若是不符合標準的用戶，將無法使用金融或商業交易機構平台所提供的服務。監管機關亦可以依據上述機構提供的KYC作爲犯罪活動的調查依據。[25]KYC必須按照所在國的金融條例規定，需要客戶提供相關利害關係人（代理人、受益人及識別客戶身分）之個人資料。因此，金融機構或相關非金融事業之人員應以「風險爲基礎」，進行確認客戶身分程序並留存資料，且審查範圍亦應包括「實質受益人」。[26]

2. **身分資料和交易資訊保存**：除上述客戶個人資料屬於KYC之重點工作外，交易資訊與紀錄之保存亦是反洗錢的重要措施。金融機構或相關非金融事業之人員在辦理客戶之金流往來交易時，應留存必要之交易資訊與紀錄。[27]一般在反洗錢的規範下，交易紀錄都有保存年限的要求，以FATA的40項建議爲例，客戶的原始資料及交易紀錄應保存至少五年以上，此保存年限規定之主要目的是作爲履行客戶身分和交易報告的證明、「再現」客戶資金交易過程、發現可疑交易提供依據，並協助蒐集不法所得之犯罪證據，以供調查、偵查、起訴、審判等程序。另外，在AI導入反洗錢的過程中，巨量資料的蒐集更是不可或缺的基礎，以客戶的身分別以及原始交易紀錄爲基礎所建置的資料庫，將成爲後續運用各類演算法、機器深度學習，以及大數據

---

[25] Adrienne Harris & Alex Zerden, *A Framework for FinTech*, THE WHITE HOUSE, Jan. 13, 2017, www.whitehouse.gov/blog/2017/01/13/framework-fintech; Harold Primm, (2016), Regulating the Blockchain Revolution: A Financial Industry Transformation, 36 Rev. Banking & Fin. L. 75, at 75-91; Kevin Petrasic & Matthew Bornfreund, Beyond Bitcoin: The Blockchain Revolution in Financial Services, WHITE & CASE (Mar. 7, 2016), http://www.whitecase.com/publications/insight/beyond-bitcoin-blockchainrevolutionfinancial-services.

[26] 洗錢防制法第7條規定參照。

[27] 洗錢防制法第8條規定參照。

分析等AI技術，用以辨識可疑交易的基本來源。[28]

　　3. **可疑交易報告制度建置**：可疑交易報告制度是反洗錢的最核心工作。反洗錢主要目的是發現和鑑別不法所得與各類犯罪活動的有關線索，並重建金流地圖。在各國反洗錢的規範上，多數會要求金融機構履行可疑交易報告的義務，甚至將此義務延伸至非金融機構（如非營利組織），此規範有助於提高可疑交易報告工作的有效程度，有利於預防、遏制洗錢和恐怖融資等犯罪活動，維護全球金融體系的安全穩健。然而，即使有可疑交易報告的傳輸，但目前的挑戰是許多第一線人員以「預防萬一」的原則，被列為可疑交易報告之筆數與資料量太過龐大，導致「有效的」可疑交易報告（亦即可進行法律追訴的潛在洗錢案）占整體通報量的比例極低（有些國家中有效的可疑交易報告占整體通報的萬分之一）。以AI技術分析巨量交易資料，並精準預測或辨識可疑交易，成為目前反洗錢刻不容緩的研發工作，雖然幾個重要先進國家在AI技術精準偵測可疑交易上取得明顯進步，但是比例上仍然不到10%，可見新科技時代的挑戰依然艱鉅。

貳、人工智慧技術應用於反洗錢：可疑交易之辨識

　　目前國際間已普遍認可AI、大數據、機器學習等新技術應用於反洗錢對於金融犯罪之預防，將有突破性的發展，而在金融科技的發展下，更是不可或缺的風險控管方法。在前述洗錢週期的架構下，AI導入反洗錢工作以「可疑交易」（suspicious transaction）之辨識最為重要。傳統上，金融機構對於可疑交易都需動用大量的人力成本，

---

[28] Mariano Belinky, Santander, The FinTech 2.0 Paper: Rebooting Financial Services, at 15 (2015), http://santanderinnoventures.com/wpcontent/uploads/2015/06/The-FinTech-2-0-Paper.pdf; Daniel Gutierrez, Big Data for Finance-Security and Regulatory Compliance Considerations, Inside Big Data (Oct. 20, 2014), http://insidebigdata.com/2014/10/20/big-data-finance-security-regulatory-compliance-considerations/.

檢視巨量交易資料，從中挑選出「異常狀況的交易」，例如：頻率、金額、用途、流向、性質、地域等一個或多個方面存在異常特徵或與正常交易行為有明顯區別之交易方式。[29]可疑交易最大的挑戰是可疑交易通報「量化標準」（quantitative criteria）的設定，倘若設定的標準太低，會大量攔截正常交易，耗費大量的人工進行覆核；但若標準設定太高，又會讓洗錢者有機可乘，反而影響反洗錢的有效性，如何取捨是目前各國政府的難題。[30]然而，若能制定出合理可行的標準，則透過AI來辨識可疑交易將成為一項利器，AI對金融科技的助益不僅是創新商業模式，更在風險控管、反洗錢、反詐欺、反資恐方面達到前所未有的功能。例如：倘若發現有洗錢的可疑交易，AI技術便可在複雜的交易資料中分析所有金流節點，自動進行交叉比對，並透過區塊鏈技術找出所有金流大量集中通過、匯集目的地等可疑節點，重繪與還原出洗錢網絡。[31]

一、「可疑交易辨識」之定義、特徵與態樣

「可疑交易」係指透過對於客戶身分資料的掌握，將其交易背景、交易行為模式、交易發生頻率等進行記錄與追蹤，作為與正常交易的對照，倘若在一定期間內發生交易頻率、金額、用途、流向、性質、地域等偏離正常指數，以及「非正常交易」，則依據量化標準、預設規則、反洗錢實際經驗，找出可能涉及洗錢行為或能提供洗錢週期與路徑的交易過程。金管會於2017年曾針對「疑似洗錢或資恐交易

---

[29] 參閱中華民國證券商業同業公會證券商防制洗錢及打擊資恐注意事項範本。中華民國108年7月11日中華民國證券商業同業公會中證商業三字第1080003331號函修正發布全文18點及第12點附件「證券商評估洗錢及資恐風險及訂定相關防制計畫指引」。該指引之附錄中將「疑似洗錢或資恐交易態樣」分為四大類：客戶帳戶類、交易類、OSU類、資恐類等。

[30] V. Gerard Comizio, (2017). Virtual Currencies: Growing Regulatory Framework and Challenges in the Emerging FinTech, 21 N.C. Banking Inst. 131, pp. 131-175.

[31] 張成虎，反洗錢中的可疑金融交易識別，經濟管理出版社，2013年12月1日。

態樣」公布九大類共53種可疑交易態樣，作爲反洗錢工作的重要標準[32]（如表8-2所示）。

表8-2　疑似洗錢或資恐交易態樣

類別	編號	疑似洗錢或資恐之可疑交易態樣
產品／服務 —存提匯款 類	01	同一帳戶在一定期間內之現金存、提款交易，分別累計達特定金額以上者
	02	同一客戶在一定期間內，於其帳戶辦理多筆現金存、提款交易，分別累計達特定金額以上者
	03	同一客戶在一定期間內以每筆略低於一定金額通貨交易申報門檻之現金辦理存、提款，分別累計達特定金額以上者
	04	客戶突有達特定金額以上存款者（如將多張本票、支票存入同一帳戶）
	05	不活躍帳戶突有達特定金額以上資金出入，且又迅速移轉者
	06	客戶開戶後立即有達特定金額以上款項存、匯入，且又迅速移轉者
	07	存款帳戶密集存入多筆款項達特定金額以上或筆數達一定數量以上，且又迅速移轉者
	08	客戶經常於數個不同客戶帳戶間移轉資金達特定金額以上者
	09	客戶經常以提現為名、轉帳為實方式處理有關交易流程者
	10	客戶每筆存、提金額相當且相距時間不久，並達特定金額以上者

表8-2 疑似洗錢或資恐交易態樣（續）

類別	編號	疑似洗錢或資恐之可疑交易態樣
產品／服務—存提匯款類	11	客戶經常代理他人存、提，或特定帳戶經常由第三人存、提現金達特定金額以上者
	12	客戶一次性以現金分多筆匯出，或要求開立票據（如本行支票、存放同業支票、匯票）、申請可轉讓定期存單、旅行支票、受益憑證及其他有價證券，其合計金額達特定金額以上者
	13	客戶結購或結售達特定金額以上外匯、外幣現鈔、旅行支票、外幣匯票或其他無記名金融工具者
	14	客戶經常性地將小面額鈔票兌換成大面額鈔票，或反之者
	15	自洗錢或資恐高風險國家或地區匯入（或匯至該等國家或地區）之交易款項達特定金額以上。本範本所述之高風險國家或地區，包括但不限於金融監督管理委員會函轉國際洗錢防制組織所公告防制洗錢及打擊資恐有嚴重缺失之國家或地區，及其他未遵循或未充分遵循國際洗錢防制組織建議之國家或地區
產品／服務—授信類	16	客戶突以達特定金額之款項償還放款，而無法釋明合理之還款來源者
	17	客戶利用大量現金、約當現金、高價值商品、不動產等，或使用無關聯之第三方的資金、資產或信用，作為擔保品或保證申請貸款者
	18	以現金、約當現金或易於變現之資產所擔保之貸款發生違約事件，意圖使銀行處分擔保品

表8-2 疑似洗錢或資恐交易態樣（續）

類別	編號	疑似洗錢或資恐之可疑交易態樣
產品／服務 —OBU類	19	在一定期間內，多個境內居民接受一個境外帳戶匯款，其資金的調撥和結匯均由一人或者少數人操作
	20	帳戶以一境外公司名義運作，或境內企業利用境外法人或自然人之境外帳戶，其資金流動屬有規律性質，且該帳戶資金往來在一定期間內達特定金額以上
	21	客戶帳戶累積大量餘額，並經常匯款至其國外帳戶達特定金額以上
	22	客戶經常存入境外發行之旅行支票及外幣匯票
	23	客戶在一定期間內頻繁且大量申購境外結構型產品，該產品並不符合其本身需要
產品／服務 —貿易金融類	24	提貨單與付款單或發票的商品敘述內容不符，如進出口的產品數量或類型不符
	25	產品和服務之定價，或於發票中所申報的價值，明顯與該商品的市場公平價值不符（低估或高估）
	26	付款方式不符合該交易的風險特性，如預先支付貨款給一個位於洗錢或資恐高風險國家或地區的新供應商
	27	交易中所使用的信用狀常頻繁或無合理解釋大幅修改、延期或更換付款地點
	28	利用無貿易基礎的信用狀、票據貼現或其他方式於境外融資
	29	運送之物品與客戶所屬產業別、營運項目不符或與本身營業性質無關

表8-2 疑似洗錢或資恐交易態樣（續）

類別	編號	疑似洗錢或資恐之可疑交易態樣
產品／服務—貿易金融類	30	客戶涉及疑似洗錢或資恐高風險之活動，包括輸出入受禁運或限制輸出入貨品者（如外國政府的軍事用品、武器、化學物品，或金屬等天然資源）
	31	貨物運至或來自洗錢或資恐高風險國家或地區
	32	運輸的貨物類型容易被利用於洗錢或資恐，如高價值但量少之商品（如鑽石、藝術品）
產品／服務—通匯銀行類	33	金融同業帳戶收付金額與其存款規模明顯不符、金額波動明顯超過存款變化幅度，或資金往來帳戶收付金額與其本身營業性質不符
	34	無法辨識過渡帳戶（Payable-through account）之實際帳戶持有人
	35	與通匯銀行間的現金運送模式有重大改變
	36	通匯銀行的現金存款金額與次數快速增加，然而其非現金類存款並無相對增加
產品／服務—保管箱類	37	客戶異常頻繁使用保管箱業務，如頻繁開啟保管箱或另行租用多個保管箱者
	38	客戶夥同數人開啟保管箱，或非原租用人頻繁開啟保管箱者
產品／服務—其他類	39	同一預付或儲值卡公司（Prepaid card company）在其不同國家帳戶間之頻繁資金往來達特定金額以上
	40	以個人帳戶處理使領館、外交辦事處或官方公務；或以使領館、外交辦事處或官方帳戶支付外國公民的個人支出（例如大學生的日常支出）

表8-2　疑似洗錢或資恐交易態樣（續）

類別	編號	疑似洗錢或資恐之可疑交易態樣
異常交易活動／行為—交易行為類	41	大量出售金融債券卻要求支付現金之交易、頻繁利用旅行支票或外幣支票之達特定金額以上交易而無正當原因，或達特定金額以上之開發信用狀交易而數量與價格無法提供合理資訊之交易或以巨額（數千萬元）金融同業支票開戶但疑似洗錢或資恐交易者
	42	電視、報章雜誌或網際網路等媒體即時報導之特殊重大案件，該涉案人在銀行從事之存款、提款或匯款等交易，且交易顯屬異常者
	43	數人夥同至銀行辦理存款、提款或匯款等交易者
異常交易活動／行為—客戶身分資訊類	44	客戶具「存款帳戶及其疑似不法或顯屬異常交易管理辦法」、「銀行防制洗錢及打擊資恐注意事項範本」或其他無法完成確認身分相關規定程序之情形者
	45	同一地址有大量客戶註冊、居住者經常變更，或地址並非真實居住地址
	46	辦理國外匯出匯款之匯款人與受款人間無法對雙方關係提出合理解釋者
資恐類	47	交易有關對象為金融監督管理委員會函轉外國政府所提供之恐怖分子或團體者；或國際組織認定或追查之恐怖組織；或交易資金疑似或有合理理由懷疑與恐怖活動、恐怖組織或資恐有關聯者
	48	在一定期間內，年輕族群客戶提領或轉出累計達特定金額以上，並轉帳或匯款至軍事及恐怖活動頻繁之熱門地區，或至非營利團體累計達特定金額以上，並立即結束往來關係或關戶

表8-2 疑似洗錢或資恐交易態樣（續）

類別	編號	疑似洗錢或資恐之可疑交易態樣
資恐類	49	以非營利團體名義經常進行達特定金額以上之跨國交易，且無合理解釋者
跨境交易類	50	客戶經常匯款至國外達特定金額以上者
	51	客戶經常由國外匯入大筆金額且立即提領現金達特定金額以上者
	52	客戶經常自國外收到達特定金額以上款項後，立即再將該筆款項匯回同一個國家或地區的另一個人，或匯至匯款方在另一個國家或地區的帳戶者
	53	客戶頻繁而大量將款項從高避稅風險或高金融保密的國家或地區，匯入或匯出者

資料來源：作者自行製表。

　　上述判斷可疑交易的判斷標準中，部分是量化指標、部分是質化指標，對於以AI技術作為反洗錢的工具開發時，量化指標項目比較容易導入機器學習指令或以大數據分析資料庫；而質化指標因為涉及因果關係、合理性解釋及價值判斷等，都需進一步加以轉譯，才能讓AI有效分辨反洗錢規範架構所關注的非正常交易。

二、「可疑交易辨識」之重要性與侷限

　　可疑交易識別是發現並找出洗錢者的金流足跡，或提供洗錢犯罪相關線索的交易過程，重建洗錢交易網絡的重要環節，在整個反洗錢工作中扮演著不可或缺及無法替代的樞紐角色。首先，在各國制定出反洗錢相關法令的規則與制度後，依據通過立法程序的法源基礎，將適用的相關條款及反洗錢經驗，轉化為辨識可疑交易之標準，藉以追蹤不法所得的金流流向，作為未來反洗錢的執行證據。

　　一直以來，反洗錢工作上的可疑交易辨識皆透過人工核查方法，

以統計報表、現場檢查、手動比對或以統計軟體等資料分析方法來辨識，然而，在AI時代來臨以及金融科技興起後，此種傳統靜態的可疑交易辨識方法不免捉襟見肘，更不符時效性。尤其金融科技日新月異下，行動及網路支付以及虛擬貨幣等技術之發展，提供洗錢和資助恐怖主義等行為有更多的金流平台可供選擇，由於新興金融科技仍存在客戶身分難以識別、交易過程透明度不足、監管體系不健全等，造成目前反洗錢、反資恐面臨不小的難題。另一方面，洗錢的過程中利用「資訊不對稱」的特性，將洗錢行為加以分工拆解，隱藏金流流向的每個環節、偽造合法所得，藉以達到逃避法規與政府監管的目的。隨著金融科技的發展，傳統金融機構與新興的非金融機構界線越來越模糊，使洗錢金流的流向在現實與虛擬、傳統與新興、顯性與隱性間來回流竄，讓反洗錢工作更加困難。因此，在反洗錢工作上，「交易、平台、支付」所形成的三大組成元素間，相互聯結則顯得非常重要，例如：虛擬貨幣（比特幣、以太幣）及OBU交易、第三方支付、群眾募資平台與區塊鏈，以及開放銀行等都是金融科技下的產物，但也為洗錢者創造更多非法所得交易的場域，而上述各種層次的金流管道間能否相互勾稽、通報、揭露、串聯，將是未來反洗錢工作艱鉅的挑戰，且必需要突破的技術障礙。

三、以人工智慧技術導入「可疑交易辨識」判讀

　　人工智慧（AI）導入反洗錢的可疑交易辨識，可以在節省人力成本及辨別客戶巨量交易資料的二個核心工作上，帶來更快速精準的判讀，使第一線的反洗錢工作更符合現代的法遵規範。AI在可疑交易資料的辨識上，可透過機器深度學習，將過去被標識為不法所得的交易型態作為參數，自動分類和排序所有交易案件的風險等級。在許多國家將AI導入反洗錢的經驗顯示，隨著反洗錢實務經驗的增加，置入的參數與規則越多樣越準確，則機器學習可疑交易辨識的誤判概率就越低。同時，AI還可運用於KYC之風險評估，透過機器學習、自然語言處理（NLP）等技術，可幫助金融機構從更多元角度去刻畫

與了解客戶身分以及交易足跡，建立風險圖譜，精準預測客戶之風險評估，大大加強了反洗錢的精度與準度。以下將簡單介紹廣泛運用於反洗錢工作的重點AI技術：「機器學習」（Machine Learning）與「知識結構圖」（Knowledge Graph）。

（一）機器學習

　　機器學習是一門跨領域學科，包括機率、統計、演算法等多門學科所集合而成並廣泛應用於AI的技術之一。在機器學習的領域中，主要是對比人類與電腦二者的學習行為，重新組織已有的知識體系並不斷改善本身的運作，其應用遍及AI的各個應用層面。簡言之，機器學習就是模仿人類對於未知事物的大腦認知歷程，與傳統電腦演算法不同的是，AI透過機器學習會自主產生知識，並將「規則─數值─特徵」等三者進行系統性整合，內化為資料庫的內容。因此，機器學習主要使用歸納、綜合而不是演繹來分析問題。機器學習主要的運作模式在於對輸入參數與模型進行學習，對於影響因子的主要特徵及變數加以歸納。機器學習會使得AI成為虛擬反洗錢專家，如同人類專家般準確判斷可疑交易，在AI技術應用於反洗錢中，機器學習可以在巨量資料中判讀疑似洗錢特徵的可疑交易，並按照相似程度與發生機率進行風險排序，將其系統地納入大數據資料庫，從這基礎上循環不斷地加強判讀功能。相對於傳統人力來進行可疑交易的識別，AI機器學習具有處理巨量資料、大規模判讀辨識、速度快且評估精準等優於傳統人力判讀的特徵。然而，機器學習也有侷限，特別是當洗錢發生在偶然、單一、獨立且頻率低的資恐風險防範上成效很低，故在特殊案例上，仍需依靠具資深反洗錢經驗的情報分析的洗錢專家為主。因此，若以具反洗錢經驗的專家搭配運用AI機器學習，不斷輸入有效參數與實務經驗，可以更加速AI的學習速度，讓可疑交易辨識的判讀更具精確、快速、智慧的特徵。[33]

---

[33] Jingguang Han, Utsab Barman, Jeremiah Hayes, Jinhua Du, Edward Burgin, and Dadong Wan, (2018). Nextgen AML: Distributed Deep Learning Based Language

（二）知識結構圖

　　知識結構圖也是近年來AI快速發展的技術之一，在2000年左右建立知識結構圖的觀念就已具備雛形，加上Web 2.0風潮，認為知識結構圖之建立，可以透過群眾力量共同編輯，後來由Google公司買下知識結構圖的技術後，予以開發應用，成為網路搜尋引擎中不可或缺的技術。知識結構圖係在搜尋引擎的基本功能上，通過建立大數據知識庫，並由網路爬蟲大量由網頁中爬梳擷取網路連結及文本資料，把不同實體通過關係加以結構化與正規化，國際間運用知識結構圖較有名的實例，包括：Wolfram Alpha，以及眾所皆知的強大問答系統「華生超級電腦」（IBM Watson）。知識結構圖本質上包括四方面的資訊：類型（type）、主體（subject）、關係（predicate）、客體（object）。此技術將不同層次的大數據資料，通過既定的類型與關係進行描述並連接起來，最終能夠定義某一類行為，或者某一類主體，尤其對於假設問題中的「具名實體」及「關係網絡」的區辨能力是知識結構圖的重要功能。[34]

　　從反洗錢的法律觀點觀之，以常見的金融機構涉及洗錢案例而言，在錯綜複雜的金流足跡、股權結構分布及可疑交易的層層「主客體關係」中，重要的工作即為辨識洗錢週期中的「實質受益人」（Beneficial Owner），[35]由於此「實質受益人」通常在外觀上並非實際經營者或交易者，然而卻透過綿密複雜的持股或交易往來關係，來達到隱匿不法所得，並加以洗白的最終目的。AI知識結構圖的技術

Technologies to Augment Anti Money Laundering Investigation, Association for Computational Linguistics.

[34] Europol, (2017). From Suspicion to Action-Converting Fnancial Intelligence into Greater Operational Impact, Financial Intelligence Group.

[35] 依金融機構防制洗錢辦法第2條第7項規定，「實質受益人」之定義，係參酌防制洗錢金融行動工作組織（FATF）評鑑方法論之詞彙表訂定。「實質受益人」係指，「對客戶具最終所有權或控制權之自然人，或由他人代理交易之自然人本人，包括對法人或法律協議具最終有效控制權之自然人」。

則可以利用網路爬蟲與擷取資料的功能,逐漸還原與繪製出洗錢的金流足跡、交易主體結構圖,以及涉及洗錢各環節的網絡關係。

綜上所述,AI技術在金融科技的推波助瀾下,尤其於監管科技(Regtech)領域,AI機器學習面對巨量交易資料、複雜交易手段、辨識可以交易等方面有很大的技術優勢;而AI知識結構圖技術,則在反洗錢應用上結合專家經驗,精準識別異常交易行為和金流關係,透過知識結構網際脈絡圖的繪製,找出複雜洗錢過程中的「實質受益人」,並提高反洗錢技術能力。

參、人工智慧技術應用於反洗錢之國際實踐:以美國、英國、澳大利亞為例

2008年全球爆發金融危機後,倫敦G20峰會決議設立一個全球的金融監督與管理體系,並於該年6月27日正式運作,名為「金融穩定委員會」(Financial Stability Board, FSB),[36]致力於維護金融穩定,保持金融業的開放性和透明度、評估國際金融系統之脆弱性、促進各國監管機構之合作和訊息交換、對各國監管政策暨標準提供建議、協調及落實國際金融標準制定、為跨國界風險管理制定應急專案,並為國際貨幣基金組織(IMF)及世界銀行(World Bank Group)等金融國際組織提供評估規劃報告等。此後,反洗錢工作在國際間方興未艾,各國也不斷依據國際組織及防制洗錢金融行動工作組織(FATF)之建議,制定或修正國內的法律、科技監管、金融科技創新規範等,除法遵的全球性行動外,有些國家對於以人工智慧導入反

---

[36] 參閱https://www.fsb.org/。FSB旗下有三個部門,包括:脆弱度評估常設委員會(Standing Committee on Assessment of Vulnerabilities, SCAV)、監管暨法遵合作常設委員會(Standing Committee on Supervisory and Regulatory Cooperation, SRC)、標準執行常設委員會(Standing Committee on Standards Implementation, SCSI)。

洗錢工作的發展，也有長足的進步，以下將就美國、英國、澳大利亞的實踐情況，簡要比較與介紹。

一、美國

　　在以AI技術導入反洗錢工作的實踐上，美國很早即開始研發AI的技術，但一直到最近幾年才正式以聯邦政府的資源，大量投入運用AI技術進行反洗錢的偵查與追蹤。2018年12月，五個美國聯邦政府的組織機構聯合發表聲明，鼓勵金融機構採用新興的AI技術來防範金融犯罪威脅，[37]並應以創新及監管科技的研發進行法遵與反洗錢的工作，以符合銀行保密法（Bank Secrecy Act），以及反洗錢遵循義務（Anti-Money Laundering compliance obligations）。美國聯邦政府機構中，又以財政部金融犯罪執法網絡（Financial Crimes Enforcement Network, FinCEN）最為重要。九一一恐怖攻擊事件後，FinCEN就扮演起美國反洗錢及反資恐的重要角色，FinCEN是美國政府中以AI技術與反洗錢法規制度相結合的情報網路，主要將聯邦政府的司法部門與執法機關、全美各大金融機構及工商企業、聯邦金融監理機關（如金融檢查資料庫、資本市場交易資訊庫、海關執法紀錄資料庫、稅務稽查資料庫）等三個重要面向的大數據資料庫加以串聯，並透過銀行保密法將外國銀行轉匯資料、各種交易報告，以及與美元交易相關的金流資料等全都導入該情報網路中，並運用AI機器學習的效能，勾勒出可疑交易，為洗錢調查提供有效的線索與證據。FinCEN的反洗錢系統基於「以大額現金交易報告、可疑交易報告並重的交易報告制度」的方式，綜合金融機構報告的資訊形成

---

37 此五項機構包括：聯邦儲備委員會（Board of Governors of The Federal Reserve System）、聯邦存款保險公司（Federal Deposit Insurance Corporation）、財政部金融犯罪執法網絡（Financial Crimes Enforcement Network, FinCEN）、貨幣監理署（Office of the Comptroller of the Currency, OCC），及國家信貸聯盟署（National Credit Union Administration）。

金融交易大數據資料庫。FinCEN每週約可處理超過20萬筆可疑交易資料，並針對一定數額以上的疑似洗錢行爲提供約500份以上的調查報告，依法遵規定或其他需要反饋給第一線的金融、執法等相關部門進行反洗錢預警機制。2019年9月美國國會通過一項「協助執法的創新法案」（Advancing Innovation to Assist Law Enforcement Act），要求FinCEN加強創新技術（尤其是區塊鏈）的研發，以有效控管虛擬貨幣、加密貨幣及其他高科技金融犯罪行爲，以強化FinCEN在美國的反洗錢與反資恐的積極角色，並與美國證券交易委員會（United States Securities and Exchange Commission, SEC）及美國商品期貨交易委員會（Commodities Futures Trading Commission, CFTC）等其他監管機構密切合作，共同研擬加密貨幣的監管措施。例如，在加密貨幣領域，涉及「匯款」的所有交易與非金融機構服務，都必須遵守反洗錢規定，尤其是「法幣」及「加密貨幣」間的交易，也包括了「加密貨幣相互之間」的交易，FinCEN更透過AI深度學習與知識結構圖等技術，建立可疑交易紀錄保存和報告制度。

二、英國

英國的反洗錢框架爲多層次的組織結構，主要包括監管、情報，以及起訴等三大系統。英國金融行爲監管局（Financial Conduct Authority, FCA）爲非官方組織，依據2001年反洗錢條例所設置之一家民營公司，由FCA股東會所營運，政府不向FCA撥款或補助，所有經費皆由各家金融公司提供，由法律賦予FCA七大重要工作，包括：金融公司揭露制度之建立、負責進行金融監管、預防及控制洗錢及其他金融犯罪、審核金融機構之許可證及營業執照、制定金融業自律規範、金融機構活動經費管理、制定與判斷金融違規行爲之準則。2018年於FCA下新創設專業法人洗錢防制監管辦公室（The Office for Professional Body Anti-Money Laundering Supervision, OPBAS），[38]將

---

38 專業法人洗錢防制監管（The Oversight of Professional Body Anti-Money

與英國所有反洗錢監管機構合作改善監管標準，引進AI技術運用於反洗錢工作，並藉由法律約束力加強合作。OPBAS將直接管轄英國22家會計及法律專業法人反洗錢組織，確保其遵守2017年洗錢防制法（Money Laundering Regulations 2017）之規定，並具有調查及懲處權。OPBAS之設立，是英國政府在反洗錢制度上近十年來最大的改革，將所有英國境內的律師、會計師、不動產交易業務的專門機構都納入反洗錢大數據資料庫中，並引進AI技術作出對每筆可疑交易的分析報告。而在情報系統部分，英國的金融情報中心（Financial Intelligence Unit, FIU）隸屬於英國國家刑事情報局（National Criminal Intelligence Service, NCIS）下設的「重大組織犯罪局」（Serious Organized Crime Agency, SOCA）內，負責蒐集金融機構提交的可疑交易報告。過去在反洗錢與反資恐的工作上，每個金融機構中都會要求一名專門的金融情報官員，負責在第一線辨識各種可疑交易報告，決定該報告是否為重大經濟或組織犯罪，成為反洗錢體系中的重要中介。在AI技術逐漸成熟後，機器學習與大數據資料分析更能有效提供該名金融情報官員準確判斷，避免遺漏或誤判重要情資。[39]

三、澳大利亞

澳大利亞交易報告及分析中心（Australian Transaction Reports and Analysis Centre, AUSTRAC）係依據「金融交易報告法」（Financial Transaction Reports Act 1988）所設立並且直接向澳大利亞司法及海關部部長負責的獨立聯邦政府部門，同時也是澳大利亞聯邦檢察總長的下轄機構之一。AUSTRAC在該國的地位特殊，具有對金融體系監管與犯罪偵察的行政與司法雙重任務，一方面必須進行反洗錢及反

Laundering）及反犯罪金融監管法（Counter Terrorist Financing Supervision Regulations 2017）將成為OPBAS之監管依據，於2018年1月18日生效。

[39] UK Financial Conduct Authority (FCA), Themes from the 2018 OPBAS anti-money laundering supervisory assessments, 2019 Mar.

資恐等金融犯罪之預防與偵察工作；另一方面，則作為金融情報中心（FIC）負責蒐集各類金融、保險、稅務、海關，以及與國家金融安全有關的資料，並匯入國家大數據資料庫中。目前AUSTRAC積極運用AI技術進行反洗錢與反資恐的預防工作。以加密貨幣為例，在2018年AUSTRAC即建議澳大利亞政府通過對加密貨幣全面管制的立法措施，所有與加密貨幣有關的事項皆應被金融監管機構正式制定為法律，且加密貨幣交易所之業務需符合該國的反洗錢與反資恐要求為基準，因此，所有的加密貨幣發行與交易都必須向澳大利亞政府註冊與登記，且進行加密貨幣買賣交易的客戶身分，也必須接受交易所的「識別」和「驗證」，交易所亦被要求採取區塊鏈技術，針對所有交易進行KYC查證，將資料導入AI機器學習，藉此在巨量的交易資料中向AUSTRAC報告可疑交易，以及超過10,000美元以上的貨幣交易。

肆、結語：金融科技、人工智慧、反洗錢

近年來金融科技之發展方興未艾，我國於2018年頒布金融科技發展與創新實驗條例，讓創新金融產品或服務能以「監理沙盒」（Regulatory Sandbox）方式，不受限於現有法令規範，而嘗試新型態商業模式發展。然而，金融科技沒有改變金融本質，所有原本在傳統金融機構中存在的經營風險、法令遵循、交易支付，以及可能產生的金融犯罪行為等，並未消失，只是轉為「更科技」的形式出現。因此，在金融科技運用人工智慧、區塊鏈、大數據資料庫、機器學習等技術開創的許多新型態商業模式後，對於國際間的反洗錢與反資恐工作也帶來了相當大的挑戰。從1990年代起，聯合國國際公約、國際組織、區域反洗錢組織之相互評鑑等機制陸續出現，建構了反洗錢與反資恐的基本法律架構。而透過人工智慧的科技導入反洗錢的過程後，各種金融、保險、期貨、交易、海關、貴重物品領域的巨量交易大數

據資料庫逐一建立且橫向勾稽，將機器學習、知識結構圖，以及區塊鏈等技術予以整合應用，節省過去大量的法遵人力成本，並且快速精準地辨識可疑交易、重建洗錢金流足跡，並完整揭露不法所得的實質受益人，對於反洗錢與反資恐工作都有前所未有的新局面。我國甫於2019年通過亞太防制洗錢組織（APG）公布第三輪評鑑報告，達到一般追蹤等級（regular follow-up），在此基礎上，應積極研發將AI導入反洗錢與反資恐的工作上，參考如美國、英國、澳大利亞等國家的做法，建構大數據資料庫與不斷強化反洗錢與反資恐實務經驗值，導入AI機器學習技術，精準偵測與辨識可疑交易，以因應未來變化迅速的金融科技環境，努力達到人工智慧反洗錢與反資恐的最佳實踐（best practice）水準。

第九章
智慧財產權法與競爭法下
金融科技與人工智慧的
相關議題

陳皓芸

本章分別由智慧財產法與競爭法的角度淺析金融科技、巨量資料與人工智慧的相關議題。在智慧財產法方面，著眼於企業可以如何靈活運用專利法、營業秘密法、商標法、著作權法等法律設法保護其結合新興的金融科技與商業模式所獲得的市場上優勢地位，以便於熾烈的競爭中脫穎而出，並分析現行法保護的侷限。在競爭法方面，則一方面闡述我國現行法對於企業就其運用金融科技所建構的巨量資料所可能享有的保護，另一方面亦探討運用金融科技與人工智慧而掌控客戶個人資料的金融事業是否可能坐大而不當限制市場競爭，以及可能的因應對策。

壹、前言

網際網路的高度發展，刺激了物聯網（Internet of Things, IOT），基於巨量資料（Big data）的人工智慧（Artificial Intelligence, AI）、區塊鏈（Blockchain）等科技的飛躍性進展，改變了許多產業的「傳統」面貌。配合智慧型手機等隨身裝置的普及，結合金融與資訊科技的金融科技（FinTech）於短短數年內已打造出諸多前所未見的商業模式，讓掌握技術的科技業得以向傳統的金融業發起挑戰，嘗試打破業種間的籓籬，提供消費者更多元便利的選擇。相對於此，傳統金融業面臨金融科技下各種破壞式創新（disruptive innovation）的來襲，紛紛嘗試推動如智慧金融、開放銀行（Open Banking）、保險科技（InsurTech）等基於金融科技的加值服務，企圖化危機為轉機，在「傳統」中注入金融科技的新血，於金融科技的藍海中開創其競爭優勢。

金融科技的興起，在金融市場中攪動了一池春水，不論是挾技術背景來勢洶洶的科技業者，或是面臨挑戰急起直追的既存金融業者，紛紛投入資源打造金融科技相關的各類服務。除了技術層面的競爭越發熾烈，為了創造、維持或強化市場上的競爭優勢，事業亦紛紛尋求運用法律制度捍衛或挑戰技術先行者的優勢地位，因此法律層面上

的攻防亦日漸升溫。此際，智慧財產在法律戰中所扮演的角色，不論在個別權利的取得、行使，抑或相關權利的整體布局，皆由於其牽一髮而動全身的特性而備受重視。本章前半著眼於此，嘗試綜觀智慧財產法中與金融科技相關議題的全貌，俾供讀者迅速掌握各項議題的關鍵，有助於理解議題間的相互關係。

　　另一方面，金融領域的科技創新固然大幅提升了金融事業的效率以及消費者利益，但其並非毫無對價。如本書的其他章節所述，由於金融科技數位化的特性，對於企業端的資料管理與資通安全的要求遠較往昔嚴峻；並且，新興的金融科技泰半架構於消費者個人資料的加值運用之上，消費者於享受金融科技的便利前，必須向金融科技服務業者提供個人資料，兩者間的資訊不對稱導致消費者時常無從得知其個資運用的實際情形，對於個人隱私的影響實難忽視。再者，法律上如何保護企業運用巨量資料而產出的智慧結晶，企業是否為了取得第三人所建構的巨量資料而有限制競爭之虞，以及事業在坐擁巨量資料後，是否涉及濫用市場地位從事限制競爭行為，亦是金融界面臨金融科技來襲時的切身議題[1]。本章後半即從金融科技與市場競爭的角度，一方面闡述企業就其運用金融科技所建構的巨量資料所可能享有的保護，另一方面亦探討運用金融科技與人工智慧而掌控客戶個人資料的金融事業是否可能坐大而不當限制市場競爭，以及可能的因應對

---

[1] 如國際貨幣基金（IMF）總裁Christine Lagarde於2019年G20高峰會議中即指出，高科技企業運用既有顧客群與資金提供基於巨量資料與人工智慧的新興金融服務，固然有助於金融市場的高度發展，但若金融市場因此過度集中而形成由高科技企業獨寡占的局面，可能產生隱私權與競爭法上的疑慮，甚至導致金融體系更為脆弱而陷入混亂，https://www.imf.org/en/News/Articles/2019/06/07/sp060819-lagarde-the-next-steps-for-international-cooperation-in-fintech。我國金融監督管理委員會亦曾於其報告書中提及類似觀點：「為避免國外金融科技業者來台申請金融科技專利，未來可能在國內利用專利建立市場進入障礙，而對金融業產生競爭威脅，金管會積極協助國內業者取得金融科技專利……。」參見金融監督管理委員會，金融科技發展策略白皮書，2016年，頁47。

策[2]。

貳、金融科技與專利、營業秘密的保護

一、金融科技與專利權、營業秘密之保護

　　建構金融科技的技術，多與演算法（algorithm）、電腦軟體或商業方法有所關聯，此類技術或其組合得否受到專利法的保護（是否為專利保護的適格標的），實務上迄今爭議未歇，且各國主管機關的執法態度亦莫衷一是。其中最具爭議者厥為：演算法得否作為專利標的？否定見解認為，演算法是基於數學公式的程序，其與自然法則相仿，設計演算法的人並未「發明」而是「發現」了更有效率的計算方式，設計過程中並無技術的「創作」，若是賦予演算法專利權，似與專利權係為鼓勵、保護「創作」的目的相悖，從而主張演算法本身不應作為專利權的標的。然而另有持肯定意見者指出，演算法並非純粹的數學公式或原理，其設計係為了提升解決計算問題的效率，且否定演算法的可專利性僅導致高效率的演算法成為營業秘密，無從公開接受驗證，實非公眾之福。

　　關於演算法宜否作為專利標的之爭議，目前多數國家的專利實務仍舊否定演算法「本身」得作為專利標的，但若是演算法結合電腦軟體或是商業方法並輔以實際應用場景以及硬體設備，則有可能被認為已非純粹的自然法則，而產生超出正常物理現象的技術功效，從而得作為專利標的的一部。此外，關於電腦軟體發明或商業方法發明的保

2　由於金融的流動性，金融科技對於傳統金融體系的影響並不侷限於特定行業或是國家，而具備跨業別、跨國界的特徵。因此由國家的角度，如何因應金融科技崛起而適時適度調整法令與政策，亦是國際間的熱門議題。如國際貨幣基金與世界銀行集團（World Bank Group）即於其2018年10月共同發布「The Bali FinTech Agenda」，提示其會員國於制定金融科技相關政策時的十二項基本方針。惟由於本章篇幅限制，本章內容主要係聚焦於智慧財產法與競爭法的金融科技相關議題，國家層級的總體政策相關討論則予以割愛。

護，依據我國專利法規定，發明的定義是指利用自然法則之技術思想之創作（專利法第21條），因此，若是純粹的商業方法（例如一種外匯交易的方法），僅為人為設定的規則，並非利用自然法則的技術思想，將因不符合發明的定義而無法取得發明專利權。另一方面，如果是利用電腦軟體相關技術實現的商業方法（例如一種使用金融資訊系統處理外匯交易的方法），則不得僅因為該方法應用於商業，而認為不符合發明的定義[3]。但應注意，僅在請求項中簡單附加電腦軟體或硬體，並無法使原本不符合發明定義的商業方法變成符合發明定義的保護客體。換言之，於發明中借助電腦軟體或硬體資源而實現商業方法，必須考慮該電腦軟體或硬體是否為解決問題所不可或缺的一部分，以及電腦軟體或硬體的特殊性，必須足以產生超出程式與電腦間正常物理現象的技術功效（例如運用演算法克服某種技術上困難），才可以符合發明的定義。

　　另一方面，金融科技相關技術也可能透過營業秘密加以保護。依據我國營業秘密法規定，所謂營業秘密係指方法、技術、製程、配方、程式、設計或其他可用於生產、銷售或經營之資訊，且必須符合以下三項要件：（一）非一般涉及該類資訊之人所知者；（二）因其秘密性而具有實際或潛在之經濟價值者；（三）所有人已採取合理之保密措施者（營業秘密法第2條）。例如，若某公司運用巨量資料結合物聯網所提供的消費與地理位置資訊，進而整理分析出特定消費客群的消費偏好資訊，此類資訊非屬一般業界人士所知而具備秘密性，且具有一定的經濟價值，若公司採取合理的保密措施加以保護，即屬於營業秘密所保護的對象。他人未經營業秘密所有人同意，不得以不正當的方法竊取、使用或洩漏營業秘密。

　　由於申請專利權必須公開其發明的內容，且受到一定保護期間的限制（發明專利權的保護期間是自申請日起二十年），相較之下，營

3　參見經濟部智慧財產局，專利審查基準，第十二章「電腦軟體相關發明」之說明。

業秘密具有無須公開其內容，且只要能夠維持其秘密性，就可以無期限持續受到保護的優勢。相較於專利權的有限保護期間，以營業秘密的方式保護自家技術，對於技術的所有人而言，乍看之下似乎更為有利。如谷歌（Google）公司對於其搜尋引擎排序、人工智慧等的演算法，向來均以營業秘密保護之，於涉訟時亦主張其演算法係營業秘密而拒絕開示。然而，由於營業秘密法所禁止者，係他人不得以不正當的方法[4]取得、使用或洩漏營業秘密，若營業秘密所有人因內部管理疏失不慎對外公開其秘密，或者於提供商品服務時，遭他人以逆向工程的方式解讀出其商品或服務背後所蘊含的營業秘密內容，此時營業秘密所有人即無從請求保護。相對於此，專利權的保護則具有較高的排他性，專利權人享有禁止他人未經其同意而實施該發明之權（參見專利法第58條規定），於專利權保護期間內，即使其發明內容已經公開為公眾所知悉，他人仍不得任意從事製造、販賣等實施行為。

　　是以，金融科技相關技術研發成果之保護，究竟應申請專利或當作營業秘密予以保護，並無絕對正確的解答。金融科技的所有人在思考整體的權利布局時，應因案制宜，考慮作為研發成果的金融科技其構成技術的性質（是否容易被他人以逆向工程破解、是否適合公開允許公眾檢視其內容）、商品生命週期之長短、秘密管理之無形成本等因素，以擇定適合個案需求的保護途徑。舉例而言，在金融服務結合區塊鏈技術用於交易安全驗證之情形，比起營業秘密，申請專利權保護可能是更為妥適的選項，因為區塊鏈技術在性質上必須公開允許各方使用者社群驗證，方能獲得公眾的信任，如此一來即不容易繼續保有營業秘密的秘密性。

二、金融科技專利的申請趨勢

　　目前各國金融機構與科技業者均孜孜矻矻於金融科技與人工智慧

---

[4] 指竊盜、詐欺、脅迫、賄賂、擅自重製、違反保密義務、引誘他人違反其保密義務或其他類似方法（營業秘密法第10條第2項參照）。

相關技術的專利布局。根據一項針對國際金融科技專利申請趨勢進行分析的研究指出，若將金融科技按業務應用領域區分爲支付、銀行業務、交易、投資管理、保險及稅務六大類，檢索自2006年起至2017年4月30日申請的公開案件，可以發現在近十年期間內的專利申請案件中，有逾半係屬於「支付應用」的專利申請案，其數量遠遠超過第二名的「銀行業務」類及其他應用領域，並且迄今仍呈現逐年遞增的走勢[5]。相形之下，其餘業務應用領域尚未見有突飛猛進的發展。若依照巨量資料、人工智慧、行動平台、雲端系統、區塊鏈及物聯網等技術領域就上述專利申請案件進行分類，則以「行動平台」的專利申請件數最多，將近一半；雲端系統、物聯網、巨量資料等領域的專利申請案件量則次之[6]。

　　從上述研究分析可知，現今金融科技的發展主要仍係聚焦於結合金融業務與客戶的行動裝置，而隨著物聯網、巨量資料、人工智慧的日漸發展成熟，藉由行動裝置收集的巨量資料，結合具備深度學習與複雜的演算分析能力的人工智慧輔助，可預見未來金融科技將進一步應用各種演算分析的成果，以提供顧客更爲精確的行銷與服務。

參、金融科技與商標的保護

　　隨著金融科技的發展與多元化，業者除了在技術面上致力提供差異化的商品與服務，同時在行銷面上亦不遺餘力，持續投入資源向消費者宣傳，藉由形形色色的廣告增加商品與服務的曝光度，以博取

---

[5]　顏俊仁、林彥廷、廖國智、李清祺，金融科技專利發展的概貌，智慧財產權月刊，第232期，2018年4月，頁10-11。

[6]　同前註，頁12-14。除前揭文獻外，另參見顏俊仁、林彥廷、廖國智、簡大翔、郭彥鋒、李清祺，金融科技專利關鍵技術研析，智慧財產權月刊，第232期，2018年4月，頁22-36；郭彥鋒、簡大翔、莊宗翰、吳家豪，我國金融機構專利布局分析與建議，智慧財產權月刊，第244期，2019年4月，頁6-29。

顧客青睞。特別是在金融領域，儘管各家金融科技的技術核心或有若干差異，而某些技術亦可能受有專利或營業秘密保護；但就消費者而言，金融業者間所提供的消費者金融服務同質性高而難以區辨的情形所在多有，此際，業者為追求商品差異化，如何設計一個琅琅上口、有記憶點的商標，在眾多同質的金融服務間吸引消費者目光，實為提升整體品牌認知度的關鍵環節。因此，不論是金融服務的既有業者抑或新進業者，無不在其金融科技相關商標的設計、註冊、使用與權利維護上費盡心思[7]。

與專利申請案隨著金融科技的興盛而大幅成長如出一轍，商標的申請註冊亦可見到類似趨勢。於英國，金融服務類的核准商標註冊件數，從2011年的3,141件逐年爬升到2016年的4,228件[8]；而於我國，雖然主管機關並未提供類似的統計資料，但如歐付寶與阿里巴巴的商標爭議，以及金融機構屢屢發布新聞稿宣稱取得金融科技商標[9]等，在在顯示金融機構與科技業為了搶食新興金融服務的大餅，在相關商標的取得與運用上費盡苦心。

此外，由於現下金融科技應用的情境多為橫跨複數領域或行業，並且許多金融科技的服務係透過一連串的電信服務或是軟體服務等手段而實現，因此企業於思考金融科技相關的商標布局之際，所要考

---

[7] 以新興的行動支付為例，不論是第三方支付、電子支付抑或是電子票證，其行業進入門檻遠較傳統金融機關為低，因而吸引了眾多業者參入相關領域，而商標即為事業競爭之際兵家必爭的重要資產。如2016年我國第三方支付業者「歐付寶」就其所有商標「allpay歐付寶」、「allpay All付寶」與中國阿里巴巴公司所有「Alipay支付寶」衍生之商標爭議，即為適例。

[8] https://www.rpc.co.uk/press-and-media/uk-financial-services-trade-marks-hit-record-high-as-fintech-investment-grows/。固然金融服務類註冊商標數量的上升，並非得與金融科技相關商標的增加直接劃上等號，但由近年金融服務類的商標數量年年攀升，亦得窺知金融業界將商標作為競爭利器的需求實日漸升溫。

[9] 如元大銀行於2018年所取得的「芬特克」註冊商標，即為取FinTech之諧音而命名。

慮商標指定使用的商品或服務類別，不應自限於系爭服務所涉類別的金融服務，而應擴及所運用技術上牽涉的服務類別，以及企業的營運規劃下嗣後可能以相同品牌進入金融服務類別與相關技術類別的市場[10]。透過事前完善的商標布局，企業方能預防有心人士於鄰近類別註冊相同或近似商標，避免陷入商標權的紛爭。

肆、區塊鏈、人工智慧與著作權法的保護

一、區塊鏈的應用與著作權法

　　金融科技與著作權之交錯的相關議題之一，係為與區塊鏈應用的相關著作權議題，亦即如何應用區塊鏈技術適切管理各類著作內容[11]。對於著作權人而言，「上鏈」的意義如同某種形式的著作權登記，由於區塊鏈的去中心化、可追蹤性、不可竄改、加密安全性、匿名性等特性，相當適合作為無體登記簿的基礎技術[12]，因此若能提供著作權人充足誘因將其著作上鏈，有助於自源頭解決孤兒著作、

---

[10] 如上述元大銀行的「芬特克」註冊商標，即同時於第36類（保險、財務、金融業務、不動產業務）及第42類（科學及技術性服務與研究及其相關之設計、工業分析及工業研究服務、電腦硬體、軟體之設計及開發）註冊。

[11] 另一方面，現今區塊鏈的程式本身多由開放原始碼（open source）方式寫成，如知名的比特幣與乙太幣的區塊鏈，以及Facebook所宣布加密貨幣「Libra」的區塊鏈「Libra Blockchain」之軟體皆屬之。因此若程式本身能滿足著作權法上的著作要件，其得享有著作權的保護，並無疑義，惟撰寫相關區塊鏈程式的著作人，若有取用他人開源的原始碼或是決定以特定自由軟體授權契約對外授權的情形，應留意其後續利用可能受到自由軟體相關授權契約的限制。

[12] 除著作權外，因為區塊鏈適合作為登記簿的技術特性，目前國內外已有多家金融機構試驗性於其專案中導入私有區塊鏈（private blockchain）作為驗證交易資訊以及清結算手段；然而若是將區塊鏈作為一國甚至跨國金融體系的基礎技術，目前仍存在甚多技術（如運算速度緩慢、不敷實務需求）與金融監理（相關清結算制度與傳統集中清算制度的整合等）上的侷限有待克服。

著作無體散布時的列管、追蹤、授權管理（包括授權金的收取與分配）、涉訟時與創作性相關的證據等著作權管理與權利行使上的傳統議題。因此國內外已有業者嘗試推廣將區塊鏈技術運用於著作權管理與保護上，如美國新創企業Binded即與社群平台Instagram合作，提供Instagram使用者於上傳照片的同時將照片上鏈的服務，藉由使用者將其作品納入區塊鏈並加註時間戳記，保護使用者就其上傳照片的著作權[13]。而我國亦有業者嘗試運用區塊鏈技術建構著作權權利資訊資料庫，試圖在著作授權、利用清單結算及使用報酬分配等涉及著作權權利管理的面向上打造新的商業模式[14]。而就著作權集體管理的面向上，日本知名著作權集體管理團體JASRAC亦已宣布將於2020年導入區塊鏈技術以管理其音樂著作的使用、報酬的收取與分配的相關資料，藉以提升使用報酬相關後續運用流向的透明性[15]。

二、運用人工智慧的創作成果保護

隨著深度學習的技術於近十年有所突破，在日常生活中已越發常見基於人工智慧的各種服務。國內外亦有許多團隊於各領域嘗試運用人工智慧與巨量資料從事多樣化的創作活動，冀望借助人工智慧與巨量資料，發掘出鮮為人知的金礦。此際，運用人工智慧與巨量資料的創作成果，於著作權法上可否受到保護？即為業界關注的焦點議題。

依據我國著作權法第3條第1項第1款規定，得為我國著作權法保護之著作者，「指屬於文學、科學、藝術或其他學術範圍之創作。」

---

[13] 參見該公司網站說明，https://binded.com/instagram。

[14] 經濟部智慧財產局，區塊鏈於著作權及著作權集體管理團體之應用—結案報告書，2018年，頁8-9，https://www.tipo.gov.tw/public/data/891815553671.pdf。

[15] JASRAC，2019年定例記者會見，頁10，https://www.jasrac.or.jp/release/pdf/19052201.pdf。值得注意的是，雖然坊間已可見論者主張透過區塊鏈的紀錄與智慧合約的功能，未來著作權集體管理團體已無存在之必要，但JASRAC於該次記者會中表明其立場，指出類似的主張目前未經實際驗證，尚待觀察。

我國司法實務上就「創作」之要件，向來以具備原創性之人類精神上創作為必要。申言之，原創性包含「原始性」與「創作性」。所謂原始性係指獨立創作，亦即並未模仿或抄襲他人著作而由作者獨立完成之著作；所謂創作性則指至少具有少量創意，且足以表現作者個性者。其中，「創作性」並不必達於前無古人之地步，僅依社會通念，該著作與前已存在之作品有可資區別的變化，足以表現著作人之個性為已足[16]。所謂的人工智慧創作成果保護，依照人工智慧所參與創作之程度，由高到低，尚可進一步區分為獨立創作型、衍生創作型、輔助創作型。所謂獨立創作型，係指人工智慧在經過深度學習訓練後，已具備自主創作出作品的能力，不再需要人類直接介入創作過程[17]。而衍生創作型同樣是由人工智慧自主創作，但其內容並非完全由人工智慧原始獨立創作，而是利用既有的著作加以改作後產生新的衍生著作[18]。輔助創作型則是指仍由人主導創作與表達的過程，只不過在創作的過程中利用人工智慧作為工具加以輔助。

上述三種類型中，輔助創作型的情形，只是將人工智慧當作一種輔助工具，與吾人利用相機等工具輔助從事創作的情形，本質上並無太大差異。例如，以視覺運算技術與繪圖處理器聞名遐邇的NVIDIA公司於2019年開放名為「GauGAN」的人工智慧繪圖服務供大眾使

---

[16] 參照最高法院90年度台上字第2945號刑事判決、最高法院97年度台上字第1214號民事判決、最高法院97年度台上字第1587號刑事判決等。

[17] 例如微軟公司推出的「小冰」人工智慧聊天機器人，在運用五百多位現代詩人的作品進行機械學習後，已經可以讀圖作詩，並於2017年出版了一部詩集「陽光失了玻璃窗」。此外，美國的彭博新聞社（Bloomberg）也利用稱為「賽伯格」（Cyborg）的人工智慧系統協助分析上市公司的季報內容，將之自動轉換為上千篇簡要的新聞稿。See Jaclyn Peiser, The Rise of the Robot Reporter, *The New York Times*, Feb 5, 2019.

[18] 例如，谷歌公司所提供的「Deep Dream」人工智慧系統，可根據一張X圖片解析學習其繪圖風格，並將使用者所上傳的Y照片轉化為具備X圖片繪圖風格的一張新照片；或者谷歌公司的自動翻譯服務，能將使用者所輸入的文章自動翻譯為其他語言，均為著名的應用實例。

用，使用者僅需選取特定場景的畫筆，在螢幕畫布上抹幾筆，再選取套用的效果濾鏡，即可輕鬆將塗鴉轉變爲高度擬眞的專業畫作。在此事例中，雖然具體表達可能是由人工智慧完成，但是要在畫布上的哪個位置選擇哪種場景的畫筆筆觸、套用何種效果的濾鏡等仍然是由使用者決定。正如同一般人使用相機拍照時雖然是藉由相機成像，但在取景構圖、光圈、快門等設定上仍然係由拍照者決定，不因爲其利用工具輔助創作而影響其受著作權法保護的可能性。是以，在利用人工智慧輔助創作的情形，應屬人類精神上的創作，並無疑問，只要所創作的成果符合上述「原創性」的要件，即可獲得我國著作權法的保護。

另一方面，在獨立創作型與衍生創作型的情形，係由人工智慧自主創作，由於人類並沒有直接介入創作過程，此時人工智慧的創作成果是否仍能稱爲「人類精神上創作」？即有疑問。若未來發生訴訟爭議，很可能被法院認爲無法受到現行著作權法的保護。此外，衍生創作型除了所產出的衍生著作成果可能無法受到著作權法保護外，由於其於創作過程中有利用到他人的著作，還可能進一步產生侵害他人改作權的問題。所謂「改作」是指「以翻譯、編曲、改寫、拍攝影片或其他方法就原著作另爲創作」，而此改作權係著作財產權人所專有（著作權法第3條第1項第11款、第28條規定）。因此，如谷歌公司的自動翻譯服務，就有可能侵害所翻譯的原著作的改作權。此時，侵害著作權之責任究竟應由提供服務的谷歌公司，抑或輸入欲翻譯的原著作內容的使用者承擔？責任分配上應如何認定方爲妥適？均爲未來實務上必須面對的課題。

伍、金融科技與公平交易法的交錯

金融科技所涉及的公平交易法相關議題，可略分爲不公平競爭與限制競爭兩大類別。前者包括業者運用金融科技與人工智慧的過程中，是否可能構成或是受有不公平競爭，以及相關的救濟途徑；而後

者則牽涉業者運用藉由金融科技取得的資料，在資料經濟的推波助瀾下獲得壓倒性市場地位後，可能濫用其市場地位而有限制競爭之虞的相關議題。

一、不公平競爭之面向

　　首先，我國公平交易法就常見的不公平競爭行為類型設有一般性的行為規範，包括虛偽不實或引人錯誤的廣告、商業仿冒行為、不當贈品贈獎、營業毀謗等，皆為公平交易法明文禁止；此外公平交易法中定有概括條款（第25條），對於構成欺罔或顯失公平的不公平競爭行為亦加以規範。故金融業於運用金融科技時若從事不公平競爭行為，其行為亦受到公平交易法的管制，自不待言。

　　值得注意的是，由於金融業向來屬於高度管制的特許產業，其一舉一動受到嚴格的法規限制，則當上述涉及不公平競爭的行為，形式上同時亦受有金融法規規範時，法律間的適用關係為何，即值探究[19]。有鑑於金融產業的高度管制性，以及避免主管機關間認事用法的矛盾齟齬而導致金融業者無所適從，當金融業者提供基於金融科技的新興服務涉及不公平競爭，而違反公平交易法第21條（不實廣告）、第23條（不當贈品贈獎）與第25條（足以影響交易秩序之欺罔或顯失公平行為之概括條款）時，原則上優先由涉案事業的主管機關依照該行為所涉及的金融相關法規處理，僅於金融法規未有明文規範時，方由公平交易委員會依照公平交易法的相關規範予以處理[20]。

　　另一方面，金融科技的實現，於多數情況下相當仰賴人工智慧

---

[19] 如金融消費者保護法第8條即明文要求金融服務業刊登廣告不得有虛偽、詐欺、隱匿等足致他人誤信之情事，並應確保其廣告內容之真實。本條規定與公平交易法第21、22、25條規定，於理論上即有併行適用的可能。

[20] 「公平交易委員會對於金融業之規範說明」第6、7、8點參照。此處應留意者，該規範說明第2點對於「金融業」的範圍有所限定，則採用金融科技提供消費者金融服務的科技業者，未必會落入該規範說明中對於「金融業」定義的範疇。此際，應直接適用公平交易法。

（及其背後的演算法）與巨量資料的組合，前者可能受到專利權或營業秘密的保護，已如前述；則巨量資料應享有何等保護？

消費者於使用金融科技前所提供予業者的個人資料、應用金融科技時產生的交易資訊、操作等紀錄明細，以及其運用金融科技的成果紀錄等，實為金融科技業者與同業競爭時的重要利器。在巨量資料的時代下，由於資料網路效應（data network effect）的特性[21]，事業所擁有資料的種類與質量，與其所使用的演算法相輔相成，在數位時代的競爭中具有關鍵性的決定地位。然而，亦因為巨量資料具有經濟價值，事業會運用所擁有的巨量資料與他人進行交易，而將其擁有的巨量資料開放予他人近用，例如，授權第三人透過開放API近用巨量資料的資料庫以提供顧客加值服務，或是與擁有同性質資料庫的業者交叉授權近用彼此資料庫，以擴充資料量並提升數據分析的精確度等。此際，事業所擁有的巨量資料可能不全然符合前述營業秘密的「秘密性」[22]或「合理之保密措施」[23]要件，而無法以營業秘密保護之。而事業授權他人使用巨量資料時，固然可能透過授權契約限制被授權人如何使用其資料，但若巨量資料於使用過程中不慎洩漏予第三人時，授權契約上的限制通常亦難及於非契約當事人的第三人。則我國現行法下，對於巨量資料的保護似難謂完善[24]。或有認為此際巨量資料的

---

[21] 資料網路效應係指資料本身所具有的規模經濟性與範圍經濟性，亦即，當累積的資料量與種類越多，倚靠這些資料的演算法所進行的機器學習成果將更為精確，而使用者因此更樂意使用此演算法，從而產生更多的資料供該演算法運用，而形成循環的正向效果。

[22] 巨量資料的原始提供者通常並非事業而係客戶，理論上此類資訊的內容本即一定程度地為他人所知；且與營業秘密原則上係於公司內部嚴加保密不同，由於巨量資料須與演算法配合，其加值運用時涉及公司外部的第三人，且亦不排除擁有巨量資料的事業對外廣泛授權的可能。

[23] 與典型的營業秘密不同，蒐集與運用巨量資料的過程中，常有許多利害關係人參與其中，則事業要設計並執行「合理」的保密措施，並非易事。

[24] 有鑑於巨量資料與營業秘密於性質上的差異，為免企業因為巨量資料所受法律保護不周而喪失研究開發如何蒐集、分析、管理、運用巨量資料的誘因，

擁有人得向不當取得或使用之人主張公平交易法第25條之「榨取他人努力成果」[25]，但實務上此類主張有否成立的空間，尚待觀察。

二、限制競爭之面向

　　金融科技所涉及的金融交易情境，由於透過網際網路實踐者甚多，因此常可觀察到網路效應的發酵。不論是直接網路效應（亦可理解為需求端的規模經濟，隨著需求方的人數增加，商品或服務的價值亦隨之增加。如同種電子支付帳戶間的點數或款項移轉、P2P借貸平台等），抑或是間接網路效應〔當金融業作為商家與消費者的金流中介平台時，即有間接網路效應的存在，形成所謂「雙邊市場」（two-sided market）[26]，如各種行動支付平台、群眾募資眾籌平台、VISA、Mastercard、JCB等信用卡組織〕，皆有促成獨占事業大者恆大、贏家全拿的特性[27]，而在滿足一定前提下維持甚或強化了該等事

日本政府於2018年修訂不正競爭防止法（2019年7月施行），導入對於「限定提供データ」（其定義為：以反覆持續的意思向特定人提供之、以電磁方式累積相當數量並受到管理的技術或經營資訊）的保護，將不當取得或使用附有技術管理措施的「限定提供データ」行為列為不正競爭行為，巨量資料的擁有人得依該法向行為人請求排除或防止侵害以及損害賠償。其立法例或值我國未來修訂相關規範時參酌。

[25] 「公平交易委員會對於公平交易法第二十五條案件之處理原則」第7點第2項第2款參照。

[26] 雙邊市場為近年競爭法界的熱門議題，其對於實務的影響不可小覷，如2018年美國最高法院即於Ohio v. American Express Co.判決中，確認信用卡組織作為雙邊市場的典型例，於相關市場界定時應綜合觀察而劃定一個整體的信用卡市場，而非複數個單邊市場（對加盟商家的服務市場、對持卡人的服務市場）。

[27] 然而，網路效應所創造的獨占或寡占並非恆久不變的，仍有可能被新進業者的破壞性創新輕易打破舊有的壟斷局勢，因此似不宜僅因相關產業具有網路效應而遽認相關市場中業者已鎖定（lock-in）消費者，仍應具體判斷個案中轉換成本是否過巨而有鎖定效果存在。參見Catherine Tucker, Why Network Effects Matter Less Than They Used To, Harvard Business Review, June 22, 2018. https://hbr.org/2018/06/why-network-effects-matter-less-than-they-used-to。

業的市場地位。然而，公平交易法原則上並不非難獨占事業所擁有的市場獨占地位，而是對於獨占事業「濫用」其市場地位的行為予以譴責。因此，不論傳統金融業者抑或高科技公司，並不會僅因在特定的金融服務市場具有市場支配地位，而遭受公平交易法上的負面評價。

在多數情形下，金融科技係以降低事業或消費者的無形成本及提升服務效率為其服務核心，藉此與傳統的金融服務一較長短；但亦不能否認，若是因為技術、法規或其他因素而導致消費者的轉換成本高昂，而產生對於特定金融科技的高黏著性，可能導致新進業者難以與既有業者競爭抗衡。一個可以想像的情境是：科技公司以自身經營的忠誠顧客群為目標客群，推廣基於自家智慧型裝置的金融科技服務，由於該金融科技所提供的服務與優惠相較於傳統金融服務並不遜色，因此迅速普及，從而金融機構與其他規模較小的科技公司在嘗試推行具有類似功能的金融科技時，可能因此面臨較高度的市場進入門檻。固然在金融服務對於使用者而言具有多重歸屬（multi-homing）的性質時[28]，可能具有緩和此一門檻的效果，但多重歸屬性的強弱，仍可能受到網路效應、採用技術、經營策略等其他因素的影響而隨時變化。

此外，如前所述，事業於提供金融科技時所汲取的各類資料，具有潛在的經濟價值。當事業取得的資料在業界具有高度獨特性，一時間難以由其他管道或手段擷取或複製時[29]，擁有該資料的事業在市場

---

[28] 「多重歸屬」係指，具有平台性質的金融服務中，使用者得同時使用其他廠商的服務以滿足其特定需求，且未增加過重負擔（亦即，轉換成本相當低）。例如對於消費者而言，各種電子支付的差異理論上僅是智慧型手機上所安裝不同廠商的APP，選用何家服務的差異不大，因此消費者可能在本次消費選用某家電子支付，而於下一次消費時選用其他家，以滿足其支付需求。但另一方面，廠商亦可能透過各種手段（如電子支付的情形，交易點數回饋、同服務使用者間手續費優惠等補貼）增加轉換成本，提升使用者黏著性。

[29] 然而，考慮到一般情形下資料所具備的非敵對性與非排他性等諸特徵，此類情形應非通案，僅限於特定情況方有發生可能。

競爭上的優勢即昭然若揭。則有意參入相關市場的傳統金融業者或是科技業者，可能覬覦該資料的潛在價值，而選擇以事業結合（如併購、取得股份、合資共同經營等）的方式，取得資料的近用權。此際，擁有該類資料的事業成爲事業結合的當事人，競爭主管機關公平交易委員會在審查結合案時，可能會將該資料於相關市場（於水平結合的情形）及對於上下游事業（於垂直結合的情形。亦即，是否會對上下游的競爭事業產生封鎖效果）的重要性一併納入考慮[30]，而決定是否禁止其結合。

　　另一方面，在單一事業坐擁資料的情形，或得簡單區分爲下述三種情境。首先最爲常見者，金融機構若使用內部累積的資料建構自家的巨量資料系統，並用於自家金融科技的改良，以提升事業競爭力的情形，此類行爲原則上不應禁止，即便該金融機構因此在相關市場獲得了相當市場力量甚至獨占地位，亦是事業運用資料的努力成果，公平交易法似無理由加以非難。其次，若是特定的金融機構與擁有巨量資料的第三人簽訂使用授權契約，在取得使用授權的同時，間接限制其競爭對手近用該資料（如獨家交易條款、搭售條款，或是要求高額授權金、近用的技術與時間限制等形式上的不合理差別待遇等），此際若是該金融機構擁有一定的市場地位，可能有限制競爭之虞，而違反公平交易法。而第三種情境則與第一種情境有關，若是金融機構並未使用第三方資料，而是全以自家資料爲巨量資料的系統基礎，但其資料的質量極爲優秀，其他競爭同業無從利用自家資料建構出類似的系統，且該系統儼然成爲競爭對手爲提供特定金融服務

30　若是該等資料所具獨特性係爲提供特定新創金融服務所不可或缺或具關鍵性影響者，此際公平交易委員會對於結合案所爲審查與判斷，即得爲該會所發布「公平交易委員會對於金融業之規範說明」第4點第5項規定（尤以第3款爲最）所涵括：「本會對於金融業結合申報案件，除依前項規定進行審查外，得另審酌以下因素：（一）對於金融市場穩定性及健全性之影響。（二）對於金融服務普及性及近便性之影響。（三）對於金融服務創新之影響。（四）金融相關主管機關之政策。」

所不可或缺時，該巨量資料或該當於競爭法上的關鍵設施（essential facility）[31]，競爭主管機關得命金融機構將該巨量資料提供給其他競爭同業使用[32]。

以上係著眼於金融科技的特徵（金融交易所具備的雙邊市場特性、透過金融科技所取得的巨量資料在市場競爭上的重要性），嘗試就此類特徵可能牽涉限制競爭的情境予以設例說明。然而金融科技的發展時日尚淺，因此相關的實際案例仍屬罕見。實務上，金融科技迄今與競爭法最為密切的議題，莫過於開放銀行浪潮下的重要關鍵OPEN API（以下稱為「開放API」）。所謂開放API（Application Programming Interface），係指金融機構將其所擁有的客戶資料庫（包括商品資訊、客戶資訊及交易資訊），以客戶同意為前提，透過開放API的介面向其信任的外部企業（如其他銀行、各種創新金融科技服務業者等）開放接取，讓金融機構得以攜手外部企業，向客戶提供創新的個人化加值服務與金融商品，以落實客戶對其個人資料的近用權與控制權。

對於金融機構而言，客戶資料庫係其最重要的資產，也是其對抗同業或是近期參入金融業界的科技業之重要武器，因此客戶資料庫對

---

[31] 一般而言，是否構成關鍵設施的判斷要件如下：獨占事業具有關鍵設施的所有權或控制權、競爭者短期內無法以經濟合理且技術可行之方式自行建置該設施、獨占事業明確拒絕競爭者近用該設施、競爭者倘無法使用該設施，即無法與該獨占事業競爭。必須上述要件皆符合的情形，方有關鍵設施理論的適用。我國公平交易委員會於2017年高通處分案（公處字第106094號處分書）中亦曾適用關鍵設施理論。但應注意者，關鍵設施理論的適用不論於學術或實務上皆存在諸多爭議，且外國法例上亦莫衷一是，仍有待我國學界與實務形成共識。

[32] 然而，第三種情境於通常情況下似難發生，蓋其要求擁有該巨量資料的金融機構必須為獨占業者，且競爭同業必須具體說明該巨量資料與其所欲提供金融服務間的必要關聯，以及為何缺乏該巨量資料即無法提供該金融服務。有鑑於資料的非敵對性與非排他性，主張應開放巨量資料之金融業者或競爭主管機關，似難盡其舉證責任。

外部業者開放與否，可謂是金融機構從事競爭時的雙面刃。從促進競爭的角度來看，開放API除了為金融科技業者開展創新金融服務的重要條件外，亦具有降低金融消費者（亦即，個人資料的當事人）轉換成本（如將存款、保單轉移至其他業者時的程序成本）的效果，讓客戶資料得以多元加值運用，整體而言有助於促進金融市場的競爭，因此競爭主管機關對此多抱持正面鼓勵的態度。然而，有鑑於金融業向來屬於高度管制的產業，市場競爭不若其他低度管制產業激烈，則市場上既有金融機構透過開放API以創造或強化競爭優勢的誘因，相較於其他業界亦低，需要政府某種程度的適時介入，以促成開放API的早日實現[33]；此外，客戶資料的資訊安全性、消費者保護的落實、開放API的標準化與否，亦是金融機構導入開放API與外部業者合作之際，不可輕忽的重要課題。

陸、結語

本章分別由智慧財產法與競爭法的角度淺析金融科技、巨量資料與人工智慧的相關議題。在智慧財產法方面，著眼於企業可以如何靈活運用專利法、營業秘密、商標法、著作權法等法律設法保護其結合新興的金融科技與商業模式所獲得的市場上優勢地位，以便於熾烈的競爭中脫穎而出。在競爭法方面，則一方面闡述我國現行法對於企業

---

[33] 開放銀行與開放API的推行，是否應由公權力強力主導推動，抑或委由業界自律自主，政策上實為利弊互見。一般而言，金融科技業者多主張政府應介入市場，要求金融機構儘速開放API，而金融機構泰半希望採取自律規範，並且依各金融機構的內部規劃漸進式地開放。如歐盟即於2015年修正其支付服務指令（PSD2: Payment Service Directive），要求會員國於2018年前將開放API的義務納入國內法；相較於歐盟的積極態度，我國主管機關金融監督管理委員會的立場較為保守，在不修正銀行法所課予金融機構守秘義務的情況下，有限度允許金融機構與外部金融服務提供者合作，並由銀行公會擬定自律規範自主管制。

就其運用金融科技所建構的巨量資料所可能享有的保護，另一方面亦探討運用金融科技與人工智慧而掌控客戶個人資料的金融事業是否可能坐大而不當限制市場競爭，以及可能的因應對策。然而，誠如本章所分析，由於金融科技的相關技術與商業模式是持續發展中的現在進行式，仍有不少依據現行法令難以處理或尚無定論之問題，有待進一步檢討釐清。

|第十章|
群眾募資

汪志勇

本章針對群眾募資（Crowdfunding）進行介紹，說明捐贈、贊助、預購、債權、股權等不同類型的群眾募資的運作原理，並說明未達群眾募資目標時的處理方式，以及從資金需求者、資金提供者的觀點，分析群眾募資可以扮演的角色。從資金需求者的觀點來說，群眾募資除了財務功能以外，還有行銷方面的功能涵義，這是容易被忽略的部分。而從出資者的觀點來說，不同類型的群眾募資有不同的功能，出資者是基於公益贊助、預購產品、投資機會等不同目的，而提供資金。另外，在本章中，說明群眾募資的關鍵成功因素，包括群眾募資專案的金額、回饋設定、涉及議題、出資者承受的風險、募資的時點、相關行銷措施、發起人的相關因素等，都會影響募資是否成功。本章並討論群眾募資平台扮演的角色，以及群眾募資的未來發展方向。

群眾募資雖是近期超夯的流行用語，但其實也是早已存在於整個社會的古老概念，凡是跟大眾募集資金以完成某項事情，都可以稱之為群眾募資。所以，傳統鄉里大眾一起出錢鋪路蓋橋，或是集資建廟，其實都是群眾募資行為的展現。只是在未有網際網路技術環境的情況下，要能號召大家一起同時出資以完成某項任務，通常需要有很強的人際連結，如同一個鄉村聚落，或是有很受信賴的號召人，如政府或宗教。因此，傳統募集資金有很大的侷限性。

傳統融資管道歷經多年發展，已經形成一個相對完善的系統，融資過程中，信用體系、風險評估、信貸產品等方面都有嚴格規定。但對中小企業或新創企業來說，當有資金需求時而求助銀行，申請融資的程序相對繁瑣與生硬，使得中小企業遭遇融資困難、融資成本高或融資門檻高等問題。

可是當網際網路技術環境成熟之後，群眾募資平台（Crowdfunding platform）提供一個突破地理疆域性的可能，讓更多事情可以透過網路募集資金而達成。目前一般所稱的群眾募資，指的是資金需求方透過網路跟大眾募集資金，而出資者也透過網路察覺資金需求者之需

求，並提供資金以協助資金需求者完成其目標。而專門提供進行群眾募資之網站稱爲群眾募資平台。

壹、群眾募資的類型

群眾募資是由群眾提供資金，不過出資者對於其所出資金，是否有要求報酬？或是要求須返回出資金額？依相關條件不同，可以將群眾募資進行分類。

雖然群眾募資平台有各種不同的分類方式，但就目前全球群眾募資平台的發展上，主要類型可分爲預購承諾（pledge-based）、融資／債權（loan-based或debt-based），以及股權（equity-based）式群眾募資三類[1]。不過，除了這三類以外，還有不求回報的捐贈式群眾募資，以及結合多種類型群眾募資的混合式群眾募資等。一般所稱的群眾募資平台，大致上都同時會包含預購式群眾募資專案與捐贈式之群眾募資，有名的群眾募資平台如美國的Kickstarter網站、Indiegogo網站與臺灣的FlyingV、嘖嘖、群募貝果等網站。股權或債權的募資，則通常隸屬於不同的網站。

不同的群眾募資平台型態，也代表了所整合的供給與需求之利害關係人及商業模式發展也有所不同，以下分別說明。

一、捐贈、贊助、預購式群眾募資

「贊助預購」式的群眾募資包含有：1.捐贈；2.贊助／獎勵；3.預購承諾等三種子類型。捐贈是指不求回報，預購則是購買，介於中間的贊助／獎勵帶有購買與捐贈的性質。因此，這類融資有當成一種類型，有時被分成捐贈式（donation-based）募資、預購式（pre-order based）融資。

---

[1] Rees-Mogg, M. (2013). Crowd funding: How to raise money and make money in the crowd. Crimson.

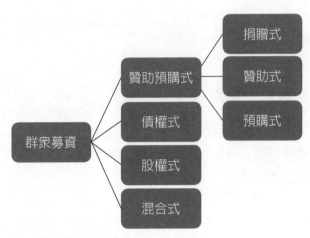

圖10-1 群眾募資的類型

（一）捐贈式群眾募資

「捐贈」融資的複雜度最低，即贊助者無條件捐款給專案發起人或資金需求者，通常這會出現在具有社會意義的融資專案中，但贊助者也可能只是因為認同該案，而提出贊助。

捐贈式群眾募資是指出資者完全以捐贈方式，以協助資金需求者完成他的目標。目標可能性有很多種，可能是資金需求者想完成某些新技術研發，或是新產品開發等。也可能是個人想成就某些夢想，比如說是徒步環島、環遊世界等。也有可能是協助某些弱勢族群，進行社會公益。

捐贈式群眾募資由於為單純捐贈，理論上只要募資者之提供資訊正確，並無提供虛偽資訊詐騙情形時，此種群眾募資型態應該無太多爭議。

而若是單純協助某些弱勢族群，進行他益行為，在臺灣則又可能碰到公益勸募條例之規範議題，在群眾募資平台上為自己或是他人作單純募款，是否該受到公益勸募條例之規範？這是討論捐贈式群眾募資時，必須注意的課題。

（二）贊助／獎勵式群眾募資

「贊助／獎勵」資金籌措方式比「捐贈」複雜度高一些，通常可能有附帶條件，最常見的就是贊助金額若達某種程度，則贊助者可以享有某種獎勵回饋（例如商品上市後可享六折購買優惠），或者是在活動網頁、手冊中明示贊助者、贊助單位，或者可以獲得贊助獎狀。

因為公益勸募條例之規範，所以許多群眾募資的專案，雖有捐贈的成分在，但因為擔心被歸類為勸募，因此還是寧願以帶有預購承諾涵意的回饋方案處理。

預購承諾式的專案，提案者可能承諾若給予各程度不同的資金贊助，則贊助者可以得到提案者承諾的各種不同程度的回饋，此又稱為「附條件式的捐贈」。例如提案者承諾，若成功達成所募資金，贊助者若當時是贊助5,000元，則當該商品開發成功可上市時，該產品贊助者可以七折優惠來購買之。但倘若當時的計畫，提案者並沒有承諾任何回饋，該募資專案則為單純的捐贈。

具體處理方式是受贈者提供捐贈者某些回饋品，而這回饋品又是屬於有價值的商品，此時的群眾募資方式，因為回饋品的存在，而不再屬於捐贈式，而是與預購式群眾募資有分界模糊的情形。

比如說，允諾募資成功後，且商品開發成功後，將提供商品。這時到底算是捐贈的回饋品？還是買賣的契約（有沒有可能會被視同買賣）？也就是說受贈者在財務上該開立捐贈收據？或是銷售發票？那捐贈者拿到回饋品不滿意是否可以主張消費者保護？這都是贊助／獎勵式群眾募資需要考慮的。因此，有一種說法是贊助／獎勵式就是一種預購。

另一種說法，是例如運動賽事的贊助，實質上是一種廣告。因此，捐贈式的群眾募資，可以視為是類似於廣告贊助，而不應該視為是公益勸募。持此一論點的說法，認為既然運動賽事的贊助不受公益勸募，諸如小學運動員出國的群眾募資，為何一定要當成公益勸募？如果從廣告贊助的角度，群眾贊助小學生出國，換取在網站上的公開

致謝（廣告效應），或者提供一本照片集加上一張贊助獎狀，這樣的贊助，是否可以算是廣告宣傳，而非需要申請的公益勸募？關於這部分的討論，並沒有定論。

（三）預購式群眾募資

「預購」或「預購承諾」式群眾募資，則類似於產品銷售，比前捐贈、贊助兩種子類型複雜度更高一些，基本原理是由贊助者對該項產品進行預購，此類專案必須有相當創新吸引力，或已有產品雛型，且企業營運也須相對穩定，方能獲得贊助者預購。

預購式群眾募資其實本質上與我們認知的買賣相似。而在群眾募資平台的操作上，通常會以募集到足以支應開辦成本的資金後，開始製造商品，或是開始提供服務的方式進行。但也有可能，是廠商已經先行生產好商品，而在群眾募資平台上販售，只是以新創故事進行包裝而已。此時的預購式群眾募資，就可以簡單的視爲是透過平台預售而已。有些廠商要進入某些國家、地區市場時，爲了解決經銷商代理商不足，會透過當地群眾募資網站的方式，銷售其商品。

「預購承諾」式群眾募資平台，提案者包含了有創新想法的個人或中小企業，主要目的多爲新產品開發及上市，也常被新創事業用於測試創新產品構想是否被市場接受。

二、債權式群眾募資

「融資／債權」式的平台提案者則爲個人或企業資金需求者，其所需資金目的不一定是爲了新產品開發，也可能是爲了其他營運周轉所需，例如擴廠或償還負債等。

「融資／債權」式的群眾募資則是贊助者（資金提供者）將資金借貸給提案人，而提案者（資金需求者）在獲得資金前，必須於平台上證明自己的信用與還款能力，並獲取贊助者（資金提供者）的信任。這些信用資料可以由提案者提供，也可以由群眾募資平台根據徵信資料來進行評比。贊助者提供資金，並於日後獲得利息回饋及本金

的償還，但也承擔提案者無法返還資金的風險。這種群眾募資方式，與P2P網路借貸平台有些類似。

我們可以將網路借貸（Peer to Peer lending, P2P lending）視為是債權式的群眾募資。也是由需要資金的人透過網路平台尋找資金支持，所不同的是，此類型之群眾募資資金募集者，是透過借貸的方式從資金提供方獲得現金。也就是在約定期滿之時，資金需求者有義務按原先約定之條件，將資金給付與原資金提供者。

P2P借貸一開始的概念是有資金需求的人，在平台上公告自己所需的資金，以及相關資訊。這些資訊可能包括了借款金額、借款利率、借款期間乃至於借款者的背景，如職業、性別、年齡，甚至於個人照片等資訊。再由想要投資的人上網進行借貸的行為，將資金貸與資金需求者。資金供給者通常是基於獲利之目的而提供資金，以期待到期時獲得預期之收益。

不過P2P網路借貸的模式，在世界各地隨著當地經濟與法規背景而有不同的發展。原本投資人針對單一借款者進行資金融通的方式，會使得債權人承擔比較大的風險。而當債權人承擔風險過高時，可能會產生信任危機，投資人望而怯步，使得P2P網路借貸市場面臨信心危機。為了提高投資人信心，網站平台會進行部分徵信動作，確認借款者的身分，要求提供有關信用評等之相關資訊。這些資訊可能包括借款者在當地信評機構之分數資料，或是借款者在社交網站上的相關資訊等。

除了提供借款者資訊之外，有些網路借貸網站會讓借款者提供擔保品，這些擔保品可能是個人的不動產，也有可能是企業的應收帳款，以強化投資者的信心。此外，網站本身也可能會採取某些機制，強化投資人信心。比如不再讓投資人單獨投資給單一借款者，而是讓投資人的投資金額，平均分散給多個借款者。

比如說，投資者願意投資100元，網站會將其100元分散給25個借款者，每個借款者得到4元的放款。而網站還可以將其借款者按風險係數分級，由借款者決定要投資風險較高的借款者，還是風險較低的

借款者。投資風險較高的借款者，自然會有較高的期望報酬。但此時的P2P借貸，其實更像是投資者在P2P借貸平台購買不同風險等級的債券型基金，離當初直接金融的概念有相當大的差異。

此外，P2P借貸平台爲了增強信用，也有平台提供保證基金或是保險，讓投資人在面對債務人倒債違約情形時，由平台的基金或是保險來賠付，以降低投資人的損失。但此時P2P借貸平台除了資訊中介，以及簡單提供簡單徵信服務之外，也已經開始提供傳統金融機構所提供之服務了。

而英國各個P2P平台，爲了發展P2P借貸，合作組成協會並訂立產業自律公約，明定許多標準機制，以增強借款者與投資者信心，因此英國政府某些政策放款也可以透過P2P借貸平台進行。而美國爲了健全P2P借貸產業，則以證券化精神要求美國之P2P借貸平台，必須將各債務組合之資訊充分公開。在證券化的過程使得美國P2P借貸平台必須負擔大量成本，但也因此美國之機構法人也可以投資該國P2P借貸平台之債權商品。

有名的P2P借貸平台如美國的Lending Club、Prosper網站，英國的ZOPA、Lending Work、Funding Circle，中國大陸的陸金服、宜人貸、拍拍貸，臺灣的LnB信用市集、逗派、臺灣聯合金融等平台。

P2P借貸平台有些類似於銀行法上放款之行爲，而放款行爲依銀行法規定，屬於各種銀行與信託投資公司之經營業務，必須取得營業執照許可才能經營該營業項目[2]。因此，P2P平台的經營，需要法規的調整，以給予更大的經營空間。另外，P2P借貸平台必須公正透明的處理資金，避免弊端。中國大陸許多P2P借貸平台的弊端，是許多人對於此種群眾募資的疑慮。

2　參見銀行法第3條、第54條、第137條等規定。

三、股權式群眾募資

　　股權式群眾募資指的是出資者投資資金給公司，並換取公司股票。傳統一般公司都會針對特定人進行股權融資。而要針對非特定之投資人進行股權融資時，通常會在證券公開市場進行。證券公開市場為了保護一般投資人之權益，通常會要求公司都需要順從許多嚴格的財務準則，並且設立許多信用增強機制以強化投資人信心，例如股權分散原則、券商責任、價格穩定機制……等。要滿足這些標準與機制的運行，必須要高額的成本。而這些成本通常是一般中小企業無法承擔的。因此，一般中小企業都難以透過傳統資本市場進行股權融資。

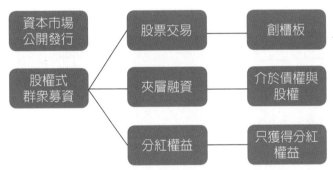

圖10-2　股權式群眾募資

　　股權式群眾募資便是透過群眾募資平台，讓目前尚無法透過傳統資本市場進行股權融資的企業，可用自身的股權，交換外部投資人的現金。由於不同地區對於股權交易的法規限制都不相同，因而股權式群眾募資可能會有多種態樣。一種是直接進行股票交易換取資金的，完全類似一般證券公開市場。但是也可能採用設計夾層融資（介於債與股之間，為求償順位較低的債）。或是，並未讓公司股票讓出以換取投資人資金，而是設計成投資人獲得日後的分紅權益。也就是投資人並未獲得公司的所有權，但是獲得公司未來的分紅分配權利。在此

也可以視爲是股權式群眾募資的另一種型態。

由於一般中小企業之財務制度之標準化與揭露情形都有其侷限性。且一般民眾對於中小企業的認識有限。其所獲得股權之流通次級市場也有所限制。因而不論是因爲法規限制，或是自行發展產生的結果，股權式群眾募資之市場規模都比其他型態來得小。

在股權式群眾募資中，提案者所提的專案與成立公司相關，且提案者開放股權讓贊助者來認購，也因此贊助者所提供的資金，即爲購買該提案者未來所成立公司的股份。日後隨著該新創公司成立與營運的成長，贊助者可因當時所認購的股份而獲得相關股利或分紅等報酬機會。

股權式群眾募資平台的提案者主要目的是成立公司，所販售的商品或服務不一定是科技創新相關，例如提案成立「社會企業」（social enterprise），想要解決弱勢小農商品的販售問題，提案者懷抱著這樣的想法，希望能在平台上募集資金，但以開放股份認購作爲吸引資金贊助者爲主要方式。也因此若順利募集資金後，贊助者因股權的認購而成爲該公司的利害關係人，未來該公司營運獲利或損失與否，贊助者皆有相關影響。

此外，在股權式募資平台成立的公司，事實上得到了成立公司的第一桶金之外，還有非常多後續與企業營運所需的需求，包括了公司管理顧問、取得更多投資人所提供的資金（包括創投）等。

相較於前述之預購式、捐贈式以及債權式群眾募資平台，都有較多的選擇，股權式群眾募資平台相對來得少。臺灣證券櫃檯買賣中心的創櫃版，可以視爲是股權式群眾募資型態之一。德國的 Seedmatch、Innovestment、Companistoy，中國大陸的天使匯便是股權式群眾募資網站的案例。

四、混合式群眾募資

上述捐贈式、贊助式、預購式、債權式、股權式群眾募資，爲大致上的分類，實際上的群眾募資模式有時更爲複雜，並不是簡單的依

這幾種分類來進行，而可能含有兩種以上特性，因此，可將其視為是混合型群眾募資。

比如說透過群眾募資專案，投資者可以獲得被投資廠商未來推出的某些商品或服務（預購式），並可以獲得被投資廠商未來某些期間的部分獲利（股權式），這就是一種綜合模式。例如中國大陸「開始吧[3]」眾籌網站中的某些民宿眾籌，便常設計未來分紅與民宿消費次數（預購）的組合方式，對投資者進行募資，結合了股權式（分紅）與預購式群眾募資。

五、群眾募資未達目標的處理方式

群眾募資如果達到目標，當然可以依據募資計畫，開始進行。但如果達不到募資金額，後續該如何處理？依據募資者是否能持有募集資金的情形，可以分成「全有全無型」（All or Nothing）以及「全部擁有型」（Keep it all）。全有全無型指的是若未在期限內募到當初設定之募資目標時，所有募集到的金額都應退回給出資者。而全部擁有型則是不論是否募集到當初設定的募資目標，募資者都可以擁有所有已經募集到的金額，而無須將金額退還給出資者。

絕大部分群眾募資的設定都採用「全有全無型」的方式，只有國外少部分非營利組織專案採用全部擁有型。畢竟群眾募資的設定在於集合網路上的資金協助募資者完成某項專案，若是金額未能達到當初設定目標，募到部分資金也無法協助完成相關工作，自然不應該保留相關資金。非營利專案則比較容易得到出資者的信賴，就算未能獲得目標金額，但是部分金額也能協助改善非營利組織之情形，因而可以讓其保留已募得之資金。

3　https://www.kaishiba.com/。

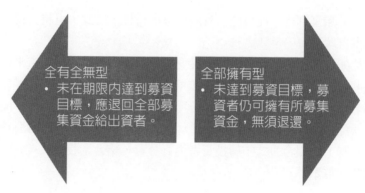

圖10-3　群眾募資未達目標之處理方式

　　在某些公益性質的權重募資中，全部擁有型比較符合需求。舉例來說，如果有一個小學，以群眾募資的方式，希望群眾贊助他們的球隊出國比賽，提供的贊助回饋可能只是比賽過程的照片集，或者是贊助獎狀一紙、球隊球衣一件之類的紀念性質商品。當群眾募資未達目標時，比賽仍會照常舉辦，球隊仍會出發參賽，因此，雖未達到募資目標，但仍會希望採取保有已募得的資金，其餘款項再另行籌措。而群眾募資贊助者可能也會偏好於不拿回已承諾的贊助金。

貳、群眾募資功能：需求者觀點

　　群眾募資並非單純只有提供資金，透過網路環境產生的群眾募資模式，對於資金需求者以及資金供給者都提供了不同的幫助，分別滿足了不同的需求。我們可以從資金需求者以及資金供給者的角度，分別來看群眾募資扮演的功能角色。

　　對資金需求者而言，透過群眾募資專案，不僅可以獲得所需要的資金，也可以達到行銷功能。以下先簡要討論群眾募資對於資金需求者之功能：

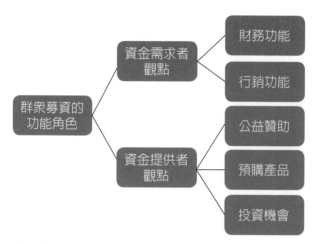

圖10-4　群眾募資的功能角色

一、財務功能

　　群眾募資讓需要資金的人，可以循非傳統的財務管道，獲得所需要的資金。當公司推出新商品或新服務需要前期規劃成本、開辦成本、研發支出時，透過捐贈式的群眾募資方式，可以讓公司在募得基本資金後，再開始進行開發生產工作，或是需要一定數量方能壓低製作成本時，可以透過預購式的群眾募資方式，確認當公司能夠獲得一定數量的訂單，達到經濟規模後再開始。此時透過群眾募資，公司可以避免只生產少量商品時，單位成本過高，公司無力負擔的情形。也可以避免公司為了降低單位成本，必須提高生產數量，結果銷售數字不如預期，而使得公司承擔存貨堆積的風險。

　　而若是非營利組織，甚至社會團體想要進行某些專案，但是缺乏資金，也缺乏傳統募款管道與能力時。透過捐贈式的群眾募資則可以獲得其所需要的資金，完成所想達成的專案，達到促進社會公益之目標。而有償債能力的借款者，但是可能被正式金融管道所拒絕，也可以透過債權式的群眾募資，利用網站跟投資人借貸所需要的資金，以

借貸方式獲得所需的企業經營資金，或是個人需要周轉之資金。

所以，不論是哪種型態之群眾募資，對於資金需求者來說，其最直接的功能，就是滿足資金之需求。不論是個人生活的資金需求、企業的營運資金需求，或是非營利組織經營的資金需求。透過成功的群眾募資都可以協助滿足這些需求，達成財務功能。

二、行銷功能

除了財務方面的功能之外，群眾募資其實還可能帶來行銷上的功能。當公司推出新商品或新服務時，透過群眾募資可以讓產品正式生產上市前，先在網路上進行市場測試功能。在募資期間，透過與群眾網路意見的交流，可以進行市場意見的蒐集，並且與潛在消費者進行溝通，讓產品與服務的設計更能符合市場的需求。而且透過網路上的溝通與討論，以及為了達成群眾募資所進行的廣告宣傳活動，有助於產品知名度的建立，有利於後續商品的推廣。

而當群眾募資成功達標，通常表示已經有一定數量的出資者願意支付金錢購買相關商品，或是贊助支持相關服務或活動。當群眾對於商品或活動願意出資且已經出資，通常也會提高民眾對於該商品或活動的關注。也會樂於分享該商品或活動的訊息。這都有助於廠商（或是非營利團體）對於後續商品或活動的開發經營。

因此，群眾募資其實也有非常強大的行銷功能。事實上，有些重要投資者對於非營利活動的贊助，會要求對方先進行群眾募資，以確認有更多民眾願意關注這項議題，之後重要投資人再行贊助後續更大的金額。

參、群眾募資功能：出資者觀點

對於出資者而言，不同類型的群眾募資，代表的意義完全不同，出資者可能是基於公益贊助而提供資金，也可能是想要撿便宜的預購

商品，而債權、股權的群眾募資，則是一種投資。

一、公益贊助

群眾募資平台無疑是提供他們更多投資或贊助他人的管道。以捐贈式群眾募資而言，擁有資金者可以透過平台贊助其平常不容易接觸到、但需要幫助的人或團體，可能是非營利組織，也有可能是新創團隊。這類群眾募資有利於滿足某些人的利他行為需求。透過群眾募資，可以協力讓某些目標達成。

二、預購產品

而透過預購式群眾募資，一方面除了可以讓出資者贊助新創事業之外，也可以讓出資者獲得提早購入新型態商品的機會，或是可以購買到無力進入傳統通路的新興廠商的商品。對許多樂於嘗試新商品的消費者而言，預購式群眾募資為他們另一種接觸新商品的通路。

三、投資機會

而債權式與股權式群眾募資則讓資金提供者，多了一份投資機會的選擇。債權式群眾募資，讓資金提供者可以獲得比銀行存款還高的債權式投資機會。股權式群眾募資，讓資金提供者可以獲得比一般證券市場期望報酬還高的股權式投資機會。

肆、群眾募資關鍵成功因素

有許多因素都會影響群眾募資專案是否能夠順利成功地募集資金，而且不同商品、不同時間、不同規模以及不同型態的群眾募資專案，影響其成功的因素都不會相同。以下簡單說明幾項可能影響的重要因素。

圖10-5 群眾募資的關鍵成功因素

一、金額

群眾募資專案所設定的專案目標金額會影響到該專案是否成功的機率。直覺上來說，專案目標金額越大，越容易達到目標。但是，若是目標金額太小，則無法說服大眾這麼小的金額，可以協助達成募資者想要達成之目標，反而降低出資者的出資意願。而且，對於募資者以及群眾募資平台而言，金額過小的專案其行政成本占比過高，缺乏經濟效益。但是目標金額過高的專案，則需要大量的群眾給予支持，會增加許多難度。此外，出資者會檢視募資目標金額設定的合理性，在募資專案說明中，若未能合理的說明募資金額之分配與使用用途，將會使出資者產生疑慮，降低募資成功機率。

所以群眾募資專案之募資金額目標設定，不宜過高，但也不宜過低。而且必須在專案中很合理地說明為何設定此目標，資金募得後之

使用用途為何，如此才能提高群眾募資專案的成功機率。

二、回饋

　　對於許多群眾募資專案的出資者而言，出資後能拿回什麼東西是他們所在意的。

　　對於股權式以及債權式群眾募資而言，是否可以提供出資者滿意的報酬，會影響到該專案是否能夠成功募集。期望報酬越高，越容易募資成功。

　　而對於預購式之群眾募資而言，出資者是否能夠獲得夠稀有、夠便宜、夠新穎的商品，自然會影響到出資者的購買意願。若是能夠獲得出資者覺得有價值的商品，自然會增加募資成功的機率。

　　而對於捐贈式的群眾募資而言，雖然出資者是以贊助為出發點進行出資，但是也有相當程度的出資意願是來自於募資者所提供的回饋品或是感謝品。因而捐贈式的群眾募資專案是否能設計好的回饋品組合，並設計出針對不同捐贈金額，搭配不同的回饋品組合，也會影響群眾募資專案成功的機率。

三、議題

　　不同的專案在不同的環境背景，甚至於在不同平台上，都可能會有不同的成功機率。若是能搭配上社會的風潮，且尚未有很多類似之群眾募資專案，則將會大幅提高專案的成功機率。比如說，臺灣之前對於路跑的熱潮，讓各種路跑專案得以成功募資。在新聞熱度下對於特定社會議題的贊助，也會提高募資成功機率。例如臺灣對於同志議題的關切，也使得與該課題相關之群眾募資專案得以募資成功。

四、風險

　　對於出資者而言，群眾募資專案風險會大幅影響出資意願，也自然會影響群眾募資專案的募資成功與否。風險越大，成功機率越小。對於股權式群眾募資而言，投資人的風險評估在於公司是否能持續經

營、未來是否有能力穩定的進行分紅，以及所持有之股票是否有流動性。因而股權式群眾募資的投資人會考量募資企業的產業特性、企業的經營能力，以評估投資風險。

而債權式投資人在意的投資風險在於，是否會面臨到債務人無法按期還本付息的狀況。因而投資人會針對債務人之資金使用用途、是否有擔保、債務人個人狀況如信用狀況、職業、年紀、性別、婚姻狀況、小孩人數乃至於個人照片等，評估其投資風險。

對於預購式群眾募資而言，其出資者面臨的最大風險在於廠商無法正常出貨，或是出貨品質與時間點不符合預期。因而除了讓消費者覺得商品是有價值的之外。募資者推出的產品與服務的合理性，還有廠商過往的聲譽與募資經驗，都是出資者評估其風險的因素。

對於捐贈式群眾募資而言，出資者最在意的地方在於其所捐贈的資金是否有被妥善利用。其所捐贈之資金是否真的能協助達成某些有利於他人的重要目標。因而對於捐贈式群眾募資的出資者而言，會透過評估專案發起人的特質，如評估發起人是否是合格的勸募團體、是否是有成功募資經驗的社會團體，以及所提出專案之可行性等等，以這些評估面向來降低贊助後，避免受贈單位未能妥善運用資金的風險。

五、時點

不論是哪一種型態的群眾募資，其原本的概念就是在協助資金需求者完成其所想要達成的目標。只是對於出資者是否給予回饋，以及哪種型態的回饋之差異而已。因而出資者的出資意願，與是否真能幫助他人會有高度相關。所以在群眾募資的資金募集狀況中，常常可以看到專案在經歷某些特殊情境時間點，容易募到較多的金額。

首先是在專案剛推出的時候，由於專案剛推出時對於大眾都有新鮮感，若能配合好的宣傳與文案，則能在剛推出的時候募到較高的金額。甚至於有先熱門專案，在剛推出時的前兩天，就可以募集到預募金額。而在這種一開始就募集到達標金額的專案，很容易造成出資者

的從眾行為，大家會跟著一起出資贊助。只要募資者並沒有提早將專案下架，通常最後所募集之資金都會高出當初設定之募資目標甚多。

而若是群眾募資專案未能在第一時間點成功募集專案，則若募集金額緩慢累積，當募資金額快要達標時，也容易在最後的時刻急速增加募集到的資金，使其能順利達標。這可能是因為許多人其實喜歡享受雪中送炭的感覺，他們希望自己的出資比別人的出資更有價值，因而在臨門一腳的那一刻會更願意出資贊助。而有些名人、網紅為了增加自身的知名度，避免折損自身的影響力，對於公益性群眾募資專案的協助也不會在初期施力，而會選擇在公益性群眾募資專案快要達標時，予以協助推廣，讓專案能順利達標。

此外，當群眾募資專案募集期間快要到期時，若是已募資金額尚未達到募資目標，但是離目標之差距並未相差到非常大的情形時，也容易會大量增加出資金額，協助專案募資成功。這可能是因為由於大部分群眾募資專案都是全有全無型，若是最後未能達到募資目標金額，則專案發起人一毛錢也拿不到。群眾募資平台也會面臨相同情形，若是專案未能達成，將無法獲得任何收益。因而在群眾募資期間快到期時，募資單位與平台都可能增加對專案的宣傳，甚至於自身出資的情形，以協助專案成功募資。

由上述可知，對於群眾募資專案而言，在專案一開始募資時、金額快到募資目標時，以及專案快到到期日時，此時也較容易受到出資者之注意。也是募資團隊可以增加努力以收到較大成效的重要時刻。

六、行銷

所以說，一個好的群眾募資專案，若是能夠先做足功課，了解可能的出資對象，並且以好的文案、好的影片宣傳、好的圖片說明，呈現一個好的故事，與潛在顧客進行溝通。並且能夠在網路上積極回答群眾的問題，予以改善、回應，將有助於群眾募資專案順利募集其所需要的資金。

而且群眾募資主要是靠著網路平台為主，因此，除了募資團隊傳

統的人際行銷之外，如果能善用目前的網路行銷技巧，包括了社交網路工具的精準行銷廣告推播，找到最正確的受眾，或與形象適當的網紅意見領袖合作，將有助於群眾募資專案成功募資。

七、發起人

群眾募資的發起人特質也會影響專案募資是否會成功的機率。當發起人的聲譽越好、有成功的群眾募資經驗，越容易募資成功。此外，由於有些人出資是基於社群網絡的影響。由於可以知道網絡中其他人的出資贊助行為，很容易也受到別人出資行為的影響，比如說專案發起人的親朋好友。所以發起人的人際網絡也會影響到其募資成功與否。

伍、群眾募資平台的角色

群眾募資行為主要的參與者包括：出資者、募資者以及群眾募資平台。之前已經針對出資者與募資者進行說明，以下將針對群眾募資平台的角色進行說明。

群眾募資平台主要功能為提供一平台，讓募資者可以在上面提供其募資計畫，以供民眾瀏覽挑選。而若是專案成功募資，則平台可以收取部分手續費，但是若專案募資失敗，平台通常不會收取任何的費用。但若要設計成募資失敗也會收取費用，並無不可，只是實務上較少出現募資失敗也會收取費用的平台。

一、預購與捐贈式群眾募資平台

以臺灣為例，針對預購式與捐贈式專案的群眾募資平台，其手續費原則上為募得金額之某一百分比（本書撰寫期間，此一比率約略為8%左右），但有可能會針對特別性質之專案而收取不同比例的手續費。除了讓上架專案都能順利募資完成，避免太多失敗專案上架讓

自己徒勞無功,更怕心存詐騙或是沒有執行能力的團隊在平台上發起專案,如果真的募資成功,最後反而可能產生糾紛爭議,這些都會造成對平台的傷害,降低日後出資人的出資意願,進而影響募資人的上架意願。

所以募資平台都會對於來申請上架的募資專案進行審核。初步審查募資人的資格適切性,專案設計是否有可能執行、是否有可能成功募集資金。而在專案進行時,有些群眾募資平台也會扮演顧問角色,視募資狀況與募資人進行溝通,給予適當建議。同時募資平台在募資過程中也協助處理金流服務,在募資過程中由平台先暫時保管出資者所出之資金。若是募資金額達到其原先設定目標,順利募資成功,平台再將資金轉移給募資人。若是募資金額未達到其原先設定目標,募資失敗,平台則將原出資人所出之資金,退回給原出資人。

隨著群眾募資逐年發展,網路與影音技術發展速度越來越快,而且各種群眾募資專案,推陳出新、層出不窮。這也使得要能以素人之姿自行推出成功的群眾募資專案變得十分困難。而平台本身又需負擔審核、資訊服務、金流管理等眾多行政成本。因而對於群眾募資平台,也較偏好募資金額較大的專案,才可能使平台獲利。對平台而言,募資失敗的專案,或是募資金額過低的專案,都是入不敷出的狀況。這些都使得群眾募資的顧問公司在近年來扮演相當重要的角色。透過群眾募資相關的顧問公司,幫助募資者設計群眾募資專案,安排各種行銷組合,有助於專案募資成功,甚至於募集到更多的資金。所以其實現在大規模的群眾募資專案後面,常常都有顧問公司的影子。

二、債權式群眾募資平台

對於債權式群眾募資平台來說,若是債務人未能按期還本付息,債權人將會受到損害,連帶可能使平台也需要負擔部分責任。而且當違約情形增加,也會使得投資人不敢投資該平台之債權專案。

因此,債權式群眾募資平台,通常會對借款人進行較大程度的徵信動作。而若是設有擔保品機制,如不動產或是應收帳款等。平台也

會確認該擔保品之眞僞與適切程度。平台也負責處理相關金流，包括募資期間，由平台保管債權人之金流，再協助將資金轉給借款人。

在還息還本期間，平台會輔導協助債務人將利息與本金還給債權人。而若是產生違約狀況，不同國家的不同平台會有不同的因應方式。平台可能採取債權移轉的方式，將資金先行支付給債權人，而由平台來進行後續催收的動作，但也有可能是由債權人自行催收，而平台在旁從事協助的工作。

三、股權式群眾募資平台

股權式的群眾募資平台除了協助雙方之金流服務之外，也會進行募資公司的審查。由於投資股權之風險程度較高，對於公司的審查強度也相對較強。對於公司的審查，可能包括藉由與公司相關人士的談話與盡職調查（Due Diligence），對公司的商業計畫進行評估以衡量公司價值。不過由於平台並不保證股權價值，因而在機制設計上，主要還是由投資人來自行判斷，並自行承擔風險。

平台負責對潛在投資人發布新的投資機會，提供有商業計畫的組織之相關商業描述、形象影片等資訊，而由潛在投資者自行評估新投資機會及其商業模型。平台並不會提供任何投資顧問服務，及扮演投資經紀人的角色，但有時會協助促成投資者與被投資者溝通的機會。

陸、群眾募資的未來發展

群眾募資最初主要的目的在於透過網路，讓有些人的創新創意成果得以獲得其他人的資金支持。不過，在比較群眾募資平台所收取的手續費，以及可能需要尋找管顧公司協助之費用，透過群眾募資募集資金的成本，其實比直接跟金融機構貸款還要昂貴。當然，群眾募資對於沒辦法獲得金融機構資金的人來說，這不失爲是一個好的資金來源選項。但是對於許多群眾募資專案而言，除了財務功能之外，群眾

募資帶來的行銷效果可能更加重要。

　　透過群眾募資活動，可以視爲是公司或組織的行銷組合之一，在不同管道，接觸另一塊受眾，獲得更好的宣傳效果。尤其是讓組織更容易接觸網路原生世代，有助於與未來潛在的主力消費者進行對話。比如說對於非營利組織，雖然主要贊助大戶都非群眾募資使用者，但是透過群眾募資等新型態的募資方式，才能夠與另一群平常較少接觸的人產生連結，擴大未來可能募資對象。群眾募資也可以形成發展協助特定弱勢族群的機會，傳統上一些弱勢族群或團體因爲缺乏行銷預算，可以透過群眾募資平台聚集相同族群的力量來支持相關活動，並且可能形成特定產業商品或服務的群眾募資平台，比如說臺灣的度度客與紅龜群眾募資網站[4]，完全只上架非營利性質之專案。

　　另外，有越來越多群眾募資採用獨立集資的方式，即不依賴群眾募資平台，而採用組織自身的平台或是一頁式網站進行募資。此外，也有越來越多的平台開始利用訂閱式方式來進行群眾募資。隨著產業環境不斷變動，群眾募資的生態也隨時在改變[5]。

---

[4]　度度客網址爲https://www.dodoker.com/；紅龜群眾募資網址爲https://www.redturtle.cc/。

[5]　本章初稿由汪志勇撰稿。本章一部分內容，原爲陳純德撰稿，安排於第十一章「股權式群眾募資與商業生態系」，但基於本書內容的連貫性，由汪志堅進行文字增添、刪節與內容調整後，安排於本章節。

第十一章
股權式群眾募資與商業生態系

陳純德

　　群眾募資（crowdfunding）是一種微型金融（micro-finance），
與共享經濟（sharing economy）、群眾外包（crowdsourcing）的概念
有關，都是利用眾人的力量以及閒置的資源，來從事經濟活動。常見
的群眾募資活動中，捐贈、贊助式的群眾募資屬於無償或近乎無償提
供資金，預購式群眾募資類似於產品銷售，因此常與新產品行銷一起
討論。但股權式群眾募資，則有可能形成新的商業生態系，可從資源
基礎觀點、機會創造理論、藻礁理論等觀點來看股權式的群眾募資，
可以為新創企業創造新的競爭優勢。在臺灣，股權式群眾募資仍在起
步階段，金管會將之界定為需要券商方能經營的業務，完成股權式群
眾募資的案例仍少。本章介紹商業生態系的誕生、擴張、領導、蛻
變，以及以平台為基礎的商業生態系如何形成，並說明股權式群眾募
資之商業生態系發展脈絡，以及育成輔導平台、電子商城與股權群眾
募資平台如何形成股權式群眾募資的商業生態系。

　　群眾募資是一種集合眾人之力來募集所需資金的方式，是
FinTech時代的另一種資金融通的選擇方案。群眾募資的程序中，集
合群眾的力量，為中小企業或新創企業提供資金融通。

　　群眾募資是一種「微型金融」，藉由撮合資金的需求與供給，提
供傳統銀行體系以外的另一種資金融通方式。第十章已討論到群眾
募資的多種樣態，捐贈、贊助式群眾募資，具有捐贈的成分，不要求
相對等的報酬，預購式群眾募資則類似於新產品銷售，債權式群眾募
資則與借貸類似，這幾種群眾募資，均與股權式群眾募資有很大的不
同。

　　本章將重點放在股權式群眾募資。要討論股權式群眾募資，
或許也要談到共享經濟以及群眾外包。不過，本書的焦點集中在
FinTech，因此只能略微提及共享經濟與群眾外包。

壹、共享經濟撮合供需，群眾外包集結眾人力量

　　拜行動科技創新所賜，使得共享經濟概念應用逐漸興盛，平台經營者透過供給與需求雙方之「借力使力，互蒙其利」互動機制，得以創造雙贏與更多獲利機會與可能性，也因此更加助長群眾外包應用的廣度與發展規模。最常被討論的案例，是Uber與Airbnb。在過去，當乘客想前往某處時，如何叫計程車便是個惱人的問題，人們可能須站在街口等待，或者打電話給計程車公司並等候計程車的到來。但是，Uber改變了傳統叫車問題，透過智慧型手機應用程式APP的開發，連結了供給端（駕車者）與需求端（乘客、消費者），乘客透過Uber APP所提供的地圖及顧客所在位置附近有哪些Uber車輛的資訊，即可點選離他最近的車輛，並前來乘客所在位置接送。Uber重新定義並改造了計程車運輸業營運及獲利方式，同時也對存在已久之傳統計程車運輸業特許或壟斷產生重大影響與開放式創新的革命。

　　另一個知名範例則是Airbnb，是目前世界上最大的P2P（Peer-to-Peer，個人對個人）民宿平台網站。Airbnb創立於2008年，在全世界大部分國家提供民宿訂房的撮合服務。Airbnb可以提供的房間數，遠超過各大知名旅館集團所能提供的房間數，旅客透過網站及手機App上所列的房間內容、品質評價以及目前是否為空房等資訊，決定後即可進行房間預訂，此外也可以與房東及更多使用者形成社群，彼此分享與討論。

　　Uber與Airbnb之類的共享經濟平台，稱之為共享，是因為將閒置資源共享。最早的設計，Uber司機不一定是專職的司機（臺灣的Uber已改成專職為主），而Airbnb房東是將多餘的房間出租（各國都開始有專門出租的民宿房間，而非多餘房間出租）。這種共享經濟活動，以資訊平台的方式撮合供需雙方，創造全新商機，也衝擊原有的產業，在資訊科技的協助下，有了更為創新的營運和獲利方式。

　　另外，「群眾外包」則展現了「集結眾人力量」的概念，以聚沙成塔的方式，結合眾人的力量來完成大型的工作。「群眾募資」的情

況也很類似，群眾募資應用了群眾外包的概念，但不再是商品或服務的供給方與需求方的撮合，而是資金的供給方與需求方的撮合。股權式群眾募資，由群眾共同組成資方，就好像Uber或Airbnb，由眾人共同提供勞務（運送或房間出租）。

傳統上，一般企業尋求融資管道時，幾乎皆須面對銀行，但受限於銀行的各種融資規範，中小企業或新創企業不一定能夠取得資金。群眾募資的資金供給，來自於一般大眾，而非傳統銀行，這些來自於各地的群眾，聚沙成塔的集結資金，可以融資給無法從一般銀行管道取得資金的各式新創企業或中小企業。

第十章提到了群眾募資平台提供了需求方實際可運用的資金金流，來協助各項商品或服務的發展。特別是對中小企業或個人創業者來說，群眾募資平台的出現，解決了傳統融資及資金取得困難的問題。當創業者有創新商品或服務構想浮現時，他們不須填寫大量文件，也不須透過繁複申請過程向銀行進行融資，透過群眾募資平台（如Kickstarter、Indiegogo等），創業者只需建立募資計畫頁面，並說明其募款計畫內容、所需資金金額大小、對贊助者（backers）有哪些回饋計畫即可，若是捐贈、贊助、預購式群眾募資，回饋物可能是提供感謝狀、紀念品、商品；若是股權式群眾募資，回饋物可能是股票或是分紅；若是債權式群眾募資，回饋物可能是利息。募資者透過文字敘述或影音等方式，加以呈現其募資計畫，並吸引更多人提供資金。這些群眾募資平台給予這些創業者一個前所未有的方式，直接面對群眾並提供了新的管道，協助他們夢想得以早日實現。

「群眾募資」係透過一般群眾所集結的資金來支持個人或組織的提案計畫，且資金的集結通常多透過以網際網路為基礎之募資平台來達成。最知名的群眾募資平台當屬美國的Kickstarter網站，該平台創立於2009年4月，提供有資金需求的提案者於該平台建立募資專案的網頁並與贊助者互動與溝通。

除了Kickstarter之外，其他知名的群眾募資網站包括了：Indiengogo、Ycombinator、Crowdfunder、Contributoria等，在大陸

如：眾籌網、點名時間、淘寶眾籌、天使匯、京東眾籌等，而在臺灣則有：FlyingV、群募貝果、創夢群眾募資、嘖嘖zeczec等各種不同的群眾募資平台。上述群眾募資平台，不僅成功促成許多專案籌資，且平台本身也從中獲得莫大營收。不過，上述常見的群眾募資平台多涉及商品預購、捐贈、贊助，與股權式群眾募資略有不同。

貳、從群眾募資平台演變到商業生態系

　　群眾募資平台（crowdfunding platform）就是集結並撮合群眾募資提案人及贊助者的一個重要場所或「中間人」（broker）。對贊助者而言，透過群眾募資平台集資的專案範圍廣泛，產品或服務類型包括了科技、藝術、遊戲、消費性商品等，且有許多東西相當創新且市面上沒有販售，因此能夠吸引許多贊助者前來平台並促成對專案的贊助，以及產生後續的購買意圖。

　　群眾募資平台的創立者，大多是網路或軟體公司所創，一開始只是募資專案之需求與供給的資訊提供與發布平台，但隨著參與者越來越多，以及對平台募資機制的發展，進而增加了更多功能，包括贊助金額匯入匯出、融資過程監督等項目、社群討論區互動，甚至是對募資專案之提案者進行融資與募資計畫建議等。

　　雖然群眾募資現象廣受矚目且有其重要性，但就目前實務發展及學術研究現況來說，仍有許多問題有待研究與探討。首先，就實務發展來說，目前群眾募資平台主要核心服務雖發展良好，但競爭已加劇，同質性平台趨多。各募資平台雖有許多成功案例，但募資不成功的專案更多。因此，如何協助更多資金需求者了解創業生態、如何募資成功、協助成立公司與做更多輪籌資，甚至協助成功推展其商品或服務，讓群眾募資平台業者強化其差異特色與競爭優勢，都是業者迫切所需的策略議題。但上述商業模式發展該如何規劃或發展，較少被提及討論。

其次，募資平台可以持續發展更多延伸服務，此即「商業生態系」（business ecosystem）發展策略。商業生態系發展在行動商務與創新科技加持下迅速發展，能夠從原有單一服務產生更多服務綜效（service synergies）。

一、商業生態系

商業生態系一詞，最早是學者James Moore於1993年所提出[1]，Moore引用生物學中所提生態系（eco-system）的概念並將其用於商業管理領域，且主張現今許多經濟活動大多並非在單一產業下進行，而是經由跨產業完成，也因此現今企業的競爭，並非存於個別企業或產業之間，而是存在於整個生態系統之間。故提出「商業生態系」來取代傳統「產業」一詞及觀念。

所謂「商業生態系」是一種基於各組織成員間互動所產生的社群有機體，這些組織成員包括了客戶、供應商、製造者與其他相關利益者，且該社群有機體會隨著時間調整彼此能力與扮演角色，且致力於完成一家或數家主要成員所訂定的發展方向或目標[2]。換言之，一個商業生態系，正如同自然界的生態系統一般，而存在當中的各種企業就好比生態系統中的物種，彼此之間存在著錯綜複雜的交互影響關係。因此，一個大的生態系統會包含一些較小的「次生態」系統，不論是大的生態系統與次生態系統之間，都存在著相互依存與競爭的關係。

商業生態系之所以能夠跨越市場定位以及產業結構，主要有三個特性：共生（symbiosis）、平台（platform）以及共同演化（co-evolution）。在商業生態系的核心架構中，應該包含核心的產品（服務）以及群聚的夥伴，並由此核心來提供的價值，透過銷售的方式產

---

[1] Moore, J. F., (1993). Predators and Prey: A New Ecology of Competition, *Harvard Business Review*, 71(3), 75-86.

[2] 參見盧希鵬專欄，戰略模式（9）：策略是一種生態思維，經理人月刊，2012年10月23日，https://www.managertoday.com.tw/articles/view/17390。

生利潤，再運用所獲得的利潤進行創新以及投資，如此循環生生不息。換言之，在商業生態系中，必須存在著某種服務、工具或技術，讓成員可以在某個平台上共同演化、獲益，如此生態系統才能健康的發展，否則就可能縮減或消失，甚至危及成員的生存[3]。一個商業生態系的體質更決定了整個系統的生產力、健全度、穩定性與創新的能力。

二、商業生態系與企業經營優勢的關係

由於商業競爭加劇，可能造成企業同質性過高，如何強化競爭優勢便是重要議題。因此近年來開始強調商業生態系的發展，而商業生態系如何發展，有許多相關理論觀點可加以說明與延伸。「資源基礎觀點」（Resource-Based View, RBV）、「機會創造理論」（Opportunity Creation Theory）以及「藻礁理論」（Coral Reef Theory）是常見的理論背景。

（一）資源基礎觀點

透過「資源基礎觀點」可以讓我們了解在群眾募資的商業生態系發展下，該如何發展才能讓相關資源最大化與強化整個產業之長遠競爭優勢。企業如何獲取利潤並維持其競爭優勢，一直受到學術界與實務界所矚目，而資源基礎觀點便是用以解釋績效與競爭優勢來源與過程重要理論之一。資源基礎觀點強調「異質性資源」是組織競爭優勢來源的重要基礎。資源基礎觀點認為組織是因應產品或市場競爭所形成的一種資源或能力集合，同時也是形成組織策略所需的基礎。組織資源可以是實體或資本資源（如：財務資產或技術），也可以是人力資本資源（如：管理技能），或者是其他組織資源（如：商譽或企業文化）。由於不同組織對資源有不同的需求、選擇條件及施行方式，久而久之，不同組織即擁有不同程度的資源分布，因而產生

---

[3] https://www.hbrtaiwan.com/article_content_AR0002281.html。

組織差異，而這些差異性將產生不同程度的「障礙機制」（isolating mechanism）來增加企業在競爭中持續存活的機會，同時這些障礙機制亦為組織經濟利潤之保障來源。因此傳統資源基礎觀點研究認為，價值創造的資源係來自於組織內部並受組織所控制。換言之，為了能獲取組織競爭優勢，所需要的資源必須是有價值的、稀少的、難以仿效的，以及難以置換的，或稱為VRIN資源（Valuable, Rare, Inimitable and Non-substitutable），如此才能對組織績效有正向貢獻並對競爭者築起高度進入障礙。

雖然從資源基礎觀點來說，具價值創造的資源係來自於組織內部，但也一種說法，認為所謂的組織內部並非指獨立單一公司個體，亦可視為是多個企業所形成的集合組織[4]。有越來越多研究指出，策略聯盟夥伴或者組織間互動所傳遞的資源，對組織績效影響甚鉅。而這些資源可視為是延伸企業機會組合之「網路資源」（network resources）。例如有研究發現，個別企業會因聯盟夥伴良好的商譽而受惠[5]，有研究則指出，若夥伴成員離開某該聯盟或另組其他聯盟時，則該聯盟所使用的醫療軟體系統傾向於失敗[6]。也有研究發現在半導體產業，夥伴們的技術能力對彼此之業績成長與創新速率有正向顯著影響[7]。

---

[4] Lavie, D., (2006). The Competitive Advantage of Interconnected Firms: An Extension of The Resource-Based View, *Academy of Management Review,* 31(3), 638-658.

[5] Saxon, T., (1997). The Effects of Partner and Relationship Characteristics on Alliance Outcomes, *Academy of Management Journal*, 40(2), 443-461.

[6] Singh, K. and Mitchell, W., (1996). Precarious Collaboration: Business Survival after Partners Shut Down or Form New Partnerships, *Strategic Management Journal*, 17(2), 99-108.

[7] Stuart, T.E., (2000). Interorganizational Alliances and the Performance of Firms: A Study of Growth and Innovation Rates in a High-Technology Industry, *Strategic Management Journal*, 21(8), 791-811.

　　過去研究顯示，策略聯盟所形成的資源，確實對彼此連結的組織競爭優勢有顯著影響，也因此資源基礎理論後續相關的研究皆認為當評估組織資源時，不應只從單一企業所擁有的資源來評估，亦須了解組織與策略聯盟成員之間所形成的網路資源程度方可。

　　從資源基礎的觀點來看，群眾募資提供類似於策略聯盟所形成的資源，因此，可以很合理的推理：群眾募資的成功也有可能形成企業的競爭優勢。

（二）機會創造理論

　　機會創造理論可用以闡述並說明創業者如何在不確定性環境下，創造機會及發展其營運。機會創造理論主張現實環境係由社會分子所建構而成，也因此能順應社會環境情勢而發展之創業者有機會得到具商機意涵的機會。據此，任何機會都是透過創業者自我主動發起創造，並經由可能之新產品服務探索與行動所產生的，因此，機會非經創業者自創是不會存在的。由於這樣的觀點，使得機會創造理論有別於「機會發掘理論」（opportunity discovery theory）[8]，此理論（機會發掘理論）主張機會獨立於創業者外部，是一種客觀現象，也因此有待創業者加以察覺並挖掘之。事實上，機會發掘理論聚焦於創業者需從市場現有需求中，主動搜尋並發掘創新的解決方案，而機會創造理論則聚焦於創業者本身的知識、創造與想像能力以及社會互動來創造新的機會。但因現有資訊科技快速發展，加上國家法規政策及社會環境變遷等因素而形成更多不確定性，也因此機會創造理論更適合用於如何在不確定性環境下來建構機會並強化企業長期競爭優勢。

　　在機會創造過程的一開始，可能對如何創造機會沒有任何想法或方向，在許多既有創業範例中，可能逐漸有機會在「無心插柳柳成蔭」的情況下發展出來。在很多情況之下，創業者並沒有辦法在一開

---

[8]　Ojala, A., (2016). Business models and opportunity creation: How IT entrepreneurs create and develop business models under uncertainty, *Information Systems Journal*, 26(5), 451-476.

始就能洞察整個流程發展的全貌，因為除非創業者一直有所行動，否則其中的機會是沒辦法被觀察或被完全了解的。

換言之，創業者必須先製造機會，花力氣來測試，然後從中觀察顧客與市場對新創商品或服務的反應，然後才能發覺創業者原來的想法可能與客觀的現實環境無法契合，因此創業者得以進行評估該如何調整才能使機會與市場契合與呼應。上述過程確實具備了高度不確定性，可能在市場上也沒有立即性的需求，創業者也因此經過幾輪的行動與反思後，劇烈地改變其原來的想法，甚至只能提早放棄。在這樣的過程中，機會會因市場需求、環境改變與水到渠成，以及創業者不斷進化的信念跟著變化，而創業者跟著其他相關群體共同進化與行動，終至找到最佳的機會切入點。

蘋果電腦的iPhone就是個經典範例，在當年手機競爭者環伺的環境下，蘋果電腦推出了iPhone智慧型手機及App Store軟體市集，但這樣的概念並非一蹴可幾與瞬間成就，這完全在於行動網路與頻寬環境，以及集結了相關合作夥伴或供應鏈的認同，且伴隨著蘋果電腦所開發的iOS作業系統及忠誠的蘋果電腦愛好者等各條件的水到渠成而成功。

對於群眾募資商業生態系的發展來說，機會創造理論給予了相關創業者主動出擊，並透過自我能力與志同道合夥伴的集結，來創造群眾募資，延伸服務發展的各種可能機會。

（三）藻礁理論

藻礁理論可以了解商業生態系內部成員的角色與如何形成商業生態系。商業生態系中，需有三種角色來達成整個生態系的繁盛，分別是「樞紐建設者」（key stone）、「支配者」（dominator）及「利基夥伴」（niche players）[9]。

---

[9] Moore（1993）的研究中，引用生物學中所提生態系「藻礁理論」來說明生態系如何發展與其中各種角色的扮演及功能。

　　「樞紐建設者」主要支援並提供商業生態系創新資訊科技或者是運轉平台整合所需的基礎建設，這就好比一個良好的海底生物生態系的發展，首先需要一個適合各海洋生物物種棲息與生長的環境，也因此必須先有大量藻礁的建構，以及能繁衍大量的浮游生物，才能吸引各類型生物來棲息。用以促成買賣交易之平台系統、買賣雙方交易與信任之各種系統，都屬於商業生態系所需的基礎建設，如果沒有這些基礎資訊科技所建構的系統，供給與需求雙方在此根本不可能形成與交易相關的關係或需求。

　　其次是支配者或軸心業者（即dominator），軸心業者（支配者）主導了商業生態系主要活動，除統合供給與需求端所需的資訊科技基礎建設功能外，也提供了各種能促進夥伴們交流、交易與忠誠之各種活動與管理機制。以平台來說，持續了解買賣雙方的商業活動與需求，進而提供各種夥伴曝光廣告或促成廣宣行銷的機會，讓平台的買賣雙方做更多頻繁互動與交易可能性。

　　最後，「利基夥伴」則是豐富整個商業生態系資源與內容之重要夥伴，如同海洋生物生態系一般，藻礁棲息生物物種越多，則越能發展出供給與需求之更大的生態體系。

　　對於群眾募資平台來說，根據藻礁理論，群眾募資平台是個樞紐建設，而主導群眾募資平台者，是整個生態體系的軸心業者，至於利基夥伴則是群眾募資平台上的眾多參與廠商與願意投入資金的群眾。

三、商業生態系的演化

　　經營或參與商業生態系的企業係以創意（ideas）為核心，進而協同其他合作夥伴，共同演化（co-evolve）企業的能力，並以合作與競爭兼具的型態共事，提供新產品或新服務來滿足消費者需求。商業生態系的發展會歷經四個不同的演化階段，包括誕生（birth）、擴張（expansion）、領導（leadership）以及蛻變（self-renewal），若沒有蛻變則是進入死亡（death）。而各個階段演化的界線可能是模糊的，亦即在某一特定階段所遭遇的挑戰，也可能在另一階段再度出

現[10]。

（一）誕生

首先，處於誕生階段的商業生態系，主要著重於找出顧客想要的是什麼，亦即新產品或服務的價值為何，並以最佳的形式來傳遞給消費者。在此階段，生態系中的領導者通常要花費較多心力與其他參與成員進行協同合作。亦即如何協調眾多成員來一同創造出能夠滿足消費者需求的產品／服務。若以系統領導者的角色來看，吸引重要的「追隨者」加入，是防止新的商業生態系加入競爭的有效策略。

（二）擴張

而在擴張階段中，主要任務在拓疆闢土，因為上一階段中已找到具備顧客價值的核心產品／服務，所以接下來就是大規模的將產品／服務推廣給更多的消費者並刺激需求，以提高交易量，進而提升市場的占有率。在此同時，競爭者也可能會亦步亦趨的追隨，在彼此一陣廝殺之後的結果，生態系統的規模便高下立判，也是決定能否順利進入下一階段的關鍵點。

（三）領導

第三個是領導階段，領導者必須建立未來產品／技術成長的願景，帶領生態系統的成員持續前進。此外，領導者必須對供應商以及消費者維持強大的議價能力，避免價格的競爭，才能促使系統健康的成長。

（四）蛻變

最後，則是蛻變階段，領導者於此階段中要納入新的構想並與創新者合作，為商業生態系注入新的思維。對於消費者的部分則須建

---

[10] Moore, J. F., (1993). Predators and Prey: A New Ecology of Competition, *Harvard Business Review*, 71(3), 75-86.

立轉換成本的機制，以降低消費者流失的機率，並藉此換取準備新產品／服務上市的所需時間。

表11-1簡要彙整了各個演化階段中，商業生態系成員可能在合作以及競爭上所面臨的挑戰，以及相關的因應措施。

表11-1　商業生態系的各演化階段所面臨挑戰

	合作上的挑戰	競爭上的挑戰
誕生階段	如何與顧客以及供應商一起定義出新的價值主張。	企業除了要保護自身具有價值的創意發想外，還要能夠與關鍵的消費者、重要供應商以及通路保持緊密的聯繫。
擴張階段	在面對日益擴張的市場前景，如何與供應商以及合作夥伴一起提出新服務／產品，以擴大市場占有率。	克服相似性較高且具替代性的創新做法。藉由掌握關鍵的市場區隔，來確保公司所提出的做法能夠成為市場上的標準。
領導階段	如何提出一個有競爭力的願景，以吸引供應商和消費者持續投入以提升競爭優勢。	在商業生態系中，與其他角色（包括關鍵的消費者以及有價值的供應商）之間的關係，能夠維持具備高度，且具主導性的協議或議價能力。
蛻變階段	如何與創新者共同合作，於現存的商業生態系中提出創新構想，將整個生態系統演化至更新層次。	維持高進入障礙以防有替代方案的發生；維持高顧客轉換成本以便爭取獲得新產品或新服務的時間。

資料來源：Moore（1993）。[11]

---

[11] Moore, J. F., (1993). Predators and prey: a new ecology of competition, *Harvard business review, 71*(3), 75-86.

四、以平台為基礎形成的商業生態系

　　Moore在1993年提出商業生態系概念後，許多學者呼應此一理念，並將商業生態系的概念加以延伸與進行更深入研究，甚至提出所謂的「拉力」策略，意即匯集企業所需的人力與資源，以協同合作的方式創造價值，加上雲端運算相關資訊科技的應用，也因此使得平台的思維逐漸成形。如今，許多以平台為基礎（Platform-Based）的商業生態系，已成為市場上的主流，並分布於不同的產業中。

　　各種瀏覽器（例如Firefox、Chrome、Safari……）的附加「擴充套件」，或者Android、iOS系統及其平台上的應用程式（APPs），都成為主導軟體開發與提供軟體為基礎服務的商業模式。此外，Nike亦將傳統製鞋、賣鞋的產品策略，轉變成為平台策略，並成立一個Nike+平台，將各類運動的產品以及用戶串聯在一起，形成一個運動相關的商業生態系，透過Nike+的平台，除了為消費者用戶提供網路、實體的專業運動服務外，並從中發掘更多的商機，招攬更多的企業用戶一起提供更多的創新服務。故大多數的企業在策略制定時，已經面臨到其競爭對象的抉擇應該設定在商業生態系內的成員，或者是另一個商業生態系。

參、股權式群眾募資的商業生態系發展

　　股權式群眾募資與一般群眾募資，在商業生態系的發展上，是否有所差異？股權式群眾募資可以繼續發展出什麼樣的商業生態系，是值得討論的課題。

一、股權式群眾募資之商業生態系發展脈絡

　　從商業生態系發展脈絡來看，股權式群眾募資商業生態系首先發展出的是：1.「股權式群眾募資軸心服務」；2.「育成輔導平台」；3.「電子商城」；4.「P2P Lending融資服務」；5.「股權買賣交易紀

錄平台」，逐步擴展出更多的延伸服務及商業生態系範疇。

　　首先，從商業生態系之「軸心服務」來看，股權式群眾募資之最重要任務，便是能匯集供給者（欲成立公司並出售股權者）及需求者（欲購買股權之民眾等），此即生態系的軸心服務。

　　其次，為了能有效的讓新創業者能夠強化其產品服務內容，並媒介更多創投資金來源，也因此可繼續研展出「育成輔導平台」。

　　接著，有越來越多業者透過了股權式募資及育成輔導，進而成立了多家企業並提供各式各樣的商品服務，也因此可以導引出「電子商城」，讓這些企業得以在此電子商城平台中，透過此生態系的廣宣行銷，得到銷售推廣的機會。當然，這樣的電子商城角色，也可以由一般的電子商務網站來加以達成。非商品類的新創事業，例如生技產品的研發，則不一定需要這樣的電子商城。此外，除了與本生態系相關的電子商城合作外，還可以進一步與其他銷售通路合作，得到更多銷售推廣的機會。

　　透過股權式群眾募資平台輔導的企業，除可繼續撮合他們與創投企業獲得資金投資或融資的挹注外，還可進一步的推出「P2P Lending融資服務」，讓更多有資金需求的企業獲得充足的經費來推展其產品或服務。當然，這種P2P融資服務，已超越股權式群眾募資的範圍，是另一類的FinTech創新。

　　最後，當這些企業越來越壯大，營運狀況越來越理想時，其股價自然而然將水漲船高，此時可能有更多人想要購買該企業的股權，相反地，也有一些先前已經取得股權的民眾想要在股價看好的情況下出脫其持有的股權。也因此本商業生態系還有機會可建置「股權買賣交易紀錄平台」，讓有需求的民眾們交易其股權，而本平台也可以因此獲得抽佣或分潤的機會。當然，這樣的「股權買賣交易紀錄平台」，也有可能是在法規的規範下，由現有的交易市場（櫃買中心）來扮演交易撮合。

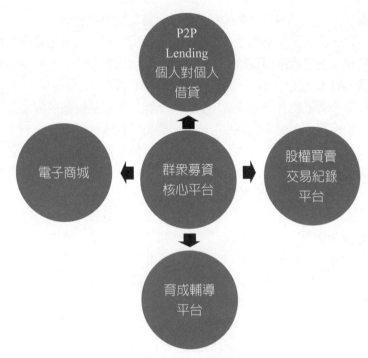

圖11-1　股權式群眾募資商業生態系發展架構圖

二、股權募資平台必須具備券商資格

　　在臺灣，股權群眾募資仍屬於證券業務，僅限證券商始得辦理[12]。而根據櫃買中心的說明，臺灣辦理股權募資的目的，是為了扶植微型新創企業發展，並與國際接軌，在兼顧保障投資人權益之前提下，適度結合民間業者能量，共同活絡創新創業之風潮，協助富有創新創意之微型企業得以順利籌措所需資金。經營股權募資業務，除了

12　參見，財團法人中華民國證券櫃檯買賣中心證券商經營股權性質群眾募資管理辦法。https://www.tpex.org.tw/storage/service/option/證券商經營股權性質群眾募資管理辦法(全)10801.docx。

必須是證券商之外，也必須取得申請特別的許可，並有相關規範必須遵守，而非所有券商均可無限制地從事股權募資業務。不具有券商資格的資訊業者，也無法從事股權募資的業務。

截至2019年9月，從事股權群眾募資的券商，包括元富證券、第一金證券、大昌證券。由於臺灣目前對於股權募資的設計仍屬於高度管理，實際進行之股權群眾募資案仍非常罕見，也仍未形成生態系，股權募資所形成的商業生態體系，在臺灣還有很大的成長空間。

三、股權式群眾募資之商業模式內容建議

股權式群眾募資的商業生態系，可以衍生募資平台、育成輔導平台、電子商城等，各種平台可能的功能簡要討論如下。因為臺灣仍在發展之中，因此，以下討論僅可視為是初步構想，實際的落實需要檢視各種法規限制與產業經營現況，來進行調整。

（一）股權式群眾募資平台

首先在股權式群眾募資平台的部分，其可能可以具備的功能項目，建議如下：

1.透過平台所獲得之股權，平台需保證該股權之信託安全程度，且平台須建構資訊透明機制，俾讓交易者達成信任。此外，平台也應思考建構某項募資專案是否有侵犯專利訴訟，如何避免或發生後該如何處理之機制。此外，若某項募資專案募資不成功，但其想法卻被其他人惡意剽竊時，此募資平台是否有相關機制可以預防或處理之法務或詐騙防患機制之設定。

2.可促進國內外創業生態圈關係聯結與互動之功能設計。

3.投資案過濾篩選、眾籌徵信、成效分析、需求vs.供給端主動推薦等功能設計。

4.帳務公開、政府與稅務機關監管之作業連結設計。

5.募資專案成功之管理費收取（註：以目前一般群眾募資平台來看，以收取3%管理費為基本目標，但也可以視該專案金額大小，分

級收取不同百分比管理費）。此外，「提案者」計畫若有迫切需求，則可收取「提高曝光廣告」或向投資者「優先推薦」處理費用。

6. 需求端使用者、基本資料建立、提案約定說明同意書（例如：同意付費百分比、同意獲資將進行信託、無詐欺或侵犯專利之嫌，否則訴諸法律行動等）。

7. 需求端使用者提案建立功能：建立提案編號、名稱、預算、提案影音內容、募集期間設定等。

8. 提案討論區Q&A互動，針對每一提案，提供提案者與投資者po文討論、互動、按讚、評價。

9. 本平台收取費用（或視情況免費），根據提案屬性，或定期專案安排，將提案於平台網站、推播給投資人進行行銷曝光。

10. 具營運潛力提案者獲得A輪資金後，可申請並進駐另一育成輔導平台。

11. 育成平台任務即協助提案者成立公司、規劃短中長期營運方針、產品創新與延伸規劃、營銷通路擴大，以及更多資金募集與政府補助計畫申請計畫書撰寫等活動。

在「募資平台供給端」方面，可以提供如下的功能，來服務資金提供者（投資人）：

1. 提案偏好、提案搜尋及檢閱（紙本文件、本站獲資歷史紀錄、投資者評價等）。

2. 另外還可以提供如：Q&A互動、提案者評價，包含下列可能項目：

(1)投資端使用者基本資料建立。

(2)投資端資金銀行帳戶、金額等資訊建立與設定。

(3)投資端偏好計畫種類、規模、主動推薦等設定。

(4)計畫提案搜尋與檢閱、心得筆記功能（可查閱計畫案、提案者、提案公司、獲資歷史紀錄、信託紀錄、資金運用、投資者評價、Q&A互動等紙本法律或電子相關文件或資訊。

3. 自我投資、聯合投資、金流支付方式，包含下列可能項目：

(1)進行自我投資、選擇金流支付方式或工具、完成投資。

(2)聯合他人進行投資。

4.持股證明（電子、紙本官防）、減稅優惠證明，包含下列可能項目：

(1)開立相關法定文件或證明（紙本或電子檔）。

(2)主管機關核備資料紀錄。

(3)配合政府專案計畫，開立減稅優惠證明。

（二）育成輔導平台

其次，在「育成輔導平台」方面，主要之功能項目建議如下：

1.提供各種育成諮詢、課程、活動通知、參與的內容，吸引更多新創公司或團體前來本募資平台，透過育成等活動，來強化未來募資專案提案之技巧及過程設計。

2.平台可提供提案方與投資方互動交流場所。平時平台應與國內外創投機構、投資者或銀行保持密切聯繫，將各種具發展潛力的募資專案或提案者，與上述機構加以撮合或串聯，讓供給及需求雙方有更多認識，促成更多可能的股權交易投資等。

3.提供各種投資或眾籌研討、研習活動，提供供需雙方參與。

4.供需雙方可訂閱資訊，主動推播不漏接。

（三）電子商城

在「電子商城」方面，主要可建構的功能如下：

1.成功開發創新商品之提案者，但若無電子商務平台可銷售該商品時，可於本公司另一電子商務平台建立網站並進行銷售。

2.該電子商務平台可協助提案者（商家）進行相關顧客關係管理功能。

肆、以股權群眾募資為核心的新創企業生態系

本章討論群眾募資平台及股權群眾募資平台所能建構的商業生態系發展，群眾募資的類型眾多，許多討論群眾募資的論述，只將焦點集中在捐贈式或商品預購式的群眾募資，而忽略了股權式的群眾募資。股權式群眾與捐贈式或商品預購式群眾募資在特性上，有很多的不同。

臺灣金管會要求只有券商才能從事股權群眾募資業務，因此，已完成之股權群眾募資案例極少，屬於一個未被開發的璞玉，亟待共同努力，以健全此一新創企業的搖籃。從本章的分析可以得知，從資源基礎觀點來說，股權募資的進行，可以為企業創造資源，而從機會創造理論的角度，參與股權募資的企業，正在為自己的新創企業創造機會。而從藻礁理論的觀點來說，股權群眾募資平台必須創造一個良好的商業生態系，才有辦法吸引新創廠商進行股權式群眾募資。

群眾募資商業生態系之發展，不僅只是單一發展出「群眾募資」軸心服務而已，透過更多元的延伸服務發展及合作夥伴的加入，對創業者來說，除滿足其資金需求外，也能滿足業者創業之其他可能需求。能有效提供更多元延伸服務的群眾募資平台，也意味能遞送更多服務價值，吸引更多顧客至其平台互動或交易，進而強化平台之差異化與競爭優勢。

討論股權群眾募資平台所能建構的商業生態系發展時，可以了解平台業者互補性資源綜效與更多創新及獲利可能性。對股權群眾募資平台業者來說，除可提供「由內向外」（inside-out）資源給所需的創業者外，相對也從這些顧客或合作夥伴得到了「由外向內」（outside-in）的互補性資源。平台業者除透過商業生態系，發展更多延伸服務來獲取商業利益外，更重要的是從群眾募資專案中，可以早期得知哪些專案有莫大的發展潛力，進而有機會將之併購，或於成立公司時獲取更多股權而獲利。此外，群眾募資平台軸心業者發展延伸服務或與夥伴合作的過程當中，也會有更多機會了解合作過程所欠缺

的商品或服務，進而從中獲得創新開發的商機等。

　　在金融科技（FinTech）各種服務多元發展的戰國時代，傳統的募資管道受到挑戰，股權群眾募資可以成為FinTech創新來源，透過本章所討論的群眾募資商業生態系演化與商業模式架構，有志於FinTech創新者，可以思考股權群眾募資與其商業生態系衍生的創新發展機會的可能[13]。

---

[13] 本章初稿由陳純德撰稿，並由汪志堅進行部分之文字增添、刪節與內容調整。為了讓本書各章節內容連貫，初稿中的部分內容，移動至第十章「群眾募資」中。

國家圖書館出版品預行編目資料

金融科技、人工智慧與法律／汪志堅等
著. -- 初版. -- 臺北市：五南圖書出
版股份有限公司, 2020.02
　　面；　公分
ISBN 978-957-763-843-4（平裝）

1.金融業　2.金融法規　3.人工智慧

562.029　　　　　　　　108022774

1UE3

金融科技、人工智慧與法律

作　　者 ― 汪志堅、王志誠（10）、熊全迪、

　　　　　　杜怡靜、溫演福、陳玉芬、王震宇、

　　　　　　陳皓芸、汪志勇、陳純德

發 行 人 ― 楊榮川

總 經 理 ― 楊士清

總 編 輯 ― 楊秀麗

副總編輯 ― 劉靜芬

責任編輯 ― 林佳瑩、呂伊真

封面設計 ― 姚孝慈

出 版 者 ― 五南圖書出版股份有限公司

地　　址：106台北市大安區和平東路二段339號4樓

電　　話：(02)2705-5066　　傳　真：(02)2706-6

網　　址：https://www.wunan.com.tw

電子郵件：wunan@wunan.com.tw

劃撥帳號：01068953

戶　　名：五南圖書出版股份有限公司

法律顧問　林勝安律師事務所　林勝安律師

出版日期　2020年2月初版一刷
　　　　　2022年3月初版三刷

定　　價　新臺幣380元

經典永恆・名著常在

五十週年的獻禮——經典名著文庫

五南，五十年了，半個世紀，人生旅程的一大半，走過來了。

思索著，邁向百年的未來歷程，能為知識界、文化學術界作些什麼？

在速食文化的生態下，有什麼值得讓人雋永品味的？

歷代經典・當今名著，經過時間的洗禮，千錘百鍊，流傳至今，光芒耀人；

不僅使我們能領悟前人的智慧，同時也增深加廣我們思考的深度與視野。

我們決心投入巨資，有計畫的系統梳選，成立「經典名著文庫」，

希望收入古今中外思想性的、充滿睿智與獨見的經典、名著。

這是一項理想性的、永續性的巨大出版工程。

不在意讀者的眾寡，只考慮它的學術價值，力求完整展現先哲思想的軌跡；

為知識界開啟一片智慧之窗，營造一座百花綻放的世界文明公園，

任君遨遊、取菁吸蜜、嘉惠學子！